国家社科基金重大项目“基于大型调查数据基础上中国城镇社区结构异质性及其基层治理研究”阶段性成果(项目编号:15ZDB173)

# 中国城郊城镇化道路研究：以天津市东丽区为例

朱光磊　总策划
孙　涛　主　编
赵聚军　崔慧姝　副主编

南开大学出版社
天　津

**图书在版编目(CIP)数据**

中国城郊城镇化道路研究 ：以天津市东丽区为例 / 孙涛主编. —天津：南开大学出版社，2016.4
(中国城市化进程中政府与社会治理研究系列丛书)
ISBN 978-7-310-04986-8

Ⅰ. ①中… Ⅱ. ①孙… Ⅲ. ①城市化—研究—东丽区 Ⅳ. ①F299.272.13

中国版本图书馆 CIP 数据核字(2015)第 226798 号



南开大学出版社出版发行
出版人:孙克强
地址:天津市南开区卫津路 94 号　　邮政编码:300071
营销部电话:(022)23508339　23500755
营销部传真:(022)23508542　　邮购部电话:(022)23502200
*
河北昌黎太阳红彩色印刷有限责任公司印刷
全国各地新华书店经销
*
2016 年 4 月第 1 版　　2016 年 4 月第 1 次印刷
230×160 毫米　16 开本　16 印张　2 插页　226 千字
定价:34.00 元

如遇图书印装质量问题,请与本社营销部联系调换,电话:(022)23507125

# 目　录

# 第一章

# 文献梳理：农村城镇化的典型理论

城镇是一个以人为中心的地域综合体，这种特性决定了城镇化理论必然是一门包含不同学科的综合型理论。同时，由于城镇化是一个不断持续的动态进化过程，相应地，城镇化理论的进阶也是一个不断发展和完善的过程。多年来，在多个学科的共同努力下，城镇化理论已从最初偏重人口集聚和空间体系的研究，转向功能整合研究，形成了丰富的城镇化理论研究体系，从多个角度系统地阐释了城镇化进程和城镇化演进规律。在这其中，区位理论、结构理论、人口迁移理论和非均衡发展理论等理论谱系的出现和不断完善，则具体体现了人们对城镇化发展过程认识的不断深化。

## 第一节　区位理论

区位理论是关于人类活动的空间分布及其空间中的相互关系的学说，具体来说是研究人类经济行为的空间区位选择及空间区位内经济活动优化组合的理论。[①]就城市和城镇而言，区位理论认为城市是一种社会生产方式，它以社会生产的各种物质要素和物质过程在空间上的集聚为特征。社会经济系统由不同的城镇个体及子系统组成，城镇之间及系统之间存在着相互作用，城市的集聚性创造出大于分散系统的社会经济效益，符合人类经济行为的空间区位最优选择及空间区位内经济活动优化组合原则。区位理论讨论的核心问题是用什么原则和因素来确定企业的最优区位。西方区位理论主要由德国经济学家杜能奠基，经过韦伯较为系统的研究，并通过克里斯塔勒和廖什等的进一步发展，从19世纪初到20世纪上半期初步形成完整体系。区位理论主要包括农业区位论、工业区位论、城市区位论等。

## 一、农业区位论

杜能的“农业区位论”是当时德国（普鲁士）社会经济背景下的产物。19世纪，普鲁士进行农业制度改革，允许土地自由买卖，由农业企业家和农业劳动者构成的农业企业式经营大量涌现。由此出发，杜能试图寻找出企业型农业合理的农业生产方式，重点是合理经营农业的地域配置原则。杜能从理论假设入手，假想出“孤立国”这个虚拟主体，并在十多年亲自经营农场的实践经验基础上，建立起自己的农业区位论。他于1826年完成的《孤立国同农业和国民经济的关系》一书是第一部关于区位理论的古典名著。

在此书中，杜能系统地阐述了自己的农业区位理论模式。他认真分析当时德国农业和市场的关系，认为成本和价格是孤立国决定生产布局的关键因素，因此生产地和消费地之间的距离是决定生产布局的重要节点。他从假设孤立国只有一个城市且其位于国家地理中央入手，提出最优生产布局应以这个城市为中心，产品生产地应依次布局于城市周边，形成一个有规律、有界限的同心圆。从地租、农产品特征和运输成本差异出发，由内而外，杜能认为应该依次为蔬菜水果区、向

---

① 〔美〕阿瑟·奥沙利文. 城市经济学[M]. 北京：中信出版社，2002：13.

城市提供木材和燃料的林业区、轮作农业区、谷草农作区、三圃农作区和畜牧业区的序列布局。除此之外，杜能也提出了自己的工业布局主张，认为应该将其建立在原料价格最低的地方，以发挥其成本和规模效益。①

无可否认，杜能的农业区位理论推演过程中设置了过多的既定假设条件，无法存在于现实社会发展。但就农村城镇化理论和实践而言，我们应该看到，杜能的农业区位论，时至今日仍然存在着种种有价值的思考和借鉴。他将城市和农村的发展相互联系，主张合理配置城郊产业、集约利用土地，凡此种种，都为农村城镇化建设的必要性、如何构建健康可持续的城镇和农村关系以及农业生产的发展等城镇化建设中亟待研究和解决的问题提供了合理而有力的注解，并为区位理论的持续发展繁荣奠定了坚实的理论基础。

## 二、工业区位论

工业区位论是研究关于工业布局和厂址位置的理论。1909 年，德国经济学家阿尔弗雷德·韦伯在其《论工业区位》一书中首次系统地论述了工业区位理论。他认为运输费用和工资决定着工业区位的基本方向，并进一步提出运费是重量与运距的函数，主张理想的工业区位是生产和分配过程中所需要运输的里程和货物重量为最低的地方。②在此基础上，1914 年韦伯又发表了《工业区位理论：区位的一般理论及资本主义的理论》，对工业区位问题和资本主义国家人口集聚进行了更加深入的分析。他将区位因子分成适用于所有工业部门的一般区位因子和只适用于某些特定工业的特殊区位因子，经过反复甄选和实验，确定了三个最重要的一般区位因子，即运费、劳动力、聚集，进一步提出了运输区位法则、劳动区位法则、集聚（分散）区位法则，并根据对其相互作用的分析和计算，系统阐释了工业区位选择和合理布局。

①〔德〕杜能. 孤立国同农业和国民经济的关系[M]. 北京：商务印书馆，1986：342-396.

②〔德〕韦伯. 工业区位论[M]. 北京：商务印书馆，2010：95-143.

简而言之，韦伯认为区位因子决定生产场所，强调经济生产中的最好选择是将企业吸引到生产费用最小、节约费用最大的生产地点。韦伯的理论至今仍为区域科学和工业布局的基本理论。

综观西方工业区位理论的发展历程，强调经济活动中的成本因素即成本控制是贯穿始终的核心因素，也是最基本的研究方法和着手点。韦伯是工业区位论的开先河者，他详细分析了包括劳动力成本、运费等成本因素在经济活动中的重要影响，创立了最小区位费用原则，成为后续工业区位论发展的重要支撑。

## 三、中心地理论

中心地理论由德国著名的地理学家克里斯塔勒提出，目的在于试图探索决定城市的数量、规模以及分布的规律。它是用来说明一定区域内城市等级和空间分布特征的城市区位论的重要分支，并对聚落地理学产生了重大影响。1933 年，克里斯塔勒在他的重要著作《德国南部中心地原理》一书中，从经济学观点来研究城市地理，提出城市中心地的概念。他认为经济活动是城市形成、发展的主要因素，并从中心居民点和城市的供应、行政管理、交通等主要职能出发，论证了城市居民点及其地域体系的关系，进而展开了对城市服务功能空间结构的研究。他认为中心地就是为聚集在它周围的居民提供商品和服务的地方，中心地（城市）的基本功能是作为影响区的服务中心，为其影响区提供中心性商品和服务。由于这些中心性商品和服务可依其特性分为若干层次，根据一定区域内各中心地提供货物和服务的高中低档次来分析和定性，可以确定一个中心地在中心系统中的地位和作用，因而城市可按其提供的商品和服务分为若干等级，换言之，城市之间依据其空间结构的服务功能形成一种有规律的层次关系，根据城市中心居民点发展的区域基础及等级、规模的空间关系，克里斯塔勒将区域内城市等级与规模关系形象地概括为“正六边形模型”。

克里斯塔勒不仅关注每个城市的地理位置和形成条件，而且深入观察和研究每一个区域内的城市总体数量、区位、发展和空间结构。

在此基础上他进一步分析认为，城市服务功能的完善和优劣决定着中心城市的等级及其吸引范围，并进一步决定着其效率和效益。即中心城市服务档次越高，它吸引的消费者和服务对象空间范围便越大，其经济收益率和社会收益率便越高。可以说，克里斯塔勒的中心地理论在某种程度上是一种宏观、综合、静态视角的区位论，是对之前农业区位论和工业区位论理论的再发展，克里斯塔勒站在时代发展背景下，更加关注市场并以其为中心，为新时期具体解决计划、规划问题的动态平衡打下了基础，并在后来的实践发展中尤其是 20 世纪 60 年代的集中发展大城市浪潮中提供了坚强的理论基础，发挥了重要的理论指引作用。

## 四、市场区位论

德国经济学家奥古斯特・廖什在 1940 年出版了《经济空间秩序》一书，提出了与中心地理论相类似的市场区位理论。该书被认为是 20 世纪前半期最重要的区位理论著作之一。从经济区位的观点来看，廖什的区位理论以最大利润原则代替了韦伯的最低费用原则，将利润原则应用于区位研究，并从宏观的一般均衡角度考察工业区位问题，从而建立了以市场为中心的工业区位理论和作为市场体系的经济景观论。

廖什从一系列假设出发，以农户生产和销售啤酒为例，研究市场区及其体系的形成规律和空间形式。他认为每一单个企业产品销售范围，最初是以产地为圆心，最大销售距离为半径的圆形，产品价格是需求量的递减函数，所以单个企业的产品总销售额是需求曲线在销售圆区旋转形成的圆锥体。随着更多工厂的介入，每个企业都有自己的销售范围，由此形成了圆外空挡，即圆外有很多潜在的消费者不能得到市场的供给。但是这种圆形市场仅仅是短期的，因为通过自由竞争，每个企业都想扩大自己的市场范围，因此圆与圆之间的空挡被新的竞争者所占领，圆形市场被挤压。随着市场被不断刷新和资源重新配置，就空间区位而言，市场终究会在某个时期达到均衡，最后形成蜂窝状的正六边形“面”状市场。而在垄断竞争情况下，企业最明智的选择应该是首先着眼于确定均衡价格和销售量，即平均生产费用曲线和需求曲线的交点，再以此来确定市场地域均衡时的面积和形状。廖什进而把最佳区位与市场结合起来，通过分析认为，一个工业或者企业的最佳区位不是费用最小点，也不是收入最大点，而是收入和费用的差最大点，即利润最大点，这也是大多数工业区位选择的最终目标，即正确选择区位是谋求最大市场和市场区。廖什把利润最大化原则同产品的销售范围联系在一起，认为一个经济个体的区位选择不仅受其他相关经济个体的影响，而且也受消费者、供给者的影响。

严格意义上说，廖什的市场区位理论与克里斯塔勒的中心地理论很相似，实质仍是工业区位论。但与前述理论基点不同，廖什第一个把需求作为空间变量，以市场需求作为空间变量对市场区位体系的解释，从需求角度出发，将空间均衡的思想引入区位分析，研究了市场规模和市场需求结构对区位选择和产业配置的影响，强调成本与利润的最大化即利润最大点才是决定最优区位的关键因素，进而主张利润最大化的区位理论。除此之外，廖什还关注到前人并没有过多留意的政治制度、行政手续、关税壁垒等非经济因素对市场和企业的影响，把分析由单纯的生产扩展到了市场，进而扩展到整个产业，将空间经济思想带入区位理论并在方法上有所创新，因此其在区位理论的发展上具有重要的理论价值。

除此之外，廖什的市场区位理论中的经济景观符合彼时资本主义发展的现实情况，如工商业聚集形成大城市，距离城市越远，经济过程越分散，受中心城市的影响越小，因此他的理论在实践意义上也受到后来许多经济学家的高度称赞。

从以上区位理论的发展历程可以看出，区位理论虽然不是专门谈城镇集聚的，但是产业、企业区位的选择过程和结果与城镇集聚过程有着本质联系，规模经济、运输成本和集聚经济的作用成为促进要素集聚于特定区位的经济力量。同样，尽管时代背景和理论依据有所差异，但以上区位理论在企业区位选择上仍然倾向于人才集中、技术先进、市场较为成熟、基础设施完备的大城市，简言之，以上理论主张的“最佳区位”即大中城市。因此区位理论在很大程度上印证了城镇化进程之所以持续发展的动力所在，同样，全球范围的城镇化历程也为区位理论持续发展和完善提供了多样且重要的经验事实。

## 第二节　城乡结构转换理论

二元经济结构理论是发展经济学的基础性理论之一。所谓的二元指的是发展中国家普遍存在的以传统生产方式为主的农业部门和以现代生产方式为主的现代工业部门。最早提出该理论的是荷兰社会学家伯克，他通过对印度尼西亚的研究，发现印度尼西亚是一个界限分明的社会，即以劳动力生产的农村社会和以机器生产的城市社会，他将此概括为“二元结构社会”[①]。该理论一经推出就引起许多经济学家的关注和兴趣，为他们研究发展中国家的经济状况提供了崭新的观点和思路，自此以后，以美国经济学家阿瑟·刘易斯对发展中国家二元经济结构的研究为标志，后经过费景汉、拉尼斯、乔根森、舒尔茨、钱纳里·塞尔昆等学者的发展，使农村城镇化的结构理论发展成为一个比较完整的体系。该理论认为，发展中国家经济上存在传统部门和现代部门的区分，传统农业部门存在着大量低收入劳动力，农业部门除向工业部门提供大量廉价劳动力之外，还为其扩张提供大量必需的劳动剩余。农业部门剩余劳动力向工业部门的转移还受消费需求和农民经济理性的制约，而且这一转化过程与发达国家明显不同，发展中国家农业产值和农业劳动力向工业部门转移是不同步的，而且存在技术层次和农民素质的差异，这一过程是初级产业向高级产业的过渡，结构理论强调了产业转移的带动作用、农民的经济理性和农村劳动力转移的渐进性。

---

① Bock · J. H. Economics and Economics Policy of Dual Societies as Exemplified by Indonesia[M]. New York: Institute of Pacific Relation,1953.

## 一、刘易斯的典型二元经济理论模式

美国著名经济学家、诺贝尔奖经济学得主阿瑟·刘易斯，在1954年发表《劳动无限供给下的经济发展》一文，首次指出二元结构的困境，是系统论述发展中国家二元经济结构的先驱。他把发展中国家经济的“二元性”明确地刻画出来，提出在其发展中存在一种无限过剩劳动力发展模式[①]，认为发展中国家的经济结构可以概括为以传统生产方式为基础的落后农业部门和以现代化生产方式为基础的劳动生产率较高的工业部门并存。以传统农业和原始手工技术为标志的农村自然经济，将封闭落后的农村与以现代工业部门和机械自动技术为支撑的开放发达的城市截然不同地区分开来，城乡分野泾渭分明却又并行不悖。

刘易斯提出了典型的二元经济理论模式，为发展中国家由传统经济向现代经济转换提供了理论基础。他认为，在大多数发展中国家，促进经济发展的资源很少，唯有劳动力资源极其丰富。他从工资不变的劳动力无限供给的前提假设出发，通过构建模型，认为资本家以不变的工资源源不断获取劳动力的剩余价值，推动生产规模不断扩张，直到吸收完所有的农业剩余劳动力。这时工业劳动者的工资和农业劳动者的收入都会增加，工农业趋向均衡发展，从而实现传统农业向现代工业的转换，城乡平衡发展，最终二元经济结构转化为一元结构。刘易斯详细描述了两大部门在生产和组织方面的不对称性，第一次对发展中国家存在的部门差异进行了详细分析，并对资本源泉问题进行了深入分析，进而把经济发展与人口流动结合起来，初步探讨了城市化滞后和过度城市化的情况，为发展中国家制定经济发展战略提供了有益借鉴。但是，他的无限劳动供给的假设前提受到了广泛质疑，以及城市现代工业部门能否对劳动力资源实现无限吸纳等理论假设是否

---

① Lewis W A. Economic Development with Unlimited Supply of Labor[M]. The Manchester School of Economic and Social studies, 1954 (5): 139-191.

在现实中成立等，被指与发展中国家现实不符。

## 二、拉尼斯—费景汉的二元经济转换理论模型

美国发展经济学教授费景汉和古斯塔夫·拉尼斯运用现代经济学理论和计量经济学方法描述二元经济转换问题，并建立起自己的理论模型。在其论文《一个经济发展理论》中，他们假定工业部门以同样的工资吸纳农业部门劳动力为开端，将经济发展过程分为三个阶段，由农业劳动的边际产品为零，剩余劳动力逐渐从农业部门转移出去进行无限供给的第一阶段，到劳动力的边际产品提高，劳动力进一步转移，农业总产量下降，农产品短缺，贸易结构有利于农业部门，迫使工业部门提高工资的第二阶段。此阶段是费景汉和拉尼斯理论论证的重点，因为在此阶段极可能出现工业部门的扩张在其吸纳完全部剩余劳动力之前就停止的现象，他们认为应对之策就在于将一部分工业利润投入农业部门，以促进农业技术投入，提高农业劳动生产率。第三阶段劳动力的边际产品大于固定的、由制度决定的工资，这时由农业部门转向工业部门的劳动就可以摆脱制度因素，完全由市场调节，农业部门实现了商业化，整个经济完成由二元经济向一元经济的转变。他们分三阶段论述二元经济结构转换的理论由此也被称为拉—费模式。①

由上述理论模型我们可以看到，费景汉和拉尼斯二元经济理论的特殊和进步之处就在于，他们重视农业发展对工业部门乃至整个国民经济发展的重要性，提出了通过技术进步以提高农业劳动生产率以增加边际产品收益率，进而推动经济结构转换的拐点，以达到二元经济结构的途径。但与刘易斯的经济理论一样，费景汉和拉尼斯的二元经济转换理论仍然被指与发展中国家现实状况不符，如其关于农业部门有剩余和工业部门不存在失业的，以及农业部门的工资水平不随农业生产率的提高而提高等假定，都存在进一步探讨的空间。

---

① Fei C. H, Rains G. A Theory of Economics Development[M]. American Economic Review. 1961 (9): 533-565.

## 三、舒尔茨的二元经济转变理论

美国经济学家、诺贝尔经济学奖获得者西奥多·W. 舒尔茨以对传统农业的分析为起点，强调农业部门在经济现代化中的重要地位，创立了与人力资本理论相辅相成的穷人经济学，并提出了农业现代化的主张。舒尔茨认为世界上大多数人是贫穷的，穷人大多依靠农业为生，传统农业之所以落后的根本原因在于，农民对传统农业进行投资的收益率极低，进一步造成他们持续走低的投资意愿和储蓄意愿。换言之，农民受教育机会少，极度缺乏改变传统农业生产要素的动力，这也是造成他们福利水平极度低下的根本原因。由此观点出发，舒尔茨主张通过采取市场方式，向传统农业部门投入新技术，改造原有生产方式，提高劳动生产率，直接给予农民经济刺激，以调动农民的生产积极性。舒尔茨同时提出了政府加大投入提高农民素质和能力等人力资本投资在达成经济结构转换中的重要性。

与前人理论不同，舒尔茨不仅提出了二元经济转换的重要性，而且在微观层面上详细分析了农业现代化的途径和方法。他认为土地本身并不是导致农民贫穷的关键因素，提高人口质量的教育投资和人力资本投资才是提高穷人的经济水平，进而促进一国经济现代化的决定性环节。无可否认，舒尔茨的理论一定程度上是农业劳动力就地转移以促进农村工业化，使绝大多数农民从中受益的观点，他的理论打破了传统的农村发展农业、城市发展工业的模式，对发展中国家提供了较大的借鉴价值。但其理论中将农业现代化置于国家经济转换中的绝对优势地位，相对忽略了工业现代化发展的重要意义，这也是不符合发展中国家现实发展趋势的不足之处。

## 四、钱纳里的结构转变理论

美国哈佛大学教授霍利斯·钱纳里，以在经济结构转变方面的研究成果而享誉全球。虽然没有对农业发展问题进行专门的论证，但钱纳里的结构转变理论实质上就是以农业发展理论为核心，包括了传统农业向现代农业的转变过程。在《发展的形式1950—1970年》一书中，他在分析多数发达国家和发展中国家的经济发展和结构转换的事实经验和数据的基础上，构造出著名的“世界发展模型”，将一国的经济发展分为三个阶段，分别是初级产品阶段、工业化阶段、发达经济阶段。顾名思义，初级产品阶段中，农业产品的生产占社会经济的绝对统治地位，人们对制造品的需求有限，制造业发展严重不足。随着生产力的逐渐发展，人均收入水平的增加，制造业逐渐发展成为经济增长的主要来源，带动资本和劳动力资源由效率较低的农业部门向制造业部门转移，直至进入第三阶段，传统的农业部门开始并最终完成现代化改造，一元的国民经济结构最终形成。钱纳里从经济发展的长期过程中考察了制造业内部各产业部门的地位和作用的变动，揭示了制造业内部结构转换的原因。与之前理论相比，钱纳里结构转变理论的超越之处在于具体提出了农业发展的测量指标，即农业生产份额在国民经济总额中的比重下降，以及农业现代化、农业劳动力生产率的提高。但其不足之处在于他对农业发展的重要性估计不够，过分强调工业发展的重要性，忽略了农业发展对一国宏观经济的重要促进作用，实质上和舒尔茨理论的不足之处殊途同归。在实践层次上，许多学者认为钱纳里的理论模型和方法对中国适用性不强，指出钱纳里的结构转变理论许多假设条件难以成立。具体就我国而言，20世纪80年代以来实施的计划生育政策、人口基数的庞大、由计划经济向市场经济转型的体制，以及所谓的“后发者优势”，都使得人均GDP、工业发展水平、城镇化率之间不满足钱纳里方法中的对应关系。另外，日本、韩国实际城镇化率与人均GDP之间的数据关系，也验证了钱纳里方法并不具有普遍适用性。

在二元经济结构的基础上，随着时代的发展和理论的深化，双重二元经济结构理论逐渐产生、发展和完善。双重二元经济结构理论是指旧有的城乡二元经济结构已逐步转向城乡之间、城市内部和农村内部的双重二元结构，即位于农村区域上的农村工业部门和农业部门，以及位于城市地域上的城市传统工业区和城市新型经济区，由此构成了城乡双重二元矛盾，使以往的城乡矛盾更加复杂。在此基础上又进一步发展出“三元结构”，此“三元结构”比二元结构多出来的另一元，就是以中间技术为主导，以乡镇工商企业为主体的农村非农业部门及其载体——小城镇。“三元结构”理论在某种形式上呼应了现实状况下小城镇的发展，无论在理论上还是实践中无可否认这都是一种进步，概括出这样一种事实，即原来的城乡分野慢慢走向融合，经过长时间的协调发展，城乡一体化必将成为现实。

二元经济结构理论产生和发展有其特定的国际社会发展背景。“二战”以后，广大发展中国家纷纷摆脱西方殖民国家统治，走上了独立自主发展道路。二元经济结构理论既是对发展中国家彼时发展状况的现实描绘和思考，同时也为发展中国家的社会经济发展提供了深层次的理论指导。由此出发，直至20世纪和21世纪，对二元经济结构理论的发展都方兴未艾，蔚为壮观。我国是一个典型的发展中国家，即使经过了长时间的发展和改造，现阶段城乡二元结构的特征仍然极为明显，城市发展中失业和经济结构不均衡问题仍然严重，极大阻碍了我国城镇化的健康可持续发展。现阶段我们发展和改革的重要目标之一就是缩小城乡差距，改变二元经济社会结构，实现一元结构基础上的城乡协调化发展，最终实现城乡一体化。在此努力奋斗的伟大征程上，我们有必要也必须借鉴发达国家和其他发展中国家发展道路上的实践经验，结合我国的现实发展，取其精华，摈弃不足，为我国现阶段的经济和社会发展提供理论支持和实践借鉴。

## 第三节　非均衡发展理论

非均衡发展理论从经济发展的客观规律出发，针对区域经济平衡发展中存在的一些问题，认为发展中国家由于资金、技术、人才等方面的制约，还不具备产业和地域全面增长的资金和能力，因此同一时间同一区域的均衡增长只能是理论假设而绝非现实，因此社会经济的发展应从该地区的客观差异性出发，选择一些重点支持的产业或区域使之较早较好地成为此区域的“增长极”或称增长点，然后通过不同渠道向外扩散，通过其吸引力和扩散力，在自身不断发展的同时带动邻近区域的发展，最终对整个经济产生不同的影响。非均衡发展理论强调了先集中后扩散的效应，为落后国家和地区的发展提供了一个较好的模式。

具体而言，非均衡发展理论包括增长极理论、中心—外围理论、圈层结构理论和循环累积理论。

## 一、增长极理论

1950 年法国经济学家弗朗索瓦·佩鲁提出的增长极理论是非均衡发展理论的代表，并由此而衍生出区域经济学中的增长极理论。佩鲁认为，无论在大经济单元还是在小经济单元，都存在着不平等的相互影响，从而产生不均衡现象。也就是说，经济增长不是同时出现在所有部门，而是首先集中在那些具有创新能力的行业和主导部门；由于产业之间的关联推动效应，这些产业常常聚集在经济空间的某些点上，形成增长极。换言之，“增长极”是由主导部门和有创新能力的企业在某些地区或大城市的聚集发展而形成的经济活动中心，也可将其称为“磁场极”。它们能够产生吸引或辐射作用，形成一种对落后地区的支配效应，并基于此种效应，逐渐形成自身的推进优势，进而通过这种优势不仅实现自身的成长与创新，而且更重要的是诱导了其他部门或地区的经济发展。佩鲁认为，“增长极”的产生，使人口、资金、技术、信息等高度集聚，产生“城市化趋向”。他进而将城市视为一个增长极，认为城乡之间的联系主要是城市资源要素通过不同渠道向农村扩散实现的，经济活动在空间上集中于少数几个城市，能比分散状态更快更有效。他强调以城市为中心，通过资源要素从城市到乡村的流动来带动乡村地区的发展。①

后来法国经济学家布代维尔将增长极理论引入到区域经济理论

① 郝寿义，安虎森. 区域经济学[M]. 北京：经济科学出版社，1999：100-101.

中，把佩鲁的增长极概念和思想融入到地理空间，认为增长极既包含经济变量之间的结构关系，也包括了经济现象的区位关系或地域结构关系。因此，增长极在经济意义上可以特指推进型主导产业部门，而在地理空间意义上可以指区位条件优越的地区，进一步拓宽了增长极理论的应用范围。

## 二、中心—外围理论

这一理论是由美国城市与规划学者约翰·弗里德曼首先提出的。该理论在佩鲁的增长极理论基础上，把增长极模式与各种空间系统发展模式相结合，视角上有所扩展和延伸。弗里德曼认为，区域的空间结构上由中心区（核心区）和外围区两个空间系统构成，核心区是具有较高创新变革能力的地域社会组织子系统，通过自身经济发展不断强化而扩散自身的影响力，通常具有强烈的极化效应与扩散效应，在整个空间系统中居支配地位，形成对外围区的支配态势，而外围区则居被支配地位，核心区和外围区有着强烈的相互依存机制。一方面，中心区通过向外围区输送商品，吸收外围区的资本、劳动力从而对外围区产生着极化作用，并增强中心区的积累效应；另一方面，中心区又通过向外围区的创新扩散、信息传播和产业关联效应等带动外围区的经济发展。弗里德曼非常重视核心区在空间系统中的作用。他同时指出，在区域经济增长过程中，由于这种极化与扩散效应，中心区与外围区的边界将随时发生变化，从而使区域的空间关系不断调整，最终达到区域的空间一体化，各区域优势充分发挥，最终使得该地区经济获得全面发展。

## 三、圈层结构理论

圈层结构理论最早由德国农业经济学家冯·杜能提出。其主要观点是，城镇在区域经济发展中起主导作用，城镇对区域经济的促进作用与空间距离成反比，区域经济的发展应以城镇为中心，以圈层状的空间分布为特点逐步向外发展。该理论把城镇圈层分为三个部分，即内圈层、中间圈层、外圈层。各圈层有各自的特征：内圈层即中心城区，人口和建筑密度都较高，地价较贵，以第三产业为主；中间圈层即中心城区向乡村的过渡地带，居民点密度低，建筑密度小，以第二产业为主，并积极发展城郊农业；外圈层即城镇影响区，第一产业在经济中占绝对优势，是城镇的水资源保护区、动力供应基地、假日休闲旅游之地。圈层理论总结了城镇扩张和发展的一般规律，对发展城镇经济、推动区域经济发展具有重大指导意义，对我们合理规划和发展城镇经济、合理规划小城镇的发展更具有现实意义。

## 四、循环累积理论

瑞典经济学家缪尔达尔提出了“地理上的二元经济”结构理论，又称“循环累积理论”。他认为地理上的二元经济产生的原因在于各地区经济发展的差距性，这种差距存在的原因在于“扩散效应”和“极化效应”的存在。缪尔达尔运用城市经济原理分析，认为经济发展过程在空间上不是同时发生和均匀扩散的，而是从一些条件较好的地区开始，一旦这些地区由于某种最初契机，获得增长过程中早期优势（初始优势），就会比其他区域超前发展。由于集聚经济的存在，优势区域会因市场作用而持续累积加速增长，并同时加剧“扩散效应”和“极化效应”的发展。“极化效应”是指劳动力、资金、技术、资源等受到要素收益差异而发生的落后地区向发达地区流动的现象，结果造成落后地区的衰退，区域差距扩大。而“扩散效应”刚好相反，当经济发展到一定水平时，地区间的经济发展、人均收入、工资水平和利润等方面的差距一旦发生，资本、劳动力、技术等要素出现一定程度的从发达地区又流向落后地区的现象，即城市等级扩散现象。但由于市场机制的作用回流效应总是远大于扩散效应，“市场力所起的作用是趋向于增加而不是减少区域差异”，会进而引起“累积性因果循环”，使发展快的地区发展更快，发展慢的地区发展更慢，从而逐渐增大地区间的发展差异，形成地区间的经济二元结构：即经济发达地区和经济不发达地区同时存在。在“扩散效应”和“极化效应”的双重作用下，边缘区累进成为新的核心区，借助市场力量，不断往复循环，从而推进城镇化。

根据二元空间结构理论，缪尔达尔提出了经济发展先后次序的观点。他主张在经济发展过程中，政府应当采取不平衡发展战略，通过种种经济或行政手段，优先支持发展势头较好的地区，以获得较好的投资回报率，加快本区域经济发展。但缪尔达尔也认识到地区差异过大对本区域经济社会发展的危害性。对于限制累积性因果循环造成的贫富差异过大，缪尔达尔主张必须依靠政府干预。政府应通过不平衡发展战略，优先发展那些有竞争优势的地区，然后通过这些地区的扩散效应带动其他地区的发展。同时为了防范积累性因果循环带来的地区差距扩大，政府应制定相应的刺激措施帮助不发达地区发展经济，尤其是落后地区政府应当制定相应政策发展经济，缩小差距。

除了缪尔达尔之外，美国著名经济学家赫希曼从现有资源的稀缺性和企业家的缺乏等方面出发，在其名作《经济发展的战略》一书中提出了“非均衡增长”理论，着重强调了资源的有效配置。

赫希曼认为经济增长不会同时出现在所有地区，而一旦出现在某处，在巨大的集聚经济效应作用下，要素将向该地区集聚，使该地区的经济增长加速，最终形成具有较高收入水平的核心区。与核心区相对应，周边和落后地区称为边缘区。赫希曼主张在经济发展的初级阶段，有限的资源应分配给最有生产潜力即联系效应最大的产业中，以此来带动其他产业的发展，但当经济发展进入高级阶段后，保持国民经济各部门的均衡发展便成为必然。赫希曼经过分析指出，经济增长产生的极化效应和扩散效应同时存在，同时起作用，强调了市场作用和区域经济发展内在规律的作用，在其分析中认识到，某些非地方性的增长效应可能是消极的，在地理空间的“极”内，经济增长的累积集中将首先加大地区间的经济差异。他确信，长期的地理渗透效应（扩散效应）将足以减少这种差异。然而，赫希曼对渗透效应（扩散效应）能减少地区差异的乐观估计是建立在依靠国家干预的基础上的。赫希曼认为，发展都是通过经济中的主导部门的成长带动其他部门的成长。

要研究如何把有限的资源分配给最有生产潜力即联系效应最大的产业中，通过这些产业的优先发展来解决经济发展的瓶颈，并带动其他产业的发展。

综上所述，缪尔达尔和赫希曼都强调市场作用、经济发展内在规律对区域差异变动的影响。这种区域差异的变动是通过极化效应（回波效应）和扩散效应（涓滴效应）展开的。在市场机制和经济发展内在规律的作用下，这两种方向相反的效应是同时存在且同时发生作用的，其结果表示为两效应的合力，区域差距呈扩大或缩小变化。在早期，极化效应可能大于扩散效应，表现为发达地区对落后地区要素的吸引而使落后地区的要素向发达地区流动，结果为发达地区与落后地区的差异进一步扩大；在后期，扩散效应可能大于极化效应，表现为要素从发达地区向落后地区回流，结果为发达地区与落后地区的差异逐渐减少。同时，缪尔达尔和赫希曼都主张政府的积极干预，通过政府干预，或累积发达区域优势扩大区域差距，或刺激落后区域发展缩小区域差距。

非均衡发展理论认为，由于规模经济和聚集经济效益的存在，在市场力量的引导下，经济增长并非出现在所有地方，任何区域经济的发展都是从一些点开始的，即以不同的强度首先倾向于某些区域，进而在市场力量的引导下，经济增长在某些区域呈现较强态势，然后通过不同渠道发挥扩散效应和回流效应，在实现增长极对外围产品的需求和技术创新的扩散的同时，实现各种生产要素资源从外围向核心区的流动。总体而言，这种区域经济的先集中后扩散有利于形成规模经济，产生聚集经济效益，其大致遵循着“不均衡—相对均衡—新的不均衡”的动态发展轨迹。

## 第四节　广义“小城镇学”论

广义“小城镇学”论是在西方发达国家两百多年以来的工业化、城市化发展过程背景下相伴产生的。而 20 世纪 80 年代以来中国人民积极推动乡村工业化，发展小城镇和乡镇企业的创新实践更是为这一理论的发展和完善提供了丰富鲜活的现实资源。广义“小城镇学”理论的发展大致可以分为田园城市论、地区城市论和小城镇道路理论三个阶段。

## 一、田园城市论

田园城市理论由英国“田园城市”运动创始人埃比尼泽·霍华德创立。发端于18世纪下半叶的工业革命，此时经过一百多年的发展，依然方兴未艾、如火如荼。霍华德1850年出生于伦敦，当过公司速记员、职员、记者，还在美国经营过农场。他目睹了大量农民由于生活所迫涌入城市，城市人口激增、通货膨胀、环境恶化、机构和交通设施不堪重负的畸形发展，了解、同情城市贫民的悲惨生活状况，同时他也观察到乡村由于缺少劳动力和新技术而面临发展停滞、百废待兴，在此基础上于1898年出版《明日：一条通往真正改革的和平道路》，提出建设一种把城市生活和乡村生活的优点相结合的新型生态城市模式，即著名的“田园城市”。

霍华德认为，与乡村相比，由于较好的生活设施条件城市天然的具有一种吸引人口聚集的磁力，随之产生了由土地投机引起的城市无限膨胀，它与环境污染、高物价等现象一起是造成城市居住条件恶化的根本原因。因此解决城市危机的办法在于将城市土地收归统一使用，打击土地投机，控制城市膨胀。他认为城市和乡村生活各有优点，最佳的生活方式是“城市—乡村”生活，即田园城市。他提出的田园城市包括城市和乡村两部分，土地和人口适中的城市为农村所环绕，可以就近获得乡村优质的自然资源和新鲜农产品的就近供应，且城市基础设施如电力、垃圾处理都要避免污染，创造一个自然和谐的生活空间。若干个城市之间围绕一个中心城市互相联系，构成“无贫民窟无烟尘的城市群”。[①]农村有适度的市场，土地及其增值收益归全体公民

①〔英〕埃比尼泽·霍华德. 明日的田园城市[M]. 金经元译. 北京：商务印书馆，2000：78.

集体所有，与城市双向协调互动。城市和农村之间呈同心圆带状分布，农业区、工业区、居住区有序排列，城市和乡村有机结合，形成城乡一体化发展格局。

广义来看，霍华德的田园城市理论不仅是一种纸面意义上的城市规划，更是一种对社会的改革，具有很大的前瞻性，因此观点一经推出便引起了社会极大关注和反响。1899 年，霍华德发起成立了花园城市协会，并在 1903 年和 1920 年吸取其理念相继试验建立了列曲沃斯花园城市和威尔温花园城市。此后各国陆续开展了花园城市实践，从城市运动、卫星城建设到战后新城运动，直至 20 世纪 80 年代兴起的“新城市主义”，从英国、美国、法国到澳大利亚、日本、以色列，田园城市理念的影子随处可见。田园城市的设计理念摆脱了显示统治者权威的旧观念，转向以人民利益为出发点，以城乡结合的角度解决城市发展中出现的一系列问题，对现代城市发展起到了重要的启蒙作用。霍华德对生态环境的强调和重视，对城乡结合发展的设想，对人类生存状态的深切关注，不仅在西方具有广泛的影响，20 世纪我国的小城镇建设也借鉴吸取了其中的闪光之处，进行了一系列探索和实践，影响力至今不衰。

霍华德田园城市理论中提出的城市—乡村结合模式，与我国城镇化建设中城乡一体化的战略目标本质具有共同之处。经过多年的改革和发展，我国仍然没有彻底解决城乡二元矛盾，城乡发展格局依然不够合理、生态环境仍然没有得到彻底改善和优化、城乡结合部矛盾依然突出，无可否认，我国的城乡一体化在某种程度上仍然处于表面和局部阶段，需要继续在霍华德田园城市理论中的城乡一体化理念中寻找理论借鉴。

## 二、地区城市论

美国学者刘易斯・芒福德所提出的地区城市论是对霍华德田园城市理论的继承和发展。刘易斯・芒福德 1895 年 10 月 19 日出生于美国长岛，早年即是美国区域规划协会的基本会员。他不仅在城市科学领域是一位久负盛誉的学者，在社会哲学、文化、技术史、艺术史等领域也都取得了极高的成就。他在早年出版的《城市文化》和《城市发展史：起源、演变和前景》中，系统回顾了五千年来城市发展的历史，主张一种动态的、社会学的城市观，强调城市发展和规划中人文因素的重要性，为此后西方的城市发展重新确立了方向。

芒福德认为，从城市发展之初直到现今，乡村和城市都是构成整个社会大环境的有机体。在对资本主义工业文明的全面评价和深刻批判的基础上，芒福德指出乡村为城市提供了丰富的资源和劳动力，为城市发展提供了巨大的支撑，对城市发展有着举足轻重的影响。城市如果脱离乡村，必将失去发展的活力和动力。长期以来，由于资本主义发展过分强调了城市的中心地位，一味发展城市，忽略了对农村的供给和支持，结果城市毫无节制地索取农村丰富的资源和劳动力，将自身制造出的种种污染毫无顾忌地输入农村，农村生产发展缓慢，劳动力素质低下。芒福德认为，如果这种状况不加以改善，其结果必然是城市和农村都陷入发展的危机，一损俱损。

在此认识上，芒福德主张一种有机联系、不断更新的区域观。他认为人类社会和自然界发展有很多共通之处，就是说，与自然界一样，人类社会若想维持生存和不断发展，就必须要与周围的环境、因素建立一种有机的、紧密的联系，在供求上取得一种平衡，否则生命将会停止运动，人类社会也必将停止发展。对于城市而言，基于长远和持续发展的需要，它必须也要与周围的环境建立一种双向互动的联系。“城市不止是建筑物的群集，它更是各种密切相关并经常影响的各种功能的复合体”。[①]芒福德将城市所赖以生存和发展的广泛联系称之为区域，即地理因素、文化因素、经济因素等的综合体。作为区域中心的城市有赖于区域的全面支持，它自身的发展也将推进区域的整体进步。芒福德进而提出了自己的地区城市设想。他主张在城镇发展上采取中心与区域协同发展的策略，即在一个大城市区域范围内，同时设置许

①〔美〕刘易斯·芒福德. 城市发展史——起源、演变和前景[M]. 北京：中国建筑工业出版社，2005：25.

多小城市，将大城市与小城市用各种交通工具予以连接，大城市与其区域周围的小城市通过有机双向互动促进彼此的和谐发展。芒福德对近代工业文明和资本主义城市的无计划发展提出了尖锐的批评。他反对城市的无序扩张和人口膨胀，认为霍华德田园城市实验未获得成功的直接原因就在于西方工业发展中的“土地扩张、工业扩张、人口扩张”，提出城市发展与人类伦理有着本质内在的联系，城市的本质在于“有意义、更美好的生活”，因此城市最主要的作用在于成为人类提高、丰富和超越自身的阶梯，体现人类之爱、关心人和陶冶人，对城市文化的功能给予了高度的重视与评价。

## 三、小城镇道路理论

小城镇建设是我国社会主义新农村建设的重要内容。与发达国家相比，我国小城镇建设起步较晚，近年来随着我国城镇化步伐的不断加快，在不断探索和发展的过程中，不仅积累了丰富的建设经验，也形成了相对完善的理论体系和丰富的相关成果。

我国小城镇建设的相关研究最早可以追溯到20世纪前半期。1945年10月，著名建筑学家梁思成在重庆《大公报》上发表“市镇的体系秩序”一文，认为在我国由农业国家向工业化国家转型的发展道路上，尤其要注意市镇农村的健康发展，必须“预先计划、善于辅导，使市镇发展成为有序的组织体”，否则“居民将受其害无穷”。1964年，严重敏、刘崇德也曾对江苏无锡地区的小城镇建设和农业发展之间的关系进行了深入调查研究。而真正开始对小城镇建设进行综合系统研究，则是在20世纪80年代，以费孝通为代表的一批专家学者把小城镇建设的研究提到了一个前所未有的高度，并形成了小城镇建设研究的数个高潮，“是农村调查的新开拓、新高度”①。

改革开放以来，乡镇企业的蓬勃发展促进了形态各异的小城镇纷纷出现，成为改革开放以后引人关注的发展热潮。费孝通认为，城市

① 费孝通. 学术自述与反思[M]. 北京：生活·读书·新知三联书店，1996：36.

和乡村之间是需要连接体的，而其中一个非常重要的连接体就是“小城镇”。1983年，费孝通先后在《瞭望》周刊发表了四篇文章，即《小城镇大问题》《小城镇再探索》《小城镇苏北初探》《小城镇新开拓》，后来这四篇文章编成专册《小城镇四记》。在这四篇文章里，费孝通通过实地调查，论证了乡镇企业发展与小城镇建设对我国工业化、城市化进程的影响，从三农问题与乡镇企业、小城镇发展的关系等方面，对小城镇建设进行了全面深入的研究。费孝通从发展乡镇企业、小城镇建设在地方经济建设中的作用出发，构思出乡村工业化和城市化的整体框架。费孝通认为，由于中国特有的国情，我国城市化道路应走“大中城市为辅，小城镇为主”的发展模式，重视和着力发展小城镇作为农村商品集散中心的地位，以小城镇建设作为改善农村贫穷落后面貌和农民贫穷生活、消灭长期存在“三大差别”、实现我国城市化的现实路径选择。他更从小城镇建设的动力、作用、区域经济发展模式等角度对我国小城镇建设进行了详细解读，指出小城镇建设的直接动力是农村乡镇企业和工业的发展，因此因地制宜发展农村特色工业是小城镇建设的直接推动力；主张“做活人口这盘棋”，重视发挥农村人口蓄水池的作用；在1983年《小城镇再探索》一书中，费孝通从整体出发，在探索每个地区发展的背景、条件、特色基础上，提出了“经济发展模式”概念。通过以上研究，费孝通形成了自己的区域经济思想，即主张不同地区由于方位、资源、交通、人文、历史等固有因素的差异，在经济发展上也应该避免千篇一律，走出自己的特色之路。

随着时代的发展和理论基础的完善，近年来我国学界在小城镇领域的研究主要集中在以下几方面：（1）对小城镇发展的意义研究。多数学者认为，小城镇化的道路选择是在吸取其他发展中国家城市化过程经验和教训的基础上做出的战略化决策，符合我国资源不足、人口基数庞大、农村生产力相对落后的现实国情，为逐步调整产业结构、就业结构、城乡关系，合理解决“三农”问题提供了可行方案。发展小城镇有利于在带动农村经济社会全面发展的基础上加快城市化发展进程，最终实现城乡一体化。（2）对小城镇发展模式的研究。综合学界观点，我国小城镇发展存在以下模式，分别是城郊卫星城、工业主导型、商贸带动型、交通枢纽型、旅游服务型、区域中心型、边界发展型等。（3）对小城镇规划的研究。国内学者普遍认为，规划是政府调控小城镇发展的有力手段，小城镇发展离不开科学合理规划。小城镇建设必须充分发挥规划的龙头作用，把长远规划和近期规划结合，把城镇建设规划、土地规划、国民经济规划结合起来，发挥好规划的龙头作用。（4）对小城镇在城镇一体化中的地位研究。目前学界普遍主张大中城市和小城镇两者各有优势劣势，由此出发，应在两者协调共同发展的基础上，既能充分发挥大中城市规模效应和经济效益，又能充分利用小城镇成本低、投入少、统筹度高的内在优势，使我国的城镇化进程在兼具速度和效益的基础上平稳快速推进。（5）对小城镇建设中存在的问题研究。主要集中在城镇规划不合理、制度障碍、体制建设等方面。

毋庸置疑，改革开放三十多年来的发展使城乡关系发生了重大变化，现阶段我们已经迈向了城乡一体化的新征程。今天的中国，即使处于城镇化率已经越过了50%的历史一步，但是农民问题、农村问题、农业问题依然无法乐观，不容我们有丝毫懈怠。综观各国发展实践，结合我国现实国情，农民问题、农村问题、农业问题的出路归根到底还是要靠在加快小城镇建设基础上的大中小城市协调发展，充分发挥小城镇的辐射和带动作用。基于此，广义“小城镇学”论仍然值得我们进一步研究、发展和借鉴。

## 第五节　人口迁移论

人口迁移，从人类社会产生以来就已经存在，并伴随着人类的繁衍发展始终未曾间断。随着工业化大发展和城市化进程的加速，人口迁移随着资本、资源、空间进一步的流动重组而愈加频繁和扩大，某种意义上，城市化发展过程中一个具体且重要的表现就是农村人口向城镇人口的转化。具体来说，在既定的生产条件下，相对于农业生产来说，由于存在向较好生产和生活条件转移的本质倾向，因此出现剩余的农业劳动力在空间和产业上的转移。这种农村城市化中特有的人口迁移现象不仅是城市化发展的必然，也是推进城市化持续发展的动力所在。在衡量一个国家或地区的城市化发展水平时，“城市化率”更是一个广泛使用的衡量指标，即某一时点一定的空间范围内城镇人口数量占总人口数量的比例。因此，人口迁移理论与城市化之间存在着必然且紧密的联系。

## 一、推拉理论

推拉理论最早可以追溯到英国学者拉文斯坦的人口迁移法则，此后，西方学者赫伯尔、博格、吉佛等从人口地理学、政治经济学、发展经济学等诸多学科出发，提出了一系列理论，对此进行了充分的完善和发展。①

拉文斯坦在1880年出版的《人口迁移理论》一书中，认为人们进行迁移的最主要目的是改善自己的经济生活，并由此对人口迁移的结构、机制、空间特征规律进行了总结，提出了著名的人口迁移七大定律。分别是“经济律”——人们为了提高和改善生活质量而进行迁移；“城乡律”——乡村居民比城镇居民迁移的可能性大；“性别律”——女性相对于男性来说迁移倾向更强，且以短途迁移为主；“年龄律”——各年龄段人们迁移倾向是不同的，青年人是迁移的主体；“数量律”——移民的数量会随着距迁入中心的距离的增加而减少；“递进律”——中心城市吸纳乡村人口所造成的空缺，将由乡镇周围更边远的居民所递补，直到中心城市的吸引力波及最偏远的角落；“双向律”——迁移的流向不是单向的，每一股主流都伴随相应逆流而存在。

拉文斯坦的移民七大定律一经提出就在西方移民理论界引起了很大关注和反响，在此基础上，巴格内于1969年首次明确提出了人口迁移的推拉模型。巴格内认为，人口流动的目的是改善生活条件，流入地的那些有利于改善生活条件的因素就成为拉力，而流出地的不利的

① 刘继为，崔松虎. 推拉理论及理性人视角下的民工荒现象[J]. 经济视角，2011（2）.

生活条件就是推力，从运动学的观点看，人口流动就由这两股力量前拉后推所决定。在人口迁出地，产生推力的主要因素包括自然条件恶劣、资源缺乏、农业生产条件恶劣、生产率较低导致的经济收入水平不高等。同样，在迁入地也存在一种拉力，形成这种拉力的主要因素包括较多的就业机会、较高的收入、完善的基础设施、较好的交通条件、先进的医疗水平等。巴格内同时指出，在迁出地和迁入地各有优势的基础上，二者同时也各有对立面，换言之，迁入地和迁出地二者本质上是各有其优劣，比如迁出地在推力的同时也存在某种程度的拉力，如熟悉的社会环境、家人的存在、广泛的社交网络等，迁入地带来较好生活的同时也存在竞争激烈、环境陌生、家人分离等诸多推力。迁移者进行选择的阶段，是在综合权衡、分析两个区域各自综合的推拉力基础上做出的决定。

在巴格内之后，1983 年，赫伯尔第一次系统地总结了“推拉”理论概念，在假设迁移者对迁出地和迁入地信息充分了解并做出理性选择的假设前提下，赫伯尔认为人口迁移是由迁出地的推力或排斥力和迁入地的拉力或吸引力共同作用的结果，强调了迁移者理性思维下的利益比较选择。随后，李（E. S. Lee）在《迁移理论》一文中，在已有理论基础上，系统总结了“推力—拉力”理论，将影响迁移者行为选择的因素总结为四方面，分别是：与迁入地有关的因素、与迁出地有关的因素、中间障碍因素、个人因素。李在指出流出地和流入地实际上都既有拉力又有推力的基础上，强调了中间障碍因素对迁移者迁移行为的重要影响。他认为中间障碍因素主要包括距离远近、物质障碍、语言文化的差异，以及移民本人对于以上这些因素的价值判断等，对人口的迁移行为起着举足轻重的作用。

## 二、刘易斯的二元经济理论与人口迁移模式

如前文所述，刘易斯不仅提出了发展中国家的二元经济模式，而且由此二元经济模式出发，认为发展中国家要想改变这种二元经济结构，重点就是支持城市范围内的工业部门持续不断地扩大生产，通过

它的快速发展持续增加对农村剩余劳动力的需求，这种持续需求将农业生产中的剩余劳动力源源不断地转移到生产率较高的工业部门去，一直到剩余劳动力彻底消失为止。

刘易斯认为，发展中国家存在两个不同性质的经济部门，一个是传统部门，另一个是现代部门。传统部门在决定劳动力雇佣水平时，主要考虑的是彼此互助、互济和遵从传统的伦理道德规范，因此即使劳动力的雇佣量超出了实现最大利润所容纳的最佳水平，经营者也不会或不可能解雇多余的劳动力，这样就会存在相当部分的剩余劳动力。与此相对，现代化部门的市场化程度高，企业的生产经营活动通行的是利润最大化原则，其标志就是企业家以边际劳动生产率等于工资的原则决定雇佣规模，这意味着只有那些边际劳动生产率高于工资水平的劳动力才被雇佣，剩余劳动力将不存在。由此现代工业部门的扩张在其他条件不变的情况下，是以吸收传统部门的剩余劳动力为其特征的。换言之，促进经济发展的一个最显著的标志就是劳动力从传统部门向现代部门的转移。这种转移分为从边际生产率为零的纯剩余劳动力的转移，然后边际生产率大于零小于最低平均生活费用的那部分劳动力的转移，直至传统部门的剩余劳动力已被现代部门吸收完毕，现代部门的进一步扩张就必须与传统部门争夺边际生产力大于最低生活费用的劳动力。劳动力的供求结构发生本质性的变化，劳动力过剩现象消失，取而代之的是劳动力不足。

具体就发展中国家而言，刘易斯模型的目的是为了促进发展中国家经济发展，动力是劳动力转移和城市化。刘易斯认为，由于经济的发展，发展中国家的劳动力必将逐渐由农村转向城市，由传统部门转移到现代部门，通过这种城乡之间的人口迁移，逐渐形成劳动力再分配的新模式，并最终完成经济结构和模式的转型。[①] 刘易斯的人口迁移理论建立了一个农村剩余劳动力异地转移的模式，即剩余劳动力由农村、农业部门转移到城市工业部门。

---

① 郭熙宝，黄灿. 刘易斯模型、劳动力异质性与我国农村劳动力选择性转移[J]. 河南社会科学，2010（2）.

## 三、托达罗的人口迁移模式

20世纪六七十年代，一些第三世界国家由于经济发展水平的稳步推进和城市化进程的加速发展，不顾本国现实，仅仅着眼于鼓励越来越多的农村人口迁移到城市，缺乏相应的配套措施，规模和速度远远超出了城市工业部门对农村剩余劳动力的吸纳能力，结果造成了城市范围内严重的失业问题。这一事实与刘易斯的发展理论大相迥异。学界和实务界由此认为，单纯农村向城市的人口转移无法顺利实现农村剩余劳动力的安置和利用，对其城市化进程的质量和持续能力也存在一定的负面影响。在此背景环境下，美国经济发展学家托达罗提出了自己的人口迁移理论。

托达罗人口迁移模式是旨在解释发展中国家广泛存在的从农村向城市移民过程原因的一种理论①。它的前提是发展中国家存在着普遍失业，而迁移是由人们在普遍失业的前提基础上做出的。由农村向城市的人口迁移所导致的失业问题出发，认为引起城乡之间人口迁移的主要因素是收入差异水平，但这种收入差异不仅与城乡之间既存的差异水平有关，更大部分取决于农村劳动力在城市中的就业率，换言之，取决于农村人口迁移到城市之后顺利就业后可能获得的预期收入。因此他认为农民在做出迁移决策时，不仅要考虑收入因素，还要考虑在迁入地获得高收入工作的可能性。托达罗认为，刘易斯的二元经济模式不仅无法有效吸纳农村庞大的剩余劳动力，而且可能直接造成和加剧城市的失业问题。他认为当前发展中国家城市人口猛增是由于城乡之间预期收入的差异造成的，而迁入者的大量增加与城市失业率直接相关，所以真正能使农村剩余劳动力得到妥善安置和充分发挥，又能促进城市化进程健康可持续发展的关键在于，充分促进城市工业部门发展的同时大力发展农村的商品经济、综合经济，实现城市和农村两

① 郑兴明. 托达罗人口迁移模型与中国“民工潮”问题的分析[J]. 云南行政学院学报，2004（1）.

个体系，尤其农村自身范围内对劳动力的吸纳作用。

该模式的一个显著特点在于，托达罗对城乡人口流动和城市失业率之间的关系进行了深入的分析，无疑更符合发展中国家中大量存在的农村人口向城市大量迁移的社会现实。除此之外，与刘易斯大力主张的人口异地迁移模式不同，托达罗主张通过农村和农业的自身发展，形成对剩余劳动力的吸纳能力，就地实现劳动力的人口转移。相比较而言，他的理论无疑更符合发展中国家的实际、更具可持续性。以我国为例，1978 年农业体制改革以后，极大地释放了农村农业的生产发展空间，农民获得了很大程度的生产自由权和自主权，激发了劳动积极性和创造性。旧体制的松绑也很大程度上赋予了农村剩余劳动力自由迁移、追求更美好生活的权利和渠道。随着我国乡镇企业的迅速崛起、农村小城镇建设的持续升温和城市化进程的逐步加快，大规模的农村、农业人口在不同空间地域和产业之间的迁移成为不可忽视的重要社会现象。由于经济基础底子薄、地域发展不平衡、城市化起步较晚的现实国情影响，这种现象既包括 20 世纪 80 年代农村产业转化升级基础上的“离土不离乡，进厂不进城”的农村内部产业间转移[①]，即农村剩余劳动力的就地转移，也包括城市工业部门持续发展基础上的“离土又离乡，进厂又进城”农业剩余劳动力异地转移。具体就我国而言，这两种劳动力转移模式符合了我国城市化进程时间和空间领域的现实需要，相互补充和协调，既为农村部分剩余劳动力的异地转移提供了前提和条件，促进了我国城市化进程的稳步前进，又通过乡镇企业和小城镇建设为其余的农村劳动力创造了就地转移空间，使我国的城市化进程既符合城市化发展的一般规律，又适应了现实国情，走出了不同于其他国家城市化的特殊道路。这也从某种程度上印证和实践了托达罗人口迁移模式的可行性。

时至今日，我国的城市化进程远远未到终点，农村、农业的剩余劳动力远远没有被充分配置和利用，城市化如火如荼发展的背后是现实情况的不断变化和影响因素的复杂化、综合化，但基于对美好生活

---

① 盛来运. 国外劳动力迁移理论的发展[J]. 统计研究，2005（8）.

的向往和人生价值实现基础上的人口转移仍然是城市化进程中不变的重点和难点。劳动力要素配置对我国城市化进程的意义不言而喻。可以说，在今后一段时间内，如何在持续平稳推进城市化建设进程的前提下实现农村人口的“梯级迁移”①仍然是我们要着力探讨和解决的问题。

① 方少勇. 拉文斯坦移民法则与我国人口的梯级迁移[J]. 当代经济，2009（3）.

# 第二章

# 历史回顾：中国农村城镇化的历程

农村城镇化于20世纪四五十年代在美国兴起，然后在英国、法国等发达国家得到了普遍发展[①]。20世纪八九十年代这股潮流开始在亚洲国家兴起，借助市场经济和工业化的重要推动作用，为数不少的东南亚国家顺应时势，出台各种政策措施支持促进农村城镇化运动，顺利实现了工业化和城镇化的转型，经济面貌和社会面貌焕然一新，人民生活水平得到了很大的提高。

中国是世界上城镇起源最早的国家之一，在距今4400多年至5000年前的龙山文化时期，在黄河中下游就萌芽了为部落战争所依托的城堡。随着生产力的逐步发展和社会形态的逐步演进，公元前21世纪至公元前11世纪的夏商时代，在黄河流域和中原地带又出现了许多城镇。但总的来说，由于奴隶社会生产力水平极度落后、战乱频繁，城镇数量相对来说还是比较少，规模也比较小，其功能与现代城镇也没有可比性。随着奴隶社会的解体，封建社会郡县制度的发展和完善，在一定程度上又进一步促进了城镇的发展，可以说，从公元前221年

① Redfield R. Peasant Society and Culture[M]. Chicago: Chicago University Press, 1955.

秦灭六国至 1840 年鸦片战争这一封建社会的形成、发展直至走向衰亡的时期，是我国城镇水平随着生产力发展不断成长、成熟、完善的时期。从城镇数量上看，据历史资料记载，春秋时期我国已有城镇近百座；秦朝时，我国城镇发展到 300 个左右；汉代，全国城镇达 670 多个；唐朝鼎盛时期，我国城镇已发展至 1000 个以上；明朝时期，我国大中城市、小城镇和农村的集镇发展到 6000 个以上；清代全盛时期，全国城镇总数已超过 10000 个。从城镇规模来看，城镇规模也随着生产力的发展而不断扩大，我国可以说是大城市发展比较早的国家之一，秦朝时秦都咸阳人口鼎盛时期达到 70 万，南朝时都城健康人口超过百万，宋代开封人口高达 140 万[①]，到清朝已有北京、南京、苏州、杭州、广州、武汉、成都、重庆、开封等 30 多个大中城市。从城镇功能上看，秦汉以前城镇的主要功能是政治中心和军事中心。秦汉以后，城镇的经济功能就逐渐凸现，尤其是经济比较发达的沿海地区出现了一批商贸型城镇和港口型城镇，在手工业发达地区还出现了一些著名的手工业城镇，如景德镇、盛泽镇等。

从秦汉到清朝中叶，封建社会的大一统政治体制、相对稳定的社会环境和稳步提高的社会生产力水平促进了城镇本身规模的扩张和质量的提高，城镇化在我国迈出了虽稚嫩但坚实的起步。好景不长，以鸦片战争为开端的我国近代社会，随着资本主义工商业在沿海出现并波及内地广大地区，出现了一批近代工商业城市。但有限发展的另一面是资本主义商品经济对我国封建小农经济的冲击和帝国主义的野蛮侵略，我国由封建社会进入半殖民地、半封建社会，经济主权、政治主权、意识形态受到了极大的冲击，种种客观的不利因素使得我国近代城镇发展非常缓慢，大大落后于西方的资本主义国家。至 1949 年新中国成立时，全国设市的城市只有 136 个（未包括台湾、香港和澳门），建制镇只有 2000 个左右[②]；城镇人口 5765 万人，人口城镇化率仅为 10.64%。也就是说，经过 106 年的发展，到 1949 年的人口

① 秦润新. 农村城市化的理论与实践[M]. 北京：中国经济出版社，2000：41.

② 中华人民共和国民政部行政区划处. 中华人民共和国行政区划手册[M]. 北京：光明日报出版社，1986：128-131.

城镇化率仅比 1843 年提高 5.54 个百分点①。

客观来说，直至 1949 年以前，由于小农经济制度和剥削社会状态的限制，以及长期处于战乱状态，我国的城镇发展根本不是现代意义上的城镇化，而只是城镇化的起步和萌芽阶段。城镇规模小、底子薄、内在素质低，几乎没有自己的城市现代工业，城镇经济在整个国民经济中的比重微不足道，其聚集效应和扩散效应仅限于自身区域，难以对广大的小农经济结构形成强大的冲击和辐射作用，对农村经济社会结构转型的作用还比较弱。

## 第一节　我国农村城镇化发展的历史进程

1949 年，中华人民共和国成立。新中国的成立使曾经穷困交加的中华民族进入了扬眉吐气、全速前进的新时代，也给我国城镇化的继往开来、完美蜕变提供了现实的条件和基础。与之前的城镇化性质不同，新中国成立以来的城镇化，紧随世界发展趋势，以生产力的发展为基础，以经济体制和结构的调整优化为主要手段，配之以种种战略政策，以提升我国的综合国力、提高人民的生活水平为最终目标。任何一个国家的城镇化不能割断历史，任何一个时期的城镇化发展必须要以前一时期城镇化发展为基础，因此着力分析建国以来我国农村城镇化发展的历史演进过程，全面总结和吸收建国以来我国城镇化发展的经验教训，是现阶段和未来时期继续更好更快地推进我国农村城镇化可持续发展的应有之义。以时间序列和发展速度来考察，新中国成立以来，我国农村城镇化发展过程大致可分为以下几个历史阶段。

### 一、1949—1957 年：农村城镇化短暂健康的发展

1949 年新中国成立初期，国内国际形势内外交困不容乐观。国际

---

① 秦润新. 农村城市化的理论与实践[M]. 北京：中国经济出版社，2000：43.

上帝国主义势力对我国重重封锁包围，企图扼杀我国新生的人民政权，战争的阴影时刻笼罩在我国上空；在国内，由于长期战争的后遗症使得国内生产体系遭到严重破坏，几乎没有什么现代化工业，农业人口占绝大多数，国民经济已处于崩溃的边缘，而新生的人民政权和中国共产党人缺乏国内建设经验，使得彼时的恢复和建设道路筚路蓝缕、千头万绪。如何实现国家富强、民族独立，如何建立独立完整的国民经济体系和工业体系，成为了党和国家必须面对的艰难抉择。而在这种种建设问题和难题之间，发展战略、发展道路和发展模式的选择首当其冲、意义重大。由于和苏联特殊的历史渊源，以及彼时苏联社会主义建设所取得的巨大成就的吸引，最终我们选择了模仿苏联进行社会主义建设的发展模式——建立中央集权的计划经济体制，实行低经济水平下的高积累政策和重工业优先发展战略，并逐渐形成了与重工业优先发展相配套的城乡分治色彩较为浓厚的户籍制度、土地制度、就业制度、社会保障制度等二元经济和社会结构。

具体到城镇建设问题，早在新中国成立前召开的七届二中全会上，党中央就明确指出“党的工作重心必须由乡村转移到城市，城市工作必须以生产建设为中心”和“中国由农业国转变为工业国……的发展方向”[①]。新中国成立以后到 1957 年第一个五年计划时期，这一战略方针成为党和国家经济建设和社会发展的指导战略。工业方面，国家集中力量围绕着 156 项重点工程和 694 项大型工业项目布局，工业生产体系初步建立，在原有城市继续发展的基础上建设了一大批新的工矿城市，极大地推动了我国城镇发展，扩大了城乡间的经济社会关联性，优化了城镇的空间布局。农村和农业方面，政府通过实行土地改革解放了农业生产力，充分调动起广大农民的积极性和创造性，农业劳动生产率显著提高，从而为城镇化的发展提供了农业剩余。这一时期，我国在经济发展方面取得很大成绩，国民收入年均增长 8.9%，工农业总产值年均增长 10.9%，其中工业总产值年均增长率达

① 毛泽东. 毛泽东选集（第四卷）[M]. 北京：人民出版社，1991：1424-1439.

到 18%[①]。随着国民经济的恢复和社会主义建设的全面展开，我国的城镇化水平也有了较大提高，城市数量则增加到了 176 个，城市人口则达到了 9949 万人（同期农村人口为 54704 万人）[②]，不仅诞生了一批新兴工业城市，如纺织机械工业城市榆次，煤炭城市鸡西、双鸭山、焦作、平顶山、鹤壁和钢铁城市马鞍山，石油城市玉门等，而且一些老城市也得到了大规模的扩建，如鞍山、本溪、哈尔滨、齐齐哈尔、长春等，大批农村人口进入城市和工矿就业，支持社会主义现代化工业建设。与此同时城镇发展得到了初步规范，1954 年颁布的《中华人民共和国宪法》明确规定了镇的设置，1955 年国务院颁布的《中华人民共和国关于设置市镇建制的决定和标准》则又进一步规范了市镇设置人口下限和具体条件。种种建设的稳步开展和成绩的陆续取得，揭开了新中国城镇化发展的序幕，迎来了新中国工业化和城镇化发展史上的第一个黄金发展期。

这一时期的建设成绩不但使当时的中国在某种程度上摆脱了一穷二白的局面，更加有底气有信心开拓自己的进取之路，并为以后的工业建设和城镇化建设积累了一定的物质基础和精神财富，但不可否认的是，由于片面采取如“剪刀差”等手段牺牲农业发展重工业的发展道路，以及高度集权的行政命令型的经济管理体制，使得我国城镇化发展不仅在速度上大大滞后于工业化发展，质量上也埋下隐患，一定程度上制约了我国城乡资源的流动融合，遗留下了相对突出的“三农”问题，延缓了我国城镇化发展速度。

## 二、1958—1978 年：城镇化不稳定发展阶段

新中国成立初期的经济发展给了曾深陷贫困的中国人民以无穷的信心和希望，由于受极左思想的影响和对经济社会发展形势的错误估计，上至领导层下至普通民众大范围出现了急躁冒进、盲目乐观、急

① 高寿仙. 1949 年以来的中国城市化进程回顾与反思[J]. 湖南科技学院学报，2005（3）.

② 陈颐. 中国城市化和城市现代化[M]. 南京：南京出版社，1998：43.

于求成的建设倾向，种种原因造成了这一时期接连不断的大跃进、人民公社化运动和文化大革命等严重失误，对我国刚刚恢复正常稳定的社会秩序和国民经济体系造成了几乎毁灭性的打击，原本稚嫩的城镇化建设也没有幸免于难，总体而言出现了大起大落直至停滞不前的非正常发展现象。

由于新中国成立初期工业化的大力推进中，领导层脱离实际情况和发展趋势，在急于求成思想的支配下，错误估计形势，从 1958 年开始实施大跃进的发展政策和人民公社化运动，为了在较短时间内实现赶英超美，提出了以钢为纲、全民大办工业的总路线，盲目追求经济增长的高速度，片面发展重工业，从而出现了爆发性的工业化过程，造成国民经济结构的严重失调。工业化“爆发式”发展、经济结构畸形化的直接后果就是基本建设投资规模过于膨胀，农村青壮年劳动力大批涌入城市，大规模投向大炼钢铁等工业化运动，造成城市人口骤然增加，城市数量由 1957 年的 176 个增加到 1961 年的 208 个。与此同时，农业方面生产劳动力严重不足，粮食产量连年减产，农产品生产不仅无法满足城镇居民生活的基本需要，甚至农民自身的生存也受到了严重威胁，我国工业化和城镇化在脱离农业的基础上超高速发展。严峻的社会形势、巨大的发展压力使得领导层认识到这种城镇虚高速发展的不可持续性，以及对生产力发展和国民经济体系健康运行的巨大危害，为了恢复城市社会稳定，扭转生活必需品严重供给不足的社会经济状况，国家开始陆续采取措施对前一时期爆发性超速城镇化进行纠正。1958 年国务院颁布了《户口管理条例》，严格划分出农业户口和非农业户口，以控制城市人口数量，保障农业生产供给，户籍管理制度初次显示出在社会发展中限制人口流动的“篱笆作用”。与此同时，国家通过实施“调整、巩固、充实、提高”的方针，对前一时期的过热现象进行治理整顿。就城镇而言，国家利用各种行政手段大力压缩城镇人口，动员一部分职工及其家属回到农村参加农业生产，把相当一部分已经流到城镇的人口遣返农村，加之三年自然灾害，从而使得城镇人口大幅度下降，1961—1963 年这 3 年人口城镇化率由

1960 年的 20.7%下降到 1964 年的 16.6%[①]；调整城市工业项目，撤消不够条件的市镇设置，1961 年后又陆续撤消了 52 个城市，城市数由 1961 年的 183 个下降为 1965 年的 169 个[②]，建制镇由 1961 年的 4429 个下降为 1964 年的 2877 个[③]。严格说来，以上措施大大延缓了我国的城镇化进程，是特殊情况下我国进行的第一次“逆城镇化”阶段，当然，这种逆城镇化与西方国家的逆城市化不同，有其特殊的社会背景和历史作用。

从 1966 年开始，极左思潮继续蔓延愈演愈烈，我国进入了史无前例的“文化大革命”十年动乱时期。在政治挂帅的口号下，社会生产力遭到大破坏，城市工业衰退、经济萎缩，农业生产停滞，农村经济凋零，城乡经济分割愈加明显和严重。就城镇化进程而言，盲目下放知识青年上山下乡搞“山、散、洞”的三线建设，弱化了基本建设投资对城镇建设的促进作用，主观和客观上都使得城镇化进程雪上加霜，基本上处于一种停滞甚至负发展状态。这一阶段城镇化的停滞，最直接的表现就是城镇建制工作基本陷于停顿，新设市和建制镇大大减少，人口方面数以千万计的城镇知识青年上山下乡和干部下放，尤其是采取以户籍制度为核心的一系列行政手段，大大缩小了农村人口向城市流通的渠道，人为地将农民牢牢控制在土地上，加剧且坚固了城乡隔离体制的存在和发展，中国从此形成了典型的城乡二元经济和二元社会。据资料统计，到 1977 年全国城市总数为 190 个，比 1965 年增加 22 个[④]，我国工业总产值提高了 94%，但是市镇人口只增加了 13.8%，工业年增长速度为 6.9%，市镇人口年增长速度却只有 1.3%。1966 年我国市镇人口占总人口的比重为 17.86%，在 13 年之后的 1978 年，这一比重仍只有 17.92%；在这十多年间，我国的人口城镇

---

① 国家统计局人口与就业统计司．中国人口统计年鉴[M]．北京：中国统计出版社，1997：373.

② 顾朝林．中国城镇体系——历史・现状・展望[M]．北京：商务印书馆，1992：172-173.

③ 中华人民共和国民政部行政区划处．中华人民共和国行政区划手册[M]．北京：光明日报出版社，1986：228.

④ 赵惠云．中国城市形成与发展[M]．北京：中国统计出版社，2004：236.

化率仅仅提高了 0.06 个百分点，并且始终在 17.5%的低水平徘徊。[①]截止到 1978 年，我国城市人口为 17245 万人，城市人口占全国总人口的比重仍为 17.9%，与 1966 年“文化大革命”开始前持平[②]，总体上，从 1966—1978 年的 13 年间城镇化水平始终停留在 18%左右的原点上。可以说，这是我国历史上工业化停滞时期的特殊意义上的第二次逆城镇化。

综观我国这 20 年间的总体发展，就城镇化水平而言，仅从 1958 年的 16.25%提高到了 1978 年的 17.92%，平均每年仅提高 0.08 个百分点；就城镇化发展模式而言，由于特殊的历史和国情，在计划经济体制下，我国形成了政府主导、自上而下、城乡分割的城镇化发展模式。具体来说，就是通过优先发展重工业，政府借助一系列工业化项目安排、政府所在地的行政指向和相应制度安排推动了城镇化进程。客观来说，这种“政府推动型”城镇化发展模式有其特定的必要性和推动性，在较短的时间内用较快的速度建立了中国独立、门类齐全的工业体系，奠定了中国城镇化和社会全面发展的基础，但其遗留的种种负面影响也不得不促使我们去思考和改进，尤其是比较此时的西方和临近的某些东南亚国家和地区，它们城镇化发展历程或已卸下帷幕，转向前行在逆城市化的道路上，或正在进行得如火如荼、活力四射，把我国远远落在后面。固有的和对比产生的种种不足和问题进一步检视着我们的城镇化进程，促使我们进一步去调整和完善。

## 三、1978 年至今：城镇化全面恢复与快速发展时期

改革开放后，以经济体制改革为先导，随着市场化经济体制改革的逐步深化和生产力水平的日益提高，尤其是各种思想意识的空前活跃和解放，我国进入了社会主义建设的新阶段，充满了无限生机和活力。具体到城镇化建设，工业化进程大步前进，广大农村和农业劳动

① 顾朝林等. 经济全球化与中国城市发展[M]. 北京：商务印书馆，1999：154.

② 武力. 1978—2000 年中国城市化进程研究. 中国经济史研究，2002（3）.

生产力水平稳步提高，经济体制改革促使城乡二元结构逐步被打破，崭新的社会生产面貌促使多种关于城镇化发展模式的新理论和新观点层出不穷、蔚为大观。以党的十一届三中全会为标志，我国城镇化进程终于结束了曲折发展的历史，摆脱了长期徘徊不前的局面，进入全面恢复与快速发展时期。

从发展速度和功能来划分，迄今为止这一时期可以划分为三个阶段，即 1979—1991 年的城镇化补偿性发展阶段，1992—1995 年城镇化平稳发展阶段和 1996 年到现在的城镇化快速发展阶段。

根据城镇化发展中著名的“纳瑟姆曲线”规律界定，当城镇化水平在 30%以下，代表这个国家经济发展势头较为缓慢，尚处于农业社会；当城镇化水平超过 30%时，代表经济发展势头极为迅猛，此时这个国家处在经济高速发展阶段，进入工业社会；当其城镇化水平继续提高直至超过 70%之后，代表这个国家经济发展势头再次趋于平缓，基本实现了现代化并进入后工业社会。具体到我国，以 1949—1957 年的城镇化稳定发展阶段的速度为基准，1957 年全国城市人口占总人口的比重为 15.39%，年均城镇化增长率为 0.6%，如果以此速度继续平稳发展，那么到 1978 年我国的城镇化水平应为 27%左右，而实际情况则是 1978 年我国城镇化率仅为 17.9%，落后于预期水平近 10 个百分点，且城镇化水平质量不高，弊病丛生，隐患颇多，大大削弱了其对社会发展尤其是经济发展应有的推动作用。由此，我们把在 1978 年以后，城镇化水平达到 27%以前的城镇化发展时期看作是对 1978 年改革开放前城镇化发展不足的一种补偿，称之为补偿性发展阶段①。

1979 年以后，伴随着家庭联产承包责任制为标志的农村经济体制改革的展开，极大地调动了农民生产积极性，解放了农业劳动生产力，推动了农村富余劳动力向城镇转移和城乡资源的相互交换，有力地支持了城镇化水平的提高。在城市自身建设方面，以党的十二届三中全会召开并通过《中共中央关于经济体制改革的决定》为标志，城市经济体制改革也全面展开。在此期间国家制定和修改了一系列城镇化发

① 刘国新. 中国特色城镇化制度变迁与制度创新研究. 东北师范大学博士论文，2009：26.

展方针和政策，提出了“控制大城市规模，合理发展中等城市，积极发展小城市”[①]的城市发展总体思路，通过对已有城市恢复性地先集中后建设，再加上允许知青回城和下放干部返城等政策的落实，使得城镇人口尤其是大城市人口机械性增长较快，促使了城镇化整体水平逐渐提高。1984 年和 1986 年，国务院又先后两次修改了城镇建制标准，将设镇标准降低为 2000 人，将设市非农业人口标准降低为 6 万人，这些方针政策的制定和执行在我国的城市发展史上具有非常重要的意义，对于推进我国的城镇化发挥了极其重要的作用。[②]总体来说，改革开放以后直至 20 世纪 90 年代初期是我国城镇化发展的快速恢复和发展阶段，以城乡经济体制改革为内在动力，尤其是 80 年代农村乡镇企业的异军突起，大量农村剩余劳动力开始涌现并得到了城乡劳动市场的热烈欢迎，促使其由农村向城市和非农产业转移，这种双重推拉机制使得 1991 年我国的城镇化迅速恢复到了 26.94%的水平，基本完成了我国城镇化继续发展所必需经历的补偿阶段。

1992 年到 1995 年是改革开放后我国农村城镇化进程的平稳发展时期。随着邓小平南方谈话和十四大建立社会主义市场经济体制总目标的提出和确立，我国改革开放也进入了新的发展阶段，经济发展的全面展开和提速使城镇化和城市发展也空前活跃。这一时期，随着我国全方位对外开放格局的形成，以原有城市改造、开发区建设和北京、上海等国际性大都市建立以及小城镇建设为核心的城镇化在全国全面展开，城市基础设施建设和房地产开发起步的开发区建设成为城镇化的主要动力之一，城市数量明显增加，农村剩余劳动力转移明显加快，规模日趋扩大。据统计，1992—1995 年城市数量由 517 个增加到了 640 个，3 年间增加了 123 个，年均增加 41 个。[③]无论是城市数量的增加、城市人口的增长以及城市发展势头的强劲，都使得我国的城镇化进程呈现出明显的平稳发展之中稳定增长的态势。

---

① 国务院批转全国城市规划工作会议纪要. http://www.cin.gov.cn/gcwzcfb/200611/t20061101_4410.htm.

② 李秉仁. 关于我国城市发展方针的回顾与思考[J]. 城市发展研究，2002（3).

③ 国家统计局. 中国统计年鉴（1993—1996）[M]. 北京：中国统计出版社，1997：3.

通过近五十年的矢志追求，尤其是改革开放以后近二十年的恢复壮大，我国城镇化建设在1996年终于实现了第一个标志性突破。根据《2004—2005年中国社会形势回顾与展望》的报告，我国城镇化进程的第一个拐点出现在1996年，此时我国城市人口已达到了37 304万人，城市人口占总人口的比重达到了30.48%，突破了“纳瑟姆曲线”界定的第一个30%的拐点，顺利实现了由第一阶段农业社会向第二阶段工业社会的转化，并在总体上呈现出持续加快发展的态势。进入21世纪以后，伴随着工业化水平的迅速提高和人口转移速度的加快，我国城镇化更是进入了良性发展的快车道，目前正处于由第二阶段向第三阶段，即由城镇化加速发展阶段向城镇化完成阶段的发展过渡期，城镇化进程明显加快，速度远远高于世界上大多数国家。此阶段的城镇化发展与之前相比，强调的重点在于不再鼓励盲目扩大城市规模，而是质量第一。2003年以后，随着科学发展观、建设和谐社会以及社会主义新农村建设等重要思想的提出，中国特色城镇化道路逐渐开始形成和发展,标志着我国城镇化发展战略的进一步完善和成熟。反映到城镇化建设实践中，近十年来我国每年都有超过1%的农业人口转向非农业人口，2011年，我国城镇化率已经达到了51.27%，城市常住人口首次超过农村，中国社会进入了崭新的历史阶段。我国仅仅用了三十年的时间就完成了日本五十年、美国一百年、英国两百年走过的城市化道路，标志着我国现代化建设的新的里程碑；预计到2030年时我国的城镇化率将达到70.06%，进入城市化的完成阶段，此时城乡差别将逐渐消失，城乡开始实现一体化协调发展，所以据此推断，我国现阶段仍处于城镇化快速发展阶段，城镇化建设仍然任重而道远。

## 第二节　我国农村城镇化战略主题的渐进演化

回顾中国城市发展的源流和走向，以1949年新中国成立为界，可以将中国的城市发展分为两部分，第一阶段是新中国成立以前的城市自发兴起和形成阶段，主要包括奴隶社会、封建社会直至国民党政权统治时期一系列城市的兴起、完善和成熟的发展历程。“建国前尤其是鸦片战争以前中国的城镇虽有所发展，但其吸纳的人口数量有限”[①]。与西方国家资本主义私有制为基础，商品经济促进劳动力交换、工业化发展呼唤城乡统一市场产生内在动力，市场自发调节发展速度和方向，政府某种程度上总体调控的城镇化发展历程完全不同，新中国成立前我国城市发展的显著特点在于，动力主要来自于超经济的政治层面，鸦片战争以后，由于殖民工业、买办工业以及民族工业的逐渐兴起，才出现了现代意义上农村人口城市化进程的萌芽。其次，对于城市的产生和发展政府并没有清晰的规划和组织，与新中国成立之后的“城镇化建设”有着本质的不同，这种由生产力推动的自发自动的城市发展虽然使城市与乡村相区别直至最终独立，其本身对商品经济和工业生产也的确起到了一定的推动作用，并对乡村整体面貌产生了一定程度的渗透作用，但是这种推动和渗透作用相当有限，简言之，城市自身应有的辐射和推动作用在此阶段并没有很好体现。同时由于我国几千年以来商品经济和工业经济的极度受限以及闭关锁国的对外政策，导致在此基础上的城市发展也缺乏足够的外部环境和内在动力支持，导致其发展进程缓慢且充满波折，使同时期我国的城市发展无论在速度、数量和质量上都远远落后于其他国家。

新中国成立以后，面对西方国家政治孤立、经济封锁的国际环境，以及国内一穷二白、百废待兴的现实国情，领导层认识到城镇化是我国社会经济健康稳定发展必然面临并需要科学引导与管理的重大问题，开始了轰轰烈烈的城镇化建设历程。与此前几千年来自发且缓慢的城市发展不同，新中国成立以来的城镇化道路总体而言其经济因素仍未能代替政治因素，无法持续输出强大的动力，带有浓厚的政治和政策色彩，政府在其中始终扮演着控制角色，城镇化水平与政府的控制程度相一致，政府是城镇化动力机制中的主体[②]。尤其是在新中国

① 周毅. 城市化理论的发展与演变[J]. 城市问题，2009（11）.

② 段学慧，侯为波. 不能照搬“诺瑟姆曲线”来研究中国的城镇化问题[J]. 河北经贸大学学报，2012（4）.

成立初期的计划经济时代，政府为了工业化需要不断调整城镇化速度，导致其发展进程中的大起大落，甚至出现了低水平城市化下的逆城市化。改革开放以后，为了顺应发展社会主义市场经济的需要，国家更多地基于市场因素和经济因素不断对城市化发展战略进程调整，动力机制主要表现在农村工业化推进、比较利益驱动、农业剩余贡献和制度变迁促进四个方面[①]。

客观来说，此时中国的城镇化发展虽然很大程度上回应了市场发展的需要并运用了一定的市场化手段，但国家战略、政策、体制因素在我国城镇化发展过程中仍然起着主导作用。社会主义制度决定了我们的城镇化道路与西方国家以资本主义市场经济为基础的城镇化发展有着本质差异，公有制经济主体、人民民主专政的国家制度决定了政府使用强有力的经济手段对城镇化建设进行宏观调控的必然性，人口多、底子薄、市场机制不健全、城乡二元社会的巨大现实差距的现实国情也赋予政府宏观调控城镇化发展战略和速度的必要性，决定了我国政府必须不断采取措施进行宏观调控，不断缩小城乡差距，通过协调发展最终实现城乡一体化。结合上述因素，可以说，与西方国家不同，新中国成立以来的我国城镇化建设，具有农业经济向工业经济、计划经济向市场经济转型的"双重转型"背景；表现为人口城市化（异地转移）和农村城镇化（就地转移）"双重城镇化方向"；是在"政府推动"和"市场拉动"双重动力驱动下的城镇化；是在制度变迁方面自上而下的城镇化和自下而上的城镇化的"双重发展模式"。[②]可以预见的是，在当前及以后的很长一段时间内，这种"双重转型"依然是是我国城镇化发展的宏观背景，这种"双重发展模式"也将仍然是我国现阶段和未来城镇化的战略选择，决定着我国城镇化道路的价值取向和最终目标。

对于大力发展工业经济以及在工业化基础上大力发展城镇化，新中国成立之初党和政府就已经对此达成共识。早在新中国成立前召开

---

① 曹培慎，袁海．城市化动力机制：一个包含制度因素的分析框架及其应用[J]．生态经济，2007（1）．

② 辜胜阻，易善策，李华．中国特色城镇化道路研究[J]．中国人口资源与环境，2009（1）．

的七届二中全会上，党中央就明确指出“党的工作重心必须由乡村转移到城市，城市工作必须以生产建设为中心”和“中国由农业国转变为工业国……的发展方向”。[①]新中国成立以后到 1957 年第一个五年计划时期，这一战略方针成为党和国家经济建设和社会发展的指导战略。但是对于采取何种发展战略，一直是学术界和实务界争论的焦点，时至今日仍然见仁见智，各抒己见，概括起来主要有以下几种观点：

## 一、大城市论

大城市论观点认为，城市和城镇是生产力水平提高、经济结构优化的产物，城市在资源配置、商品交换等方面表现出比农村先进许多的规模效应和聚集效应，并对周边区域产生渗透和带动，西方国家的城市化历程已经充分说明城市化发展带来的巨大经济效应，因此我国城镇化发展首要考虑因素是经济效益。大城市论强调，我国大城市的数量不是多了而是不足，且空间布局也不均衡。虽然大城市建设成本远远高于中小城市和小城镇，但大城市在经济发展上的聚集效应和规模效益远远高于中小城市和小城镇。且就成本效益而言，大城市建设虽然花费较高的成本，但只要建立和完善合理的资金回流机制，通过其固有的高经济效益，用于大城市建设的巨额投资一定会得到充分的回报，抵消政府的建设成本，缓解政府财政负担，并最终通过其辐射和带动作用给政府带来较大的经济和社会效益，如充分吸纳农村剩余劳动力同时促进城市和乡村的经济发展等。其次，就土地利用效率而言，大城市论认为大城市比小城镇更能节省土地，相比较小城镇发展过程中大量占用非耕地的现象，此种观点认为大城市发展的大规模能吸收更多的乡村和小城镇人口，为国家节省大量的土地资源。而且大城市的发展速度和土地利用效率成正比，即大城市发展步伐越快，土地集约利用效率越高。

大城市论认为，小城镇是我国特殊历史条件下的特殊产物，依存

① 毛泽东．毛泽东选集（第四卷）[M]．北京：人民出版社，1991：1424-1439.

于城乡分割体制而生，由于其固有的分散性与我国农村和农民数量庞大、范围广泛的现实情况不匹配，小城镇建设难以担当促进我国工业现代化、农民市民化的重任，不能从根本上解决农村和农民改革与发展的问题。大力发展大城市，充分发挥大城市的规模效益，通过充分吸纳城市和农村两个层次的剩余劳动力，既大量转移了农村剩余劳动力，又能通过转移劳动力实现城市经济繁荣，因而中国的城镇化应走大中城市扩容为主的道路。

而反对发展大城市的声音同样响亮。首先，就“大城市论”主张的特大城市的规模经济效益，不少学者经过论证指出，大城市规模经济效益并不如此神奇，虽然我国从总体上看经济效益依规模大小依次下降，但我国几个两百万人口以上的特大城市（上海市除外）的综合经济效益，已低于蚌埠、芜湖、岳阳、常熟等明星中等城市，大城市的规模经济效益并非放诸四海而皆准的真理，依社会发展程度和本地具体状况而不同。其次，反对者认为，随着国有企业改革、经济结构转型、生产方式升级等因素，城市自身范围的失业问题已经变得日益突出，大量的下岗职工、高校毕业生等群体已经感受到就业市场的空前严峻，如果通过发展大城市导致大量的农村人口涌入城市，势必会加剧本已残酷的就业压力，并可能引发更加严重的城乡对立和社会矛盾，导致社会秩序不稳定。另外，就大城市本身的接受和容纳能力来说，反对者认为，我国一大批大城市的人口已达到相当规模，人口密度相当高，难以在短期内消化大量的农村人口。更加应该考虑的是，相比较城市建筑结构本身，城镇化发展的应有之义在于经济结构的提升、政府公共管理和服务水平的升级、人民福利水平的提高，而中国现有的城市无论是在城市管理体制和管理方式、基础设施建设、社会保障和公用事业的供给等方面，还是接纳新增人口的设施和能力方面，都存在着许多缺陷和不足，忽略这些制约因素一味扩张城市规模、增加城市数量，必将造成城市生存环境的恶化、公共服务水平的下降以及政府财政负担的加剧，使得进入城市的农民也享受不到城镇化带来的益处，由此可能形成为数不少的贫民窟和棚户区，成为社会发展和繁荣的隐患，降低人民生活的安全感和幸福感。拉美国家城市化建设中出现的此类问题屡见不鲜、层出不穷，给国内发展和国际形象带来极大的负面影响，我国应该引以为戒，从中吸取经验教训，采取更为全面和稳健的城镇化发展战略，充分发挥出城市发展的优势，在经济发展和人民生活水平的提高上发挥出应有的辐射带动作用，使城镇化建设名副其实。

## 二、小城镇论

对于何谓“小城镇”，我们认为主要包括小城市、建制镇和集镇。按照《中华人民共和国城市规划法》，小城市是指市区和近郊区非农业人口不满 20 万人的城市。建制镇包括县城关镇和实行镇管村体制的建制镇。按照国务院 1993 年颁布的《集镇和村庄规划建设管理条例》和国家统计局 1999 年制定的《关于统计上划分城乡的规定（试行）》的规定，集镇是指乡、民族乡人民政府所在地和经县人民政府确认由集市发展而成的作为一定区域经济、文化和生活服务中心的非建制镇。

早在改革开放初期，小城镇建设就引起党和国家领导层的极大关注。1979 年 9 月，中共十一届四中全会通过了《中共中央关于加快农业发展若干问题的决定》，提出要“有计划地加强小城镇的建设，逐步用现代工业、交通业、现代商业服务业、现代教育科学文化卫生事业把他们武装起来，作为改变全国农村面貌的前进基地”。1980 年 12 月，国务院批转了《全国城市规划工作会议记要》，提出了“控制大城市规模，合理发展中等城市，积极发展小城市”的城市发展基本方针，把小城市（含镇）建设与发展纳入我国城市建设的总体规划中。

20 世纪 80 年代以来，随着改革开放的逐步深入，农村工业化进程不断加快，农村产业结构得到了极大优化和调整，农民生产劳动积极性和效率突飞猛进，农村面貌焕然一新、生机勃勃。我国著名社会学家费孝通先生是系统的小城镇理论的最初也是最主要的倡导者。1983 年 5 月至 6 月，在对江苏省吴江县 10 余个不同规模的小城镇深入调查研究的基础上，他写出了《小城镇，大问题》这一名篇，首次从理论和实践结合的角度上明确提出了小城镇建设的总体方向和具体实践问题，阐述了小城镇建设对我国经济发展和社会进步的必要性和重要意义，呼吁“要把小城镇建设成为农村的政治，经济和文化的中心，小城镇建设是发展农村，解决人口出路的一个大问题”。[①]

费孝通的呼吁很快引起了领导层的重视。小城镇建设逐步开始由理论研究转向大范围的实践操作。1983 年 12 月，胡耀邦在四川视察工作时指出：“发展专业户、小城镇，其意义不亚于责任制，这个前途是无量的，是发展社会商品、促进农民富裕的一大政策”[②]，进一步提出了发展小城镇是个“大政策”的观念，对城镇化道路进行了初步尝试。在此基础上，我国开始了以小城镇为重要载体，推进农业现代化、农村工业化和农村城镇化的初步尝试，城镇化浪潮汹涌而至。1984 年，以《中共中央关于 1984 年农村工作的通知》和《国务院关于农民进集镇落户的通知》两个通知的下发为标志，小城镇发展问题第一次受以中央政策的形式得到肯定、推广与支持，小城镇发展战略适应了当时农村地区乡镇企业迅猛发展的趋势，初次显示出与中国现实国情极大的匹配度和旺盛的生命力，对此阶段我国城市化进程的发展做出了突出贡献。

从 1985 年至 1992 年，是改革开放后我国农村城镇化稳步发展时期。从 1984 年中共十二届三中全会以后，到 1992 年中共十四大召开以前，以城市改革为重点的经济体制改革推动着我国农村城镇化建设的发展，对城镇化道路进行了深入探索。这一时期小城镇数量的急剧增加，一定程度上确实反映了我国改革开放以后农村经济社会结构的变化转型，农民向市民化过渡的强烈意愿。但不可否认，由于我国此阶段的小城镇发展带有很强的政府行政色彩，虽然数量上增加很多，但质量较低，尤其在人口城镇化率和城市对农村经济社会发展的带动作用不明显，很大程度上弱化了城镇化对经济和社会发展应有的集聚效应，是一种成本很高但效益较低的城镇化。但是尽管如此，20 世纪 80 年代兴起的小城镇建设热潮，依然符合了我国彼时和未来发展阶段

① 费孝通. 小城镇，大问题[M]. 南京：江苏人民出版社，1984：5.

② 广西壮族自治区人民政府. 关于批转区工商局关于进一步加快城乡农贸市场建设的报告的通知.

的现实国情，适应了我国经济发展和社会发展的客观需要，客观上为“三农问题”的改善和解决奠定了坚实基础，因此直至今日仍然得到国家战略层面和基层实践的高度重视和大力支持。

1993 年 10 月，江泽民同志在中央农村工作会议上强调指出：“要引导乡镇企业在小城镇适当集中，使小城镇成为区域的中心”“在稳步发展农业的同时，积极发展农村二、三产业，搞好小城镇建设”①。1998 年 10 月，党的十五届三中全会又强调指出：“发展小城镇，是带动农村经济和社会发展的一个大战略”②，这是对城镇化道路多年探索的充分肯定和总结升华，也是对走这条道路的总体部署。2002 年，党的十六大报告在阐述我国城镇化道路时，强调“要逐步提高城镇化水平，坚持大中小城市和小城镇协调发展，走中国特色的城镇化道路”③。2007 年，党的十七大报告进一步提出：“走中国特色城镇化道路，按照统筹城乡、布局合理、节约土地、功能完善、以大带小的原则，促进大中小城市和小城镇协调发展。”④中共十七届三中全会通过的《中共中央关于推进农村改革发展若干重大问题的决定》再次强调：“坚持走中国特色城镇化道路，发挥好大中城市对农村的辐射带动作用，依法赋予经济发展快、人口吸纳能力强的小城镇相应行政管理权限，促进大中小城市和小城镇协调发展，形成城镇化和新农村建设互促共进机制”。⑤从“大问题”“大政策”到“大战略”观念的再突破，体现了党和国家对小城镇发展的高度重视，昭示出小城镇在中国城镇化进程中不可或缺的特殊地位及其重要意义。

但是我们同时必须看到，在发展小城镇的道路上我们依然还有许多困难需要克服，由于现阶段的生产力水平的限制，我国绝大部分小城镇仍然处在交通不便、信息不畅、文化落后、技术水平低、投资分

---

① 建设部、国家计委、国家体改委、国家科委、农业部、民政部. 关于印发《关于加强小城镇建设的若干意见》的通知.

② 中共中央关于农业和农村工作若干重大问题的决定[N]. 人民日报，1998-10-19.

③ 江泽民. 江泽民文选（第 3 卷）[M]. 北京：人民出版社，2006：546.

④ 胡锦涛. 高举中国特色社会主义伟大旗帜，为夺取全面建设小康社会新胜利而奋斗[N]. 人民日报，2007-10-25.

⑤ 中共中央关于推进农村改革发展若干重大问题的决定[N]. 人民日报，2008-10-20.

散且效益低下的状态，因此在强调和重视发展小城镇的同时，我们必须正视且重点解决乱占乱用土地、重复建设、浪费资源、环境污染等问题，增强农民的主体性和自觉意识，切实保障和引导小城镇的健康、可持续发展。

## 三、中等城市论

持中等城市重点发展论的学者认为，从经济学的观点分析，城镇规模过小或特大都会造成城镇经济规模净收益偏低，因此与大城市和小城镇相比，中等城市是集中与分散相结合的社会经济实体和新型社会结构，机动灵活、容量大，无论在规模或功能方面都是沟通大城市和小城镇的桥梁，在城市体系中都处在关键的中间环节，主张我国城镇化推进的重点应是发展中等城市。中等城市论者为了论证这一观点，他们集中了 1989 年至 1996 年的有关数据，对我国 666 座城市的规模收益和外部成本进行了计量模型分析，结果表明，城市经济规模效益随着城市一定规模的扩大而增加。当城市规模在 10 万～1000 万人口规模区间，都能取得净规模收益；在 100 万～400 万人口规模区间，城市规模净收益为最大值；当城市规模超过 1000 万人口时，由于政府和个人所支付的外部成本增加，城市规模净收益会因外部成本增大而抵消后开始下降[①]。

但是，我们必须注意，大力强调中等城市的规模效益和聚集效益，主张单一发展中等城市的观点往往以国外学者尤其是西方发达国家的理论和资料作为立论的基石，因此结论未必符合我国各地的实际情况。

## 四、城市体系协调发展论

此种观点认为由于我国的地广人稠、地区发展不平衡的现实国情，

① 祈金立. 中国城市化与农村经济协调发展研究[M]. 武汉：华中科技大学出版社，2004：223.

从以城市数量、规模和空间布局结构为标准划分的城镇化类型的选择方面来看，不可能让大部分人都集中到大城市，只搞集中型的大城市化；由于规模所限小城镇缺乏规模效益和集聚效益，所以也不能单纯实行分散型的小城镇化。因此，中国特色的城镇化在城镇化类型上，只能选择集中型与分散型相结合的模式，即大中小城市与小城镇协调发展的多元化的城镇化。

具体来说，城市体系协调发展论主张一种“点线面结合、大中小并举、东中西协调”中国特色城镇化发展道路，强调大中小城市和小城镇在数量上要结构合理，空间上要布局恰当，多方面协调发展，分别发挥出其自身应有的作用，如城市群和城镇网的群聚效应、大中城市的辐射带动作用、小城镇的农村经济和文化中心的作用等等。只有多方联动、互相促进，逐步形成合理的城镇体系，力求实现城镇化与工业化、现代化的适度同步发展，才能更好地完善城市之间、城乡之间的经济联系 ，促进城乡经济的健康发展，使城镇化速度和质量得到全面提高。

## 五、多元模式发展论

此种观点认为，虽然目前我国城镇化发展速度很快，但与发达国家相比，我国城镇化水平和质量仍然较低且地区城镇化发展不平衡，特别是西部地区城镇化发展落后。因此，从地域辽阔、差异较大的现实国情出发，无论是小城镇论还是中等城市、大城市发展论都有其自身的局限性，所以我国城镇化道路不能采取单一模式，必须从现有城镇化发展水平和国情出发，充分考虑我国人口众多、乡村人口比重大的现实情况，有步骤地实行多样化、多层次、多目标、多元布局的不平衡发展战略，既要加快小城镇建设和发展，实现农民“离土不离乡”的就地就近向小城镇转移，又要放低大中城市门槛，扩大大中城市的人口吸纳能力，满足农民“离土又离乡”的向异地城镇转移的意愿。与此同时，各地在推动本地区城镇化发展的策略选择上，必须详细分析本地区城镇化发展程度和优劣势所在，按照因地制宜的原则，分别确定不同地区城镇化发展的目标、重点及实施途径，采取各种有效措施，加快各地城镇化进程，切忌千篇一律、脱离现实。例如在大城市发展不足的西部地区就要率先发展大城市，在中部地区可能需要发展的是小城市、中心镇等中小城市，而在东部经济发达、市场化程度比较高、经济基础雄厚的沿海地区，则要充分推进都市圈的形成，发挥大都市圈对范围区域和周边地区的带动作用。此外，多元城市发展模式还主张根据某地区域的具体发展情况，政府相应的着力点和侧重点也应该有所不同，如在经济比较发达的沿海地区，城镇化发展应主要发挥市场作用，政府把主要精力放在城镇体系的科学规划和各种城镇管理措施的制定上，配合市场推动的主要作用，走以城市带动为主的城镇化发展道路；而在经济比较落后的地区，城镇化初期应该充分发挥政府推动和引导的作用，发挥政府在调动全社会资源方面的优势，大力发展中小城市和小城镇，集中力量推动农村城镇化自身的发展，为促进城乡一体化打好坚实的基础。

争议仍然继续，观点远未统一。这也从侧面证实自新中国成立以来我国城镇化建设道路的复杂性和特殊性，体现出我国拒绝照搬其他国家发展城镇化的老路，探索具有中国特色城镇化道路的必然性和必要性。在这一探索过程中，我国的城镇化建设道路也随之呈现出自己独有的特点，概括而言，即自上而下和自下而上的城镇化模式并存。

由于新中国成立初期直至改革开放的近三十年间我国实行的是高度集中的计划经济体制，与之相随的工业化过程也由此呈现出明显的指令性、计划性特征，在此基础上推进的有限城市化进程也就展现出与西方国家彼时市场化主导城市化进程完全不同的特点，而呈现出强烈的自上而下的指令性特征。改革开放以后，随着中国市场化取向的经济体制改革逐步深入，社会主义市场经济逐步建立和完善，在传统体制和制度模式的外围出现了自发的、诱致性的与城镇发展相关的制度创新，农村地区的制度障碍和体制束缚逐渐褪去，劳动力的极大解放促进了乡镇企业的迅速发展，某种意义上引发了以乡镇企业为主体的二次工业化，在此基础上形成了自下而上的城市化模式，即农村经济和社会的快速发展带动小城镇的迅速崛起，进而实现了广大农村地区和农村人口的自下而上的就地城镇化。所谓自下而上的就地城镇化，即与西方国家产业和人口向中心城市迅速集聚的城市化不同，农村剩余劳动力并没有选择大量涌入城市，而是集中于蓬勃发展的农村乡镇企业，通过“离土不离乡，进厂不进城”的方式实现了劳动力的就地非农化转化，与此同时农村土地利用也逐步集中于工业和商业等城镇化用途，城镇化进程的主导机制由行政计划机制转向市场机制。无可否认，彼时这种自发的自下而上的城镇化发展模式和进程对我国国民经济发展起到了巨大的推动作用，无论是人口城镇化率、城镇经济产业素质，还是城镇与乡村间经济社会结构的关联性都得到了提高，我国城镇化发展由此进入了一个黄金时期，到 1983 年底，全国城市数达 289 个，比 1977 年增加 99 个。但是进入 90 年代以后，我国城镇化发展模式又一次发生了变化，随着经济结构的转型，乡镇企业的发展趋于减缓，对当地农民的吸纳能力逐渐减弱，与此同时，城市经济体制改革如火如荼，特别是深圳、珠海等经济特区、经济开发区的建立和发展，大大促进了沿海地区的高速发展，区域经济和城市发展十分活跃，由此而来的是农村劳动力的异地转移重新成为劳动力转移的主要方式，民工潮逐渐发展壮大。由统计数字可知，1984—1988 年期间乡镇企业平均每年转移农村劳动力约为 1260 万人，而 1989—1992 年平均每年转移人数下降到 260 万人，仅相当于过去 5 年的一个零头，与之相对应的是到 1991 年底，全国城市总数已达 479 个，比 1983 年增加 190 个，到 2003 年底全国城市总数达到 660 个，比 1991 年增加 181 个。[①]

关于城镇规模，经过几十年的实践发展，主流观点达成这样一种共识，即绝对的“大城市论”“中等城市论”“小城市论”所主张的发展某一类城市的观点都不符合中国的实际。首先，就国家整体结构的健康发展和社会经济的协调发展而言，我国在长期的建设实践中已经形成了特大城市、大城市、中等城市、小城市、镇等构成的庞大而完整的城镇体系，实践证明就各类城市所特有的功能和结构而言，任何

① 赵惠云. 中国城市形成与发展[M]. 北京：中国统计出版社，2004：87-95.

一种城市类型都存在其自身固有的优缺点，都有其自身且重要的作用，即使此前发展过程中曾经出现过某些问题，也不是某一种城镇类型自身存在的不可克服的劣根性，而是体系中所有城镇类型的比例失调问题，因此现阶段我们要做的主要是按照一定比例关系，协调发展各类城镇及其功能，充分发挥出它们的整体最佳效果。

其次，就我国的现阶段发展水平而言，不可否认目前我国各地经济发展水平和区域发展程度差异极大，由此造成城市分布极度不均衡。比如占我国国土面积13.6%的东部地区集中了全国45%的大城市，而占国土面积56%的西部地区却只拥有全国范围内18%的大城市。以面积各自仅占有5万平方千米的沪宁杭地区和辽河平原为例，平均每0.83万平方千米就有一个大城市，相比之下西北地区每24万平方千米才有一个大城市①。由此可知，由于区域经济和社会发展的极度不平衡，我们在推进城镇化建设时更加不能一刀切，单纯强调某一类城市的发展，而应该因地制宜，走一条城市化和农村城镇化并重、“据点发展式”城镇化和“网络发展式”城镇化同步的二元城镇化道路②，同时发展大城市、中等城市和小城镇，既能发挥大城市辐射全球的功能，又能通过发展中等城市服务一定区域，还能通过发展小城镇服务于广大农村，集中发挥各种规模城镇的集聚和分散优势，使我国的城市和农村同步协调发展，彼此发挥促进保障作用。

最后，就人口来说，单一发展某一类城市无法促进我国广大农村劳动力的转化和优化。中国现有农村富余劳动力大约在1.7亿～2.0亿人口。我国有百万人口以上的特大城市41座。如果这些农村富余人口到21世纪中叶从农村转移到特大城市中，则每个特大城市将增加400多万人口；如果流向中等及其以上级别城市，则每个城市将增加上百万人口，无论是土地的承载能力还是国家财力都是不允许的。③所以，根据我国现阶段现实国情，如果实行单一的人口城市化，让农村人口向城市特别是大城市过度集中，不仅给大城市的发展增加过度的

① 赵春淦. 中国特色城镇化道路研究[D]. 西南财经大学博士论文，2003：176.

② 辜胜阻，刘传江. 中国人口流动与城镇化的理论思考和政策选择[J]. 人口研究，1996（3）.

③ 冯尚春，周振. 论中国特色城镇化道路[J]. 中共中央党校学报，2011（4）.

压力，而且也不利于城镇结构的合理化，相反若实行单一的农村城镇化方向，让农村人口滞留在农村地区，虽然能够有效缓解大城市压力，但并不能最终解决我国的城镇化问题。尤其是现阶段我国依然面临着农村劳动力转移的艰巨任务，面对高速的人口城镇化和劳动力的非农化，必须坚持合理引导、多向分流才能保证我国城镇化的健康发展。因此单就大城市而言，既不能向农民关死城门，也不能大开城门让农民完全自由流入，而应设置一些“门槛”条件，防止迅猛的人口流动洪峰对大城市的冲击，避免“城市病”，同时通过在城市地区发展城市群发挥大城市的辐射作用，在农村地区发展县城和小城镇推进农村城镇化的“双重城镇化”道路，解决对广大农村劳动力的转化和吸纳作用。

城镇产生于农业社会，如果说“农业革命使城市诞生于世界”，那么工业革命的出现则促进了城镇规模、数量的大发展，催生了真正意义的城镇化进程，最终“使城市主宰了世界”。进入 21 世纪以来，随着信息化和全球化影响的日益广泛和深入，城镇化发展模式和进程随之呈现出新的特点，即扩散与集聚同时并存，且功能构造深受信息化的影响，换言之，信息化成为城镇化进一步发展的决定性力量，城市化向信息城市、智能城市和学习化城市发展。应该看到，我国的城镇化发展有其特殊的历史背景，即它是在我国市场化还没有完成，国际化又即将到来，新技术革命和信息化浪潮一浪高过一浪的形势下推进的。时代在不断发展和前进，当前，面临新一轮的信息化浪潮，我国也已经由城乡二元经济分离进入了以工促农、以城带乡的发展阶段，需要通过工业反哺农业、城市支持农村实现城乡统筹，建设社会主义新农村，推进农村城镇化。胡锦涛同志在十七大报告中总结我国改革历程时指出，要全面认识工业化、信息化、城镇化、市场化、国际化深入发展的新形势新任务，深刻把握我国发展面临的新课题、新矛盾。因此，我们可以说，中国特色的城镇化就是农村城镇化、城镇城市化和城市再城市化的梯级递进过程。农村城镇化就是以农产品为原料进行城镇的加工工业，发展农村工业；城镇城市化就是在城镇加工工业的基础上发展现代工业，并使城镇规模逐步扩大；城市的再城市化就是使那些超大规模城市逐步实现产业的战略转移，将工业特别是重工业下移，使其发展成以信息产业为主的信息化中心。在这个过程中，小城镇是中国特色城镇化的逻辑起点，即以产业发展为龙头，实现农村、小城镇、中小城市、大城市和特大城市的递进发展[①]，同时与工业化、信息化、市场化、国际化并举，使其成为我国到21世纪中叶必须同时并行发展的重要经济要素。

## 第三节　农村城镇化的基本格局与主要成就

改革开放以来，在经济的快速持续发展和政府相应配套制度改革的双重推动下，相比新中国成立初期，我国城镇化水平进入新时期，城镇化进程明显加快，城市数量和城市人口增速明显，城市规模明显扩大，涌现出一批形态各异、功能齐全的大城市和特大城市，“中国的城镇化和美国的高科技发展将是深刻影响 21 世纪人类社会的两大课题”。[②]

从城镇化空间结构来看，我国不仅由于地理位置、人口结构等客观因素造成东、中、西部在城镇化实践过程中速度和重点各异，形成全国地区不同发展层次的城镇化水平，而且由于主导动力和经济结构的差异，形成了不同类型的城镇主导型模式。

首先就全国经济区域划分范围来看，以 20 世纪 90 年代至今为例，包括辽宁、河北、北京、天津、山东、江苏、浙江、上海、福建、广东、海南等 11 个省市在内的东部地区城镇化水平呈现明显上升趋势，其中以北京市、上海市、广东省城镇化水平最高，到 2008 年就已经达到 84.90%、64.44%、63.37%，已处于城镇化高级阶段，辽宁省、浙江省、江苏省、天津市、福建省、海南省等地的城镇化水平也居于全国前列。就城市发展来看，2008 年东部地区城市数已达到 263 个，

① 冯尚春，周振. 论中国特色城镇化道路[J]. 中共中央党校学报，2011（4）.

② 卜志强. 小城镇发展研究[M]. 南京：东南大学出版社，2007：2.

占我国全部的 40.15%。按国土面积计算，至 2008 年我国东部地区每万平方千米拥有城市 2.49 个，是我国城市密度最高的地区。

相比东部地区，包括黑龙江、吉林、山西、河南、湖北、湖南、安徽、江西 8 个省的中部地区，以 2008 年为例，城镇化水平始终保持上升态势，总体大致在 43.92%，但除黑龙江省和吉林省以外，湖南省、湖北省、山西省、江西省、安徽省、河南省的城镇化水平均低于全国平均水平。从城市发展来看，到 2008 年，中部地区城市数达到 226 个，占我国全部的 34.50%，其中以河南省城市数最多，为 38 个。按国土面积计算，至 2008 年中部地区每万平方千米拥有 1.39 个，因此无论从城镇数量还是密度，中部地区较之东部地区发展仍有一定差距。

而包括四川、重庆、贵州、云南、西藏、陕西、甘肃、青海、宁夏、新疆、内蒙古、广西等 12 个省市的西部地区，与 20 世纪九十年代相比，城镇化水平呈现一定上升趋势，2008 年已达到 38.44%。整个西部地区中，内蒙古自治区城镇化率已达到 51.71%，重庆市达到 49.99%，均高于全国平均水平，而其他省市如宁夏、陕西、青海、新疆、广西、西藏、四川、云南、甘肃、贵州等省的城镇化水平和年增长速度则均低于全国平均水平。从城市发展来看，到 2008 年我国西部地区拥有城市数 166 个，占我国全部城市的 25.34%。按国土面积计算，截止到 2008 年我国西部地区每万平方千米拥有城市 0.25 个，城市密度逐年提高，但仍是我国城市密度最小地区。换言之，无论从城镇发展的数量还是质量，西部地区仍有较大空间亟待提升。

经过长期的城镇化建设探索和实践，我国不仅在东中西部地区形成不同的城镇化建设水平和增长速度，形成一派热火朝天、你追我赶的良性竞争机制，更由于不同的地理位置和产业优势，辅之以农民在党的改革开放方针的指引下，根据中国农村的巨大差异和多样性特征喷薄而出的创造性实践，从本地的实际情况出发，形成了各具特色、风格鲜明、多元化的城镇化模式，如苏南模式、温州模式、珠江三角洲模式等，在发展当地经济和社会事业上发挥了重要作用，同时也为解决中国农民问题找到了出路。

## 一、温州模式

温州模式是以个体经济和私营经济为主导的小城镇发展模式，是我国改革开放以后在传统体制和传统模式外围出现的自发性和自下而上的新型城镇化模式的代表之一。它是一种以个人或家庭为主体，以个体私营所有制形式为主要特征的家庭工业和专业化市场推动，以家庭、联户企业为主要经济组织形式的乡镇企业为主体的城镇化。主要表现就是随着小商品生产的发展和市场的形成，温州地区的第三产业尤其是家庭商业欣欣向荣、一派繁华，包括家庭式的交通运输、饮食服务及民间信贷日益兴旺，个人或家庭私营服务业与乡镇企业的发展互为条件和动力，为温州模式的持续发展和成熟提供了坚实的基础和持续的动力。

## 二、苏南模式

苏南模式是一种以政府主导的以集体经济为主体的工业化和城镇化发展模式，主要以农村—第二产业—城市化的模式前进发展[①]，通过贯彻“以工建镇”[②]方针，借助现代工业的强力支撑，使新型小城镇不断攀台阶、上水平，以实现质态飞跃的过程。

从20世纪80年代开始，随着中国市场经济体制改革的开展和逐步深入，主要包括江苏南部的苏州、无锡、常州三市及所辖的九个县级市的农村地区，以计划经济时期的社队工业为主要依托，以社区集体为主体，充分发挥市场机制对资源配置的调节作用，利用当时的一系列政治、经济和社会等多方面的有利因素，通过自筹资金探索和发展了一系列非农产业生产活动。由于乡村工业的集聚发展与强力支撑，原先以农业为主的单一经济实体逐渐转变为以工为主，工农相辅、工

① 王本兵. 我国城镇化发展的制度创新研究[D]. 中国海洋大学博士论文，2011：34.

② 周海乐. 城镇化与小康社会[M]. 苏州：苏州大学出版社，2003：128.

商兼容的经济实体，工业生产成为城镇经济活动的主要内容，并引起城镇经济构成的深刻变动。利用非农产业的聚集效应，苏南区域多渠道多方式地筹集民间资本，自下而上积极主动地推动了以非农产业为主体的乡镇企业在一定区域内聚集，进而带动了第二产业和第三产业的聚集和发展，实现了苏南区域农村人口的职业转化。在此基础上，辅之以各级政府必要的政策优惠和支持，苏南区域涌现出一批非农人口聚居、产业结构齐全、信息传递快捷、吸纳能力强劲的的小城镇。到 1992 年，苏州、无锡、常州三市及其县级市周围，随着产业流、人流、资金流的进一步聚集和流转，功能齐全、结构完善的小城镇数量不断增加、规模不断扩大、经济素质日益提高，累计共有小城镇 421 个，整个地区平均 41.6 平方千米就有一个小城镇，有些县小城镇密度更高，达到平均 22.6 千米就有一个小城镇。如果再算上数以千计的自然村镇，那么苏、锡、常地区差不多每 5 平方千米就有一个新型小城镇或村镇①，不仅充分吸纳了周边农村富余劳动力，而且对传统农村经济社会结构和封闭落后的生产生活方式形成了巨大的冲击，带动了农民就业方式、生活方式的城镇化转变和农业生产方式的现代化转型。进入 21 世纪以来，随着宏观形势和客观发展条件的变化，苏南地区的小城镇在经历了长时间的量态扩充以后，目前正朝着质态提升方向前进，形成以市区为核心、县级市为结点、中心镇为骨干、一般镇为基础的新型城镇布局，涌现出一大批社会主义新型示范小城镇，最终形成了我国农村城镇化道路上"功能分区明确、基础设施齐全、环境比较优美"独具特色的苏南模式。

## 三、珠三角模式

珠江三角洲地区最早由广东省政府在 1994 年确立，最初由广州、深圳、佛山、珠海、东莞、中山、江门 7 个城市及惠州、清远、肇庆三市的一部分组成。后来，"珠三角"范围调整扩大为由珠江沿岸广州、

① 周海乐. 苏锡常发展报告[M]. 北京：人民日报出版社，1994：327-330.

深圳、佛山、珠海、东莞、中山、惠州、江门、肇庆9个城市组成的区域，也就是通常所指的“珠三角”或“小珠三角”。由于珠江三角洲地区特殊的地理条件、资源禀赋和历史机遇，尤其随着改革开放的展开和不断推进，虽然土地面积仅占广东全省的23.1%和全国的0.43%，常住人口仅占广东省的46.4%和全国的3.28%，但其经济总量在2006年就已占广东省的81.73%和全国的10.3%，经济增长率达到了16.7%，高出全国5.6个百分点。与经济奇迹相对应的是珠三角城镇化的奇迹。2006年，珠三角的城镇化水平从1978年的16.26%，增长到了79.6%，远远高出全国城镇化率35.7个百分点。到2006年底，珠三角外来人口数达到了约2400万人，建制镇数量346个，人口密度达到1039人/千米$^2$，成为我国城镇密度最大、经济要素聚集度最高的地区之一。①

正是由于其发展道路的长期性、地域的广泛性和成绩的显著性，相比苏南模式、温州模式，珠江三角洲模式不仅是改革开放以后我国城镇化的缩影，某种程度上更代表了我国城镇化现阶段和未来发展的某种趋势，它的成功背后也就存在着多重因素，其本身蕴含着丰富的内涵。首先，与温州模式、苏南模式一样，珠江三角洲模式重视发展乡村集体经济、集体经营，支持和鼓励组办、联户办和个体“五个轮子”一齐转，坚持多种经营形式共同发展，客观上带动了第二、三产业的发展，改变了农村地区的产业结构和农民就业结构，提高了农民收入和生活水平，从而扩大了城镇的生产和服务业市场。珠江三角洲乡镇企业的发展不仅标志着中国农村工业化的起点，而且由于其外向化、市场化的特征，乡镇企业已经成为珠江三角洲城镇化的主要动力，在其城镇化发展道路上具有尤为重要的作用。其次，以外商直接投资为主的外向型经济是珠江三角洲城镇化发展过程中的又一重要助推力。由于特殊的地理位置和改革开放的历史机遇，珠江三角洲地区凭借优越的地理环境、农业的快速增长、乡镇企业的快速发展，吸引了大量外商投资，并在此基础上出现了大量贸工型乡镇企业，它们通过大力发展外向型经济、参与国际竞争等种种措施，加速了本地区城镇

① 许学强，李郇. 改革开放30年珠江三角洲城镇化的回顾与展望[J]. 经济地理. 2009（1）.

化的发展。仅就20世纪八十年代和九十年代而言，珠江三角洲主要经济指标的年递增率最高的就是实际利用外资额和外贸出口总额，是中国引进外资和创造外汇的主要区域。外资企业在珠三角的投资建厂和乡镇企业的发展，创造了大量的就业机会，吸纳了大量本地农村剩余劳动力以不同形式转移到城镇务工和外来人口迁入。以农村剩余劳动力的大量转移和外来人口的大量流入为标志的丰富劳动力市场的形成和产业结构的优化调整，不仅成为珠江三角洲地区城镇化发展过程中的重要成果之一，也成为其城镇化持续增长的源泉之一。①

以上发展模式仅仅是改革开放以来我国农村城镇化建设的典型代表和缩影，除此之外，尚有许多地区依据自身地理条件和资源环境，在推进农村城镇化进程中做了许多有益的尝试，积累了丰富的经验，掀起了一轮又一轮农村城镇化建设的高潮。它们与以上典型模式一起构成了我国农村城镇化发展的主要趋势和强大动力，极大地促进了我国社会整体的经济发展和农村生活水平的提高，"是我国经济增长的巨大引擎"②，为优化经济结构、保持持续的经济增长和提高农民福利提供了坚实基础，是我国迄今为止所取得的发展成就的重要源泉之一。

城镇化的发展为我国全面建设小康社会提供了有效途径。江泽民同志在党的十六大报告中就已经明确了城镇化在全面建设小康社会进程中的战略价值和战略地位，指出"逐步提高城镇化水平，坚持大中小城市和小城镇协调发展，走中国特色的城镇化道路""全面繁荣农村经济，加快城镇化进程"是全面建设小康社会的重要任务之一。实现全面建设小康社会的难点、重点在农村，推进城镇化是我国城市化的重要组成部分。只有通过城镇化，通过在此过程中使"机械化能大大减少土地的耕作劳动力，改变9亿农民搞饭吃的局面，改善农民的生活条件，共享现代社会物质文明和精神文明成果。同时，农业机械化有利于促进农业节本增效，拓展农民增收的途径，缩小城乡、工农差距，不断提高广大农民的生活质量和水平"，从而加快全面建设小康

① 许学强，李郇. 改革开放30年珠江三角洲城镇化的回顾与展望[J]. 经济地理. 2009（1）.

② 李克强. 城镇化是扩大内需的最大潜力[N]. 2012-11-21.

③ 张宝文. 在新的起点上扎实推进农村机械化[J]. 求是，2008（11）.

社会目标的实现。

城镇化的发展为我国“三农”问题提供了根本的解决方法。不可否认，自改革开放以来，经过三十多年不懈的努力和奋斗，我国农村、农业和农民的现实状况得到了极大的改善和提高，农村面貌焕然一新，农业生产基本实现了现代化，农民生活水平日益提高。但看到成绩的同时，我们必须重视其中存在的诸多困难和矛盾。截止到 2011 年年末，我国仍有近半数人口生活在农村，大量劳动力被束缚在有限的耕地上，农业科技水平落后以致无法形成规模经营，造成农业生产率和商品率极低，农村发展滞后，农民生活水平普遍较低，城乡居民收入呈现出明显的结构性失衡，生活方式和生活质量差异较大。除此之外，由于人口的增加和大规模经济建设的需要，以及自然界的破坏和人为的无序开发，我国的耕地面积也呈现出逐年锐减的趋势，人地关系严重失衡，生态系统持续恶化，也成为我国现阶段发展中的突出矛盾。针对这些情况，党的十六大报告提出，解决农村、农业和农民这“三农”问题必须跳出就农业论农业、就农村论农村的传统思维，要通过实现工农、城乡之间的良性互动，统筹国民经济和社会发展全局，统筹城乡经济和社会发展来解决。“无论是现代化的近期目标还是远期目标的实现，最后都取决于农业、农村和农民问题的解决，取决于城乡二元结构格局能否改变。”在此基础上，只有以加速城镇化进程为突破口，才能继续推进农村和农业富余劳动力向城镇非农产业转移和集中，以最大限度地增加农民就业机会、提高农民劳动收入，缓解直至最终消除城乡差别日益加剧这一深层次矛盾。清华大学的李强教授 1999 年 8 月在四川农村的调查数据表明，70.3%的农民工都给家里汇款，其中，汇款在 2500 元以上的，占到汇款总人数的 36.5%，而平均每个农民工寄回带回的钱数是 2576 元。外出打工人员的汇款一定程度上增加了农民的收入，缩短了城乡居民之间的收入差距，为缓解城乡二元经济结构之间的差距提供了基础。除此之外，通过加快城镇化发展步伐，进一步调整和优化土地利用结构，使更多的耕地资源恢复自然状态，推

---

① 申建军. 首都社会和谐发展研究[M]. 北京：社会科学文献出版社，2007：208.

行清洁生产，发展生态高效农业，为进一步化解“三农”问题提供了广阔基础和有利条件。

城镇化的发展推动和促进了我国经济结构的转变，是我国经济体系持续完善的内在动力和保障，其对我国经济的促进作用是全面的，既有在数量上如经济总量的增长，也有质量上如农民素质的提升、城乡利益格局的改变等。首先，城镇化保证了我国工业经济的持续增长。长期以来，我国城乡分割的二元结构和农村农民生活水平的长期滞后从根本上制约着农民消费水平的提高和消费结构的优化，从而造成工业品市场有效需求不足，进而从根本上制约了我国工业水平的提升和优化，成为限制我国国民经济持续增长和良性发展的深层次障碍。城镇化的快速发展，能够把农民从生产效益相对较低的传统农业向比较效益较高的非农产业转移，通过拓宽农民就业渠道以增加农民可支配收入，强化他们的消费能力。除此之外，城镇化的快速发展通过把农民从单一产业的农村向非农产业的城镇集中来影响和改变农民的生产生活方式，以此转变农民的消费观念、优化其消费结构。凡此种种，都是从根本上将农民从低收入、低消费、低档次的消费集团向高收入、高消费、高档次的消费集团转变的坚实基础，是扩大我国工业市场有效需求进而保持工业经济快速持续增长的关键举措。从这个意义上说，经济发展方式转变并不仅仅表现在工业经济中的技术升级、结构优化和节能减排等方面，更重要的还在于增加了城镇化的内容，工业经济的发展将以推进城镇经济发展为取向，并根据城镇经济的发展要求而展开。[①]城镇化由此成为我国工业经济发展方式转变的新动力。

其次，城镇化的发展是我国第三产业服务经济发展和发达的必由之路。就世界范围而言，第三产业在国民经济中所占份额的平均水平已经达到70%以上，发展中国家也基本达到50%，而我国现阶段第三产业占 GDP 的比重仅仅为47.8%[②]，虽然与之前相比已经有了较大增长，但与其他发展中国家相比固然存在不足，与发达国家相比更是存

① 王国刚. 城镇化是经济发展方式转变的重中之重[N]. 经济参考报，2011（8）.

② 一季度我国第三产业对经济增长贡献率首超制造业. http://news. hexun. com/2013-05-19/154275128. html，2013 年 5 月 19 日.

在较大的差距。以服务经济为主的第三产业的发展，不仅能促进我国经济结构的转变和完善，提高城乡人民的生活水平，有助于我国的节能减排和绿色发展，其更与我国城镇化的进一步推进与发展有着相辅相成、互为因果的紧密联系。一方面，没有城镇化，没有劳动人口向非农产业转移和向城镇集中，就不可能有服务经济的兴起与发展，另一方面，以服务经济为代表的第三产业也是农村城镇化和农业经济发展所造成的农业富余劳动力转移的最终归宿。据不完全统计，1949—1980 年美国农业减少了 450 万人，总就业人口增加了 3800 万余人，其中工业只吸纳了 1100 万人，剩余约 2700 万劳动力大都为服务经济所吸纳。[①]除此之外，与工业部门受经济形势影响较大以致就业不稳定、非均衡态势相比，服务业由于生产与消费同步的不可分性，其对劳动力的吸纳比较稳定，受经济波动的影响较小，所以，大力发展以服务经济为代表的第三产业，不仅是消化、吸纳农村和农业剩余劳动力的必由之路，是加速农村农业剩余劳动力向城镇转移和集中的最佳路径，为城镇化和城市化的快速推进提供了强有力的支撑，同时城镇化的发展也为服务经济的发展提供了广阔的劳动场所和市场空间。因此，城镇化的快速稳妥推进，是调整我国经济结构、优化我国经济体系的根本出路。

最后，城镇化发展是全面培育知识经济的基础和前提。20 世纪 70 年代以来，随着经济的发展和社会形态的进步，围绕经济增长源泉问题，理论界和实务界展开了激烈的讨论，知识、经济对技术发展和社会进步的重要性得到了广泛的认同。换言之，与以人力和资源的大量消耗为标志的农业经济和工业经济不同，人类已经进入建立在知识创新、生产、流通、分配和应用为基础和标志的经济时代。与农村中高等人才、专业研究机构和资金的缺乏相比，城镇由于拥有众多的高等院校、科研机构和科技人才，以及专利、商标、专有技术等无形资产和较多的资金来源等优势，当仁不让地担负起诸如信息和通信技术的研究和开发、人力资源的投入和挖掘等促进知识经济发展的任务。换

① 黄亚钧. 知识经济论[M]. 太原：山西经济出版社，1998：46.

言之，随着传统社会向现代社会的转变，城镇化的日益推进为知识经济的发展提供了适宜的空间和场所，是知识经济发展的前提条件和基础环节。不仅如此，加快城镇化发展更直接促成了农民素质的提高，为我国经济和社会的全面发展创造了人力资源基础。城镇化把农民直接转化成市民，不但使他们由原来的分散耕作方式转变为集中生产，技术水平大大提高，而且使他们直接受到现代化工业和城市文明的熏陶，开阔了视野，学到了本领，市场经济意识进一步提高，提高了他们的技术素质、思想素质、管理素质、文化素质，为促进城乡经济一体化发展创造了人力资源基础。

# 第三章

# 他山之石：典型国家的农村城镇化道路

## 第一节　世界城镇化的典型模式

城市的成功就是国家的成功。不同国家、不同类型的城镇化模式所获取的成功经验值得我们研究、汲取和借鉴。按照政府与市场机制在城镇化进程中的作用、城镇化进程与工业化和经济发展的相互关系等因素，可以概略地将世界城镇化发展概括为以下几种模式。

### 一、自由发展的美国模式

美国地域辽阔，自然资源丰富。“在美国这片得天独厚的土地上，没有中世纪的废墟挡路，有史以来就已经有了17世纪孕育的现代资产阶级社会的因素”。[①]18世纪末19世纪初，因其地理位置、人才、设施、市场等得天独厚的条件，美国东北部城市如波士顿、费城、纽约、巴尔的摩等成为工业革命的摇篮，率先实现了工业的机械化和专业化，

① 恩格斯. 马克思恩格斯选集（第四卷）[M]. 北京：人民出版社，1995：389.

“内部发达的市场经济既是城市发展的动力，又是发展的准则”①。19世纪下半期，在市场机制作用下，随着以钢铁、电力技术为标志的第二次技术革命的兴起，美国的工业化和城市化进入鼎盛阶段，向西进军的移民进而将资金和技术带到中西部，开矿建厂，从而推动了一批工业城市兴起，进而形成以综合性城镇与专业性城镇相结合、大中小城市相结合、相互依存、同步发展的城市体系，中西部地区完成了以农业开发或矿业开发为先导，工业化为支撑，城市化为完成的传统开发模式。与此同时，随着东北部核心区的辐射作用，以及中西部在自身工业化过程中发散出的支持能力，位于美国经济区划边缘地带的西部尤其是远西部地区也在这一时期进入大规模开发时期，城镇作为西部开发的先导和主体，典型地反映了区域经济梯级开发的特点。20世纪 60 年代以来，随着高科技和第三产业的迅速发展，太平洋沿岸后来居上，成为高科技聚集区，落后的南部也随之异军突起，成为闻名全球的“阳光地带”，至此美国基本完成了城市化建设。截止到 2010年，美国城市化水平达到82.29%，成为高度城市化的国家，且区域经济结构经过有重点的开发及重新组合，大致趋于稳定与平衡。

纵观横跨三个世纪的美国城市化发展历程，可以清晰看到无论是东北部殖民地时代建成的城市，还是中西部新兴的城市，抑或是后起之秀的南部地区，其贯穿始终的城市化建设动力是市场经济的推动而非政府主导，其主导因素始终是内生因素，如产业结构动态变化、交通运输状况的改善等，尤其同土地大规模投机活动密切相关，体现出强烈的内生型特点。“19 世纪美国的土地投机正是从正面激励和推动了土地、人口和资本流动的城市化导向，为美国西部由农业经济向工业经济、从农村社会向工业社会的过渡贡献了力量。”②土地投机商和铁路公司按照市场经济原则来推动城市选址、规划和营建活动，铁路公司利用铁路修筑和所控制的巨大地产，积极从事所谓的“镇址”投

---

① 刘文龙，罗平峰. 近代拉美与美国城市化的不同进程与经济职能[J]. 拉丁美洲研究，2000（5）.

②（美）洪朝辉. 土地投机与 19 世纪美国西部城市化[M]. 北京：中国社会科学出版社，1998：49.

机活动，私人企业与政府一起投资兴建交通设施，为大城市的发展提供基础，同时为小城镇与大城市的联系和贸易往来提供保障，这些力量的共同作用客观上极大促进了美国城市化的发展，同时带动了小城镇的经济发展。“新的城市在原来一无所有的地方迅速发展起来，它们没有历史但有着无限的前景。它们是美国实业家们最早的自然聚集处。当实业家起初出现的时候，他们的主要商品是土地，其次是交通运输。土地权和运输权从政治象征和相传动产转变成单纯的商品，这也是美国特有的一种现象。”①工业化造就了城市化，城市化同时推动了工业化的迅速发展，二者的同步发展、相互作用促使美国快速从传统农业社会向现代工业社会转型，成为世界上城市化水平最高的国家之一。

与城市化发展的动力和历程相适应，美国城镇体系演化也经历了从单一城镇的孤立发展到城镇群体发展的过程，基本代表了世界城镇体系发展的方向和基本规律。美国城镇体系大致可以分为三个阶段：一是19世纪以前的单一城镇发展阶段，由于交通技术不发达，这一时期的城镇规模以步行为限，各城镇之间也没有形成相互联系的网络，各自呈孤立发展阶段；二是20世纪上半期的城市群（带）发展阶段，由于技术进步，各城市之间的横向联系不断加强，形成主要以制造业为纽带的城市带；三是20世纪中期至今的城市广域推进时期，以人口自由迁移和地方政府高度自治为基础，伴随着经济发展、新居民区的形成和工业区的兴起而发展起来的郊区化成为这一时期美国城市化的主要标志，大量人口、制造业、商业由市中心向郊区尤其接近中心城市边缘的小城镇转移，使得以往的郊区甚至农村地带得到了城市形态的发展，城市范围不断扩大，城市进一步融合。纵观美国城镇体系的发展和状态，小城镇是一个重要的组成，这与美国的历史、地理、政治、经济等因素密不可分。美国是一个地方高度自治的国家，地方政府有县、市、镇称谓的区别，县一般以农业为主，面积较大；市、镇是从县逐步分离出来的，三者均隶属于州，很大程度上是地理或社区

① 〔美〕丹尼尔·布尔斯廷. 美国人·建国历程[M]. 北京：生活·读书·新知三联书店，1993：140.

的概念，差异主要体现在人口规模上，而非行政级别和规格。相应地，美国“小城镇”有两个概念，一种叫小城市，还有一种叫小镇，两者都是由居民住宅区演变而来，一般 20 人的社区就可申请设“镇”，如有足够的税源，几千人的社区就可申请设“市”。进入 20 世纪，工业化的发展促使美国城市聚集经济快速发展，城市人口持续增加，城市数量和规模日益扩大。但随之而来的是众多的城市问题，如城区拥挤、污染严重、交通拥挤、犯罪猖獗、土地价格高涨等的出现。第二次世界大战后，一系列技术与交通革命的出现，对美国城市化方向性转变产生了重要的影响；企业的扩大化、操作流程的流水化作业使企业对宽阔而廉价的土地的需求日益强烈；汽车时代的到来、高速公路网的建立使聚集经济影响向广阔的空间扩散，有力地促进了郊区、小城镇的发展，直接导致日益庞大的中产阶级大规模地从城市向郊区迁移；众多企业、中产阶级的到来使得小城镇房地产业迅速发展，在美国现行的财税体制下为小城镇获得了为数不少的财政资金，使得小城镇的独立、持续发展成为可能，小城镇成为美国新一阶段城市化的主要角色，使美国的城市空间结构也发生了深刻的变化。截止到 2010 年，美国人口超过 100 万的城市仅有 9 个，包括纽约、洛杉矶、芝加哥、休士顿、菲尼克斯、费城、圣安东尼奥、圣地亚哥、达拉斯等，居住人口仅占全国总人口的 8%，与之形成鲜明对比的是 10 万人口以下的中小城市达到 19188 个，数千乃至 3 万人口的小城市（镇）达 34000 多个，两者约占城市总数的 99%左右，人口总数更是远远高于大城市居民人口。即使是近三十年发展起来的大都会、城市圈或称为城市带也是大批小城镇的集合，而不是靠无限扩张中心城市规模。针对这种情况，美国城市生态学家哈里斯和乌尔曼提出了著名的多中心地带模式，认为城市具有许多小的中心，每个中心都是一个专业化活动的核心地区。

美国小城镇依其所处地理位置可以划分为四类，第一类是位于大都市边缘地区的小城镇，包括一部分由高科技开发而形成的卫星城，如旧金山市的硅谷。这里环境优美，地价房价相对于大都市较低，而且交通也极其便利，和大都市的联系十分紧密，吸引了许多年轻人和老年人在这里生活，形成独具特色的小城镇类型。第二类是连接城乡经济和社会关系的郊区小城镇。这些小城镇一般处于大都市和乡村地区的中间地带，交通比较发达，属于大都市的辐射范围之内，既能吸取又能为大都市补充资源，支柱产业一般是旅游业或者是某一项制造业，具有自身的特色产业和经济优势，因此成为附近地区的经济和文化中心，在本地区发挥经济和文化中心的作用，典型如波士顿城市以及周边的小城镇。第三类是作为乡村地带经济活动中心的小城镇。这类小城镇一般与城市相距较远，地方产业基本以农牧畜业、农副产品加工为主，为大都市提供生活所需的农副产品，如牛奶、鸡蛋等，但其市政规划、建设述评、经济条件和环境保护水平都较高，丝毫不逊于城市位于城乡地带的小城镇，西部的一些城镇就属于这种类型。第四类是以林、矿区为依托的小城镇，其经济结构集中于林矿业及地方特产的加工和营销。

随着小城镇的发展，美国也逐渐形成了数量较多、规模较大的城镇集群，区域化分工日益明显，其中许多集中在建立一体化的农业生产加工基地，实现农作物的种植、采集、加工一条龙，形成了一条完整的农业深加工链。这种农业生产加工城镇的日益发展不仅提高了农产品的附加值，累积了城镇发展过程中所需的资金，也为大城市提供了完善的农产品供应体系，解决了大城市和城镇发展过程中的粮食问题，提供了工业生产所需的原料和劳动力，在一定程度上促进了工业化的发展。

## 二、市场主导的英国模式

英国是世界上最早推进和实现城镇化的国家，缔造了世界城镇化历史上的四个“第一”：第一个提出建立“理想城市”“花园城市”“城市病”等建设理念；第一个出台以公共政策干预引导城镇化发展方向的法律法规；第一个推行旨在维护社会公平正义的城市社会保障体系；

第一个立足统筹城乡发展较为成功地治理了“城市病”。[①]与中国、美国、俄罗斯等地大物博的国家不同，英国领土面积仅24万多平方千米，人口却超过六千万，存在着人多地少、土地面积不足的矛盾。总体来看，与美国一样，英国城镇体系的构成主体不是大城市，而是小城镇。换言之，除伦敦人口规模在百万人以上、几个老的工业城市人口在10万以上，英国绝大多数城市的人口规模都在10万以下，即所谓“新镇”。全英国约有3000个小城镇，人口在几千至十几万不等。几个世纪以来，通过致力于农村和小城镇的特色化发展，英国较好地解决了因地理条件不足带来的工业、农业和其他产业的发展制约“瓶颈”问题，体现出自身所特有的优势和经验。

与最早走上工业化道路一样，早在18世纪60年代，英国就已经开始了城镇化建设阶段，是世界上城镇化进程最早的国家，“早期的英国城市化是在一种既无准备，又无模板的情况下进行的，基本采取放任自流的发展模式”。[②]英国重视城镇化发展进程中市场机制的作用，在市场机制和政府引导、公众参与的多重努力下，1850年英国城镇化率就已经达到50%的水平，开始出现了人口和工业布局的郊区化，2005年，英国的城市化率已达到90%以上。毋庸置疑，其两个半世纪的城镇化建设历程为全球城市化进程做出了突出的理论贡献和实践借鉴。

英国的城镇化是以乡村工业的高度发展为前提的。从15世纪开始，随着英国纺织工业的发展，农村的经济结构发生了巨大变化，乡村工业得到空前发展，同时工业革命中使用的新机器、先进的管理方法和科学技术传入农村，也促进了农业的现代化。圈地运动和农业革命使农民被迫或主动离开土地，从农村释放了大批劳动力，以及“向外吸引劳动力”的政策对外来移民的吸引，越来越多的人口涌入城市或邻近郊区，推动了英国的城市化。由于毛纺织业适合在村庄生存发展，使得一些邻近城市的农村地区逐渐演变为农村和城市之间的小城镇，这些早期的小城镇在英国工业化和城市化初期发挥了基础作用，

① 刘恩东. 英国推进城镇化建设的主要经验[N]. 中国经济日报，2013-04-02.

② 何磊. 工业化国家城镇化的三次革命与中国城镇化道路创新[J]. 上海经济研究，2012（7）.

为英国工业化和城市化的开展储备了大量劳动力。截止到1640年，英格兰地区的集市和小城镇共计780个，其中三分之二为农村的集镇[①]。这些小城镇不仅成为农民家庭生产和生活资料的主要流通网络，方便了农户之间剩余农产品的交换，其发展也在一定程度上推动了农业与工业的分工。

18世纪和19世纪，随着英国工业化的开展，英国小城镇迎来了发展较快的时期。在此期间，科学技术不断发展，产品出现了多层次的深加工，特别是主导产品带动了关联企业的发展，使得同类或相关工业集中在一起，不仅在很大范围内形成了新的工业城市，同时也使原来的农村小城镇在经济结构和功能上发生了较大的改变，既出现了前所未有的承载工商业流通和交易职能的现代工业集镇，如利物浦、伯明翰等，也有相当一部分小城镇取代老城镇成为连接本地区与外界经济的商业网点，成为农村经济发展的核心。随着工业革命促进了运河、汽船、公路和铁路的发展，依其地理位置和经济基础的不同，处于交通枢纽的地区迅速成为商贸、工业和服务业相互依托的城市或城镇，其他一些发展势头好的小城镇聚集的人口也不断增多，依其资源要素不同，或独立发展成为小城市，或被大城市吸纳，成为大城市的一部分。

20世纪30年代以来，随着愈演愈烈的城市病现象，针对严重的城市问题，英国政府一方面实施符合城市现代化管理的发展计划，如城区改造、修建公共空间、改善公共卫生等，另一方面制定各类保护乡村的限制性法律，集中投资改善乡村住宅，建设完善的基础设施和公共服务设施，致力于使乡村中心居民点在日常生活、经济、社会和教育上与城镇相同，“以至于它们成为一种乡村式的城市”[②]，由此英国的小城镇得到了进一步发展，出现了英国历史上小城镇发展的又一个浪潮。尤其是在第二次世界大战以后，英国以新镇规划理论为指导，颁布《城乡规划法》，最早地把城市规划作为政府重要管理职能，充分

① 袁中金. 中国小城镇发展战略[M]. 南京：东南大学出版社，2007：30.

② 叶齐茂. 发达国家乡村建设考察与政策研究[M]. 北京：中国建筑工业出版社，2006：156-166.

发挥政府在城市规划体系中的主导作用，采取种种措施，推动小城镇成为农村经济发展的中心。除了政府的推动作用，作为外迁者的富裕阶层和熟练工人，出于生活成本、居住环境等因素考虑，越来越倾向于选择在自然和人文生态良好的小城镇定居，于是这些小城镇利用自身的区位和资源优势，加之劳动力的增加和人口素质的提高，逐渐发展成现代工商业重镇，并在其后阶段被迅速发展为新城。利兹、伯明翰和谢菲尔德等就是其中最具典型性的代表。

除此之外，随着时代的发展、人口的增多，一方面是大城市交通拥堵、环境恶化、生活成本居高不下等日益严重的城市弊病，另一方面是小城镇和乡村地区第二、三产业的迅速发展、生态环境的和谐优美、生活成本的低廉便利，于是英国政府开始在大都市周围广泛地建设卫星城，最初主要是建立功能单一、仅仅在于分散居住人口的第一代卫星城，随后出现半独立的第二代卫星城和完全独立的第三代卫星城。尤其是 20 世纪 60 年代以后大规模建设的第三代卫星城，人口规模基本在 25～40 万之间，功能更加完善，充分发挥了转移母城人口和产业的作用，并能够为居民提供更全面的城市服务，极大程度地缓解了久治不愈的大城市病。如今的英国，几乎每个中心城市附近都有几个甚至十几个大小不等的小城镇，承担居住等日常生活功能。以大伦敦都市区为例，星罗棋布的小城镇和伦敦市区交相辉映、互相补充，其中在伦敦市城区上班的人口有40万，而辖区居住的人口仅4万左右，其他人口大多居住在周围的小城镇和卫星城，这种方式既很好地解决了因地理条件不足带来的发展制约瓶颈，缓解了伦敦市城区压力，又带动了周围小城镇发展。在这个基础上，大城市只意味着工作地点，而非必须获得更高品质生活的终点。而小城镇的发展则围绕着提供更多的住宅、就业机会，保护自然和人文环境等主题，二者构成较为健康合理发展的城镇体系，成为英国城镇化体系的集中体现。

英国的小城镇大致可以分为三种类型：（1）农村地区的小城镇。这类小城镇大多位于农村地区，主要承担居住休闲功能，人口规模较小，一般在千人左右，多为富裕的中老年阶层，因此住宅条件、基础设施、交通绿化等条件较好，现代化程度极高，对外有发达的道路网，可以方便地到达附近的大城市和全国各地。(2) 现代乡村—花园城市。受19世纪的英国社会活动家霍华德思想的影响，英国建设了一些功能齐全、环境优美的花园城市，它们的共同特点就是以某个工厂或企业为中心，经过严格规划而兴建，充分展现出早期霍华德在其著作《明日，一条通向真正改革的和平道路》中提出过的关于“田园城市”的思想——“建设一种结合城市和乡村优点的理想城市，为了健康、生活以及产业而设计，它的规模能足以提供丰富的社会生活，但不应超过这一程度”，体现出浓厚的理想主义色彩。其中最具代表性的有以下四个，分别是格拉斯哥附近的纽兰纳克、利兹附近的索太利、伯明翰附近的鲍尼利、利物浦附近的阳光城。(3) 卫星城。如上所述，为了缓解城市化带来的种种弊病，英国从19世纪末20世纪初开始了卫星城建设，其建设历程一直持续到20世纪70年代，至今仍方兴未艾。在此期间一共建了 32 个卫星城，分布在不同区域，其中在英格兰有21个，苏格兰5个，威尔士2个，北爱尔兰4个，除个别城市人口规模较大，在20万人以上，大多在10万人以下，属于新镇的范畴。总体而言，这些小城镇在地理位置、周边环境、人口规模、公共设施或许略有差异，各有不同，但一般具有以下共同特点，包括布局合理，依山傍水，居住环境优美；居住密度较低，多为单体或联户二层建筑，十分注重空间的私密性和舒适性；注重传统，体现特色，重视历史文化保护和特色城镇的打造；注重区域一体化建设，讲求城乡居民共居和城市居民郊区化，在保证生活方便性、舒适性的基础上致力于提高生活质量；基础设施比较完善，供水供电充分有保障；较少行政因素干预，结构和职能单一，发展稳定等。

## 三、双轮驱动的日本模式

日本位于亚洲大陆东岸外，东临太平洋，西北与中国、俄罗斯相望，国土面积狭窄，人口众多，资源匮乏。总体而言，日本城市化是一种人口从农村及小城镇地区向太平洋沿岸城市移动的过程，体现出集中发展大城市的显著特征，展现出人口和城市分布的双重且高度集中性。就人口分布而言，全国近一半人口集中在东京、大阪、名古屋三大都市中心，这三大都市圈面积仅占日本国土面积的 14.4%，但人口和国内生产总值占全国的 50%以上；就城市而言，日本的十大城市集中分布在太平洋沿岸工业地带，而且七个分布在从东京到大阪的东海道都市带内。[①] 具体来说，日本 30 万人以上的大城市，人口比重一直较高，而且一直保持增长态势，目前其城市数量只占全部城市数量的 9.5%，但集中了全部城市人口的 50%。10 万人口以上，30 万人口以下的中间层城市，城市数量比重和人口数量比重变化基本稳定，目前，其城市数量只占全部城市数量的 24.1%，集中了全部城市人口的 26.4%。数量最多的 10 万人口以下的小城市，总体上看，其城市数量比重和人口比重均呈下降态势，目前占到全部城市数量的 66.6%，但人口只占到 23.8%。[②]

日本与中国有着诸多相似和相通之处，尤其是在文化氛围、农业经济结构、地理环境方面，使得两国不仅经济发展在理论上具有相通之处，在实践上也具有可借鉴之处。日本城市化始于明治维新时期，伴随工业化的推进而逐步演进。第二次世界大战结束后，在种种因素的共同作用下，日本的城市化进程突飞猛进，1975 年即达到了 78.6%，快速顺利地完成了城市化转型，且没有留下其他国家中常见的城市贫民窟等后遗症，因此成为 20 世纪中期以来顺利避免中等收入陷阱、进入发达经济体的成功案例[③]。日本城市化进程分为四个阶段：第一阶段为城市化的准备阶段（1868—1920 年）。明治维新前，日本是一个农业国。1868 年，日本第一产业人数占就业总人数的 87.9%，第二产业只占 4.1%。当时，全国只有为数很少的城市。第二阶段为初始城市化阶段（1920—1950 年）。随着经济的发展，日本劳动力逐渐由第一产业向第二、第三产业转移，人口和经济向城市区域集中。城市人口所占比重由 1920 年的 18%上升到 1940 年的 35%。之后，由于在第二次世界大战中战败，大量劳动力被安排在农村，这种特殊国情使城市

---

① 高强. 日本城市化模式及其农业与农村的发展[J]. 世界农业，2002（7）.

② 郑宇. 战后日本城市化过程与主要特征[J]. 世界地理研究，2008（2）.

③ 张延军. 分析日本城市化进程中的楼市政策以及对中国的启示[J]. 北方经济，2012（4）.

化速度减慢，延长了初始城市化的时间。到 1950 年，日本城市化率仅为 37%。第三阶段为加速城市化阶段（1950—1977 年）。1950—1977 年，日本城市化水平从 37%上升到 76%，年均增长 1.5 个百分点。1956—1973 年是日本工业发展的黄金时期，18 年间工业生产增长 8.6 倍，平均每年增长 13.6%。日本工业的快速发展推动农业劳动力转移达到创纪录的水平，即平均每年转移 42.9 万人，年均转移递增率为 3.6%。这有力地加快了日本城市化的进程。第四阶段为稳定（成熟）城市化阶段（1977 年以后）。由于城市人口基本达到饱和状态，城市化速度缓慢。1996 年城市化水平为 78%，仅比 20 年前高出 2 个百分点，并且在这一阶段，很多居民开始从三大都市区向外迁移。[①]至 2011 年，日本的城镇化率已达到 91.3%，远远超过了东亚地区 55.6%的平均水平。

与美国、英国等内生型城市化道路不同，日本的城市化注重同时利用国内、国际两种资源和两个市场，走的是内生与外生相结合的混合型城市化道路。客观来说，战后日本城市化的直接支撑是经济的高速增长和科学技术的日新月异。第二次世界大战以后，日本在相对短的时间内顺利完成了西方国家同样的工业化过程，这种“压缩型”的经济增长直接导致经济活动主体在空间上的压缩。同时，通过自主研发和国外引进，此段时期日本的科学技术实现了突飞猛进的发展，尤其是工业制造技术、通信技术、交通技术等的进步，直接促进了本国的工业化和城市化。除此之外，彼时有利的国际形势也进一步加速了日本城市化的势头，对其起了不可低估的促进作用，如有利的国际经济贸易环境、外资的充分利用、技术的引进等。

由于特有的国情和环境，日本城镇化发展中一直面临着三大难题：一是人口老龄化，二是中小城镇及农村地区人口过疏，三是旧区改造[②]。在解决这三大难题的过程中，市场机制的自发调节是一方面，另一方面日本政府的引导也起了重要作用。扩大来看，在日本整个城

① 汪冬梅. 日本、美国城市化比较及其对我国的启示[J]. 中国农村经济，2003（9）.

② 曹金臣. 发达国家小城镇建设的经验[J]. 世界农业，2012（10）.

市化过程中，与欧美大多数市场经济国家不同，在某个阶段日本政府对城镇化进程起到了强有力的作用，前提是这种作用建立在市场发挥作用的基础之上，并没有破坏市场的基本规律。

首先，日本政府通过扩大公共资源投资，在城镇建设的发展中起主导作用。20 世纪 70 年代以后，在实现农业现代化和农村城市化的基础上，针对农村出现的“过疏化”现象，日本政府加大资金投入，进行了大规模的基础设施建设，不到十年时间即使得全国村镇基础设施水平基本和城市持平。城镇基础设施的不断完善，极大地促进了企业的入驻，拉动了当地的经济发展，并在人口逐渐增加的同时提供了大量的就业岗位，加速了日本城镇现代化的发展进程。

其次，为保证城市化的顺利进行，日本政府根据各地城镇的发展情况，因地制宜为城镇设计了未来的发展方向，重视把小城镇的发展纳入大中小城市发展之中，通过事前进行详细的发展规划缓解大都市圈的过度集聚所带来的区域发展不平衡问题，十分注意城乡的协调发展。从 20 世纪 60 年代起，日本政府先后五次制订全国综合开发规划（1961—1968 年、1969—1976 年、1977—1986 年、1987—1997 年、1998 年至今）和一系列法规，并编制三大都市圈发展规划，协调大都市圈和其他地区中小城市、小城镇、农村的发展问题，将极端地区差异、贫富差距的潜在影响扼杀在萌芽状态，促使城镇化健康、可持续发展。除此之外，在城镇化进程中日本政府还制定和颁布了大量与土地开发和城镇建设相关的法律法规，并按照实际建设情况定期修改已有的法律法规，将城镇建设的进程法制化。对法制的极度重视一方面使日本把小城镇发展纳入全国整体发展规划之中，使各类主体的发展有章可循、协调统一；另一方面通过对相关法律法规的适时修改，充分发挥了相关法律法规鼓励和限制的双重功能，以适应现阶段城镇化建设的实际需要，确保建设任务保质保量地完成，以保证城镇化发展的稳步推进。

最后，建立并不断完善包括农村在内的社会保障制度，促进城乡协调发展。适应工业化、城市化不同发展阶段的需要，日本政府适时调整制度政策，最大限度维护各个阶层国民的不同需求。农业和农民方面，日本政府采取合理措施推进农村土地规模经营，通过提高农地利用效率，以及对农产品实行限产，适度保护农产品价格，使农业收入超过国内平均水平，提高农民收入，缩小城乡差别；致力于发展各具特色的农产品生产，保持农产品在国际市场上的竞争力，保护本国农民从事农业生产的积极性；建立各个层级的农业生产协同合作组织，推动了农村经济社会的全面振兴；对农业保险提供补贴（无论强制保险还是自愿保险）、接受共济联合会的再保险，以及负担县以上联合会的全部经费和共济组合的部分费用。[①]社会保障方面，日本政府从20世纪60年代就致力于建立城乡统筹的养老、医疗保障制度，同步实施与城市化进程相适应的农民社会保障制度，将社会保障从职业型向普遍型转变，基本上建立了国民皆保险、国民皆年金体制，实现了由土地保障向现代社会保障制度的渐进转变。[②]住房方面，虽然城市化过程中的大规模人口移动和人口向中心城市地区的高度集中给日本带来了巨大的城市住房安置压力，但日本政府通过严密的税收制度和金融信贷倾斜政策等经济手段全力遏制投资需求，力求做到房价、地价的上升主要以基本住宅需求扩大为主要推动力[③]，较好地调控了楼市，使房价一直处在工薪阶层能够负担的范围内，基本消化了大量集中进城的外来人口，保障了城市化进程的顺利健康开展，并通过大量修建福利院、开展“银发安居工程”等措施，较好地应对了人口老龄化危机。

总体来看，日本在战后经过高度经济成长阶段，在政府的指导和扶持下，工业化和城市化得到了同步发展，大城市优先获得发展，地方小城市充分发挥综合功能，大力发展城乡交流和旅游农业[④]，并长期保持着世界第二大经济体的地位。

---

① 安乔治，王艳红. 日本城市化过程中对“三农”的保护[J]. 河北大学学报（哲学社会科学版，2011（8）.

② 肖绮芳，张换兆. 日本城市化、农地制度与农民社会保障制度关联分析[J]. 亚太经济，2008（3）.

③ 张延军. 分析日本城市化进程中的楼市政策以及对中国的启示[J]. 北方经济，2012（4）.

④ 李林杰，申波. 日本城市化发展的经验借鉴与启示[J]. 日本问题研究，2007（3）.

## 四、受殖民地经济制约的拉美模式

从殖民地时代起，拉丁美洲就先后创建了一大批城镇，这些城镇在有关地区承担了不同的社会经济职能，并成为殖民者向新大陆扩张的核心和行动基地，被殖民国家也将其视为殖民帝国的政治和宗教核心。这个时期所形成的城市网一直存在到殖民地末期，并保持到 20 世纪初。19 世纪后期，由于外部因素的推动，如初级产品的出口高潮、商业活动的进一步增加、欧洲移民的涌入等，尤其是“欧洲市场和企业对拉美能够生产的各类食品和原料的日益增长的需求”①，拉丁美洲开始了传统城市模式的扩展。这一时期农村人口迅速向城市集中，商业活动进一步加强，城市规模急速扩大，城市化速度远远先于工业化，尤其是吸纳了大部分外国投资且拥有大量消费居民的各国首都和沿海城市。但是由于这种种变化的内在局限和虚弱性，特别是“很少涉及城市工业能力的增强”②，因此在某种程度上来说，这一时期拉丁美洲的城市化虽然进展迅速、如火如荼，但只是量的变化，难以带动整个社会经济的转型。自 20 世纪 30 年代开始工业化进程以来，尤其是第二次世界大战以来，拉美国家开始实行进口替代工业化发展战略。随着拉美国家普遍走上工业化和农业现代化的道路，拉美地区的城镇化也进入一个空前的高潮，城市人口高速增长。20 世纪 50 年代，拉美城市人口增加 45%，1970—1980 年增加 43.6%，1980—1990 年增加 40.3%③，出现了明显的“过度城市化”特征。过度城市化是指城市化速度大大超过了工业化速度，造成城市化水平与经济发展水平的脱节④，即一定程度的城市化失控，这种过度城市化的情形一直持续到现在。

---

①〔英〕莱斯利・贝瑟尔. 剑桥拉丁美洲史（第 2 卷）[M]. 北京：经济管理出版社，1997：70-71.

② 刘文龙，罗平峰. 近代拉美与美国城市化的不同进程与经济职能[J]. 拉丁美洲研究，2000（5）.

③ 韩琦. 拉丁美洲的城市发展和城市化问题[J]. 拉丁美洲研究，1999（2）.

④ 谢文蕙，邓卫. 城市经济学[M]. 北京：清华大学出版社，1996：67.

拉美地区的过度城市化是由诸多因素造成的。国家制度的不完善、宏观政策的失误、政府缺乏足够的控制力等因素，使结束殖民统治和战后洗礼的拉美各国的重建之路异常艰难，无法有效解决快速城市化过程中出现的一系列问题；拉美传统社会文化根深蒂固的影响，尤其是殖民时代的传统观念对本地区人们产生了深远的影响，使他们盲目向往和模仿西方国家的富裕生活，但缺乏勤劳踏实、苦干实干的建设作风；农村土地改革的失败使农村无法吸纳过多的劳动力，加之大众传媒大力宣传城市的美好生活，使大多数失去土地的农民盲目涌入少数大中城市，以牺牲农业发展为代价而造成城市化高数字，不利于经济和社会的健康发展。

拉美“过度城市化”呈现出两个主要特点，一是“城市人口爆炸”堪称世界第一。如果以人口比例为标准的城市化水平而言，拉丁美洲地区虽然起步较晚，但速度远远超过世界上大多数国家。城市化刚刚起步的20世纪30年代，拉丁美洲城市人口占全国总人口的比例仅为32%，1990年即突飞猛进到71.2%，2007年这一数字已经超过75%，接近欧洲的水平。相比较而言，欧洲城市人口占总人口的比例由40%上升到60%用了50年，而拉丁美洲实现同样的跨越则仅仅用了25年[①]。2010年，拉美已成为世界上仅次于北美的城市化率最高的地区。换言之，拉丁美洲绝大多数的国家已经完成了城镇化的高速阶段，其城市化比例与西方发达国家相差无几，有些甚至远远高于西方国家，其中阿根廷、乌拉圭等国已经超过90%。单以人口而论，拉丁美洲地区某些国家的首都如布宜诺斯艾利斯、圣保罗、墨西哥城等已跻身世界最大城市行列。二是城市化与经济发展水平不协调，城市化水平过分超过工业化水平。以学界和实务界通行的城市化率与工业化率（即工业总产值占GDP比重）的比例来衡量，拉丁美洲已经超过了2.5，而世界平均数则低于1.5，远远低于拉丁美洲。

拉丁美洲国家的高度城市化虽然对这一地区的工业化进程起到一定的推动作用，但随之而来的却是连绵不绝的负面影响，直至今天仍

① 袁中金. 中国小城镇发展战略[M]. 南京：东南大学出版社，2007：38.

然影响着拉丁美洲国家的经济和社会健康发展，并为其后续发展埋下诸多隐患。一是城市化过程中的贫困化。在巴西两个最大的城市圣保罗和里约热内卢，居住在贫民窟的居民分别占城市总人口的 22%和 20%；在墨西哥首都墨西哥城，居住在“非正规住房”的居民占该城市总人口的 40%；在厄瓜多尔首都基多和委内瑞拉首都加拉加斯，居住在“非正规住房”的居民达 50%，哥伦比亚首都波哥大则高达 59%。[①]种种数字显示，拉美大城市的贫困状况已经普遍化。二是非正规就业人员数量庞大，收入不稳定。受国家资源条件和政策变化影响，拉美地区有相当部分人员处于亦工亦农的边缘地带，季节性很强，难以清晰界定就业和失业的界线，导致拉美城市的失业率很高。“一个相当大的非正规部门及其多种表现形式的存在，是当今拉美城市经济的典型特点”。[②]三是城市公共服务供给严重不足。由于人口的爆炸性压力、就业市场不足、传统社保制度的“碎片化”等因素的存在，拉丁美洲许多城市的社保制度和福利制度均面临着空前的制度短缺和财务压力。在此情况下，有些国家被迫开始进行社保制度私有化改革。但是由于庞大的非正规就业部门的存在，导致这些国家和地区的社保制度覆盖率不高反低，为拉美地区的减贫带来极大的困难，使得拉美地区贫困率居高不下。迄今为止，拉美仍是世界上贫困化程度和贫困发生率最高的地区之一，目前仍有 1/3 的人口生活在贫困线以下。[③]四是城镇体系不健全，尤其是小城镇发展不充分，导致城市首位度极高，尤其是首都。经济资源的不平衡导致拉丁美洲城市发展的不平衡，人口集中于首都成为拉美普遍存在的现象。迄今为止，拉丁美洲超过百万人口的大城市已近 40 个，超过千万人口的大城市也并不罕见，如墨西哥城、蒙得维的亚、圣保罗等，造成大量农村人口流入城市后没有就业支撑，出现大量社会问题，如就业危机、贫民窟现象、社会犯罪率

---

① 郑秉文. 拉美“过度城市化”与中国“浅度城市化”的比较[J]. 中国党政干部论坛，2011（7）.

② 程洪，陈朝娟. 论 20 世纪拉美城市化进程及其对中国的启示[J]. 拉丁美洲研究，2006（2）.

③ 郑秉文. 拉美“过度城市化”与中国“浅度城市化”的比较[J]. 中国党政干部论坛，2011（7）.

居高不下、城市基础设施压力过大等，而乡村由于空心化而愈加贫困。所以拉丁美洲国家的城市化在某种程度是一种贫困人口的空间平移。

正如大多数学者所言，虽然经济在发展、城市数量和人口在增加，但拉丁美洲不可能在短时间内轻而易举地摒弃已存在几个世纪的殖民地时代的社会经济遗产，轻而易举地弥补落后于现代化、初级技术与先进技术之间的裂隙。拉美城市化很大程度上仍然只是一种没有工业化的传统城市的扩展，主要表现为人口的增长和城市规模的扩大，这些城市所承担的也仍然是商业、官僚机构和初级工业活动中心等传统功能，没有彻底完成现代城市的转型和提升。至于这些城市未来是发展还是停滞，"主要取决于这些城市及它们所在的地区纳入世界经济一体化的程度"。[①]

## 第二节　国外城镇化发展的主要经验

根据官方统计，2010 年中国城镇常住人口为 6.66 亿，从现在到 2030 年我国城镇人口净增加量将会达到 5 亿左右。对比西方发达国家的人口数量，毫不夸张地说，"中国的城镇化是古今中外前所未有的巨大工程"[②]。工程前所未有，困难也不可避免。对于人口基数大、地域辽阔、城镇化水平相对较低的我国来说，发达国家城镇化快速发展时期所面临的相对单一的经济增长方式已不复存在，同时还需面对高速信息化和知识经济的挑战。除此之外，环境恶化和生态保护所带来的问题也比以往任何时候都要严峻，需要我们谨慎应对、合理解决。他山之石可以攻玉，充分认识和分析西方发达国家城镇化历程，汲取其经验和教训，结合我国的具体国情制定全面科学合理的战略性规划，积极主动地引导城镇化健康快速可持续的发展，是确保我国经济结构优化、社会整体生活质量和可持续发展能力的稳步提高、实现中国梦

① 〔英〕莱斯利·贝瑟尔. 剑桥拉丁美洲史（第 4 卷）[M]. 北京：经济管理出版社，1997：246.

② 万广华. 2030 年：中国城镇化率达到 80%[J]. 国际经济评论，2011（6）.

的应有之义。

## 一、完善的公共政策支持体系

综观各国城镇化发展的历史及实践，不管是美国式的“自由放任式城市化道路”、日本和英国的“先放后调式城市化道路”，还是法国和德国的“市场引导与政府并重的城市化道路”[①]，尽管城镇化发展战略模式和具体推进手段有所差别，但其发展过程中政府的规划、干预和支持是存在和必需的。

美国的城市化进程虽然以市场经济的发展为主导力量，但在后期的城市化进程中，政府的引导也不容忽视。在美国，小城镇建设总体规划一般依据联邦和州的有关法律规定，并结合该地区区位特点及产业特色进行，注重规划的综合性和长远性，强调整体协调和功能分区。除此之外，政策因素对美国城市化进程的影响也非常明显，如房屋政策、自由的迁徙政策、国防政策、具体的产业政策等，很大程度上促进了美国城镇体系在更大范围内的发展。

早期城市化进程中，由于城市基础设施匮乏、劳工住房短缺、生活环境恶化，导致传染疾病蔓延，危及社会安定和经济发展。英国政府由此认识到政府引导的必要性和重要性，赋予规划重要地位，以科学完善的发展规划统筹城镇建设，实现城镇的可持续发展。事实上，西方国家政府对城市化的引导和规划首先是着眼于城市卫生防疫和环境保护，而英国是最早把城市规划作为政府管理职能的国家。1909 年，英国颁布的《住宅与规划法》是世界上第一部城市规划法律；1947 年，颁布《城乡规划法》，奠定了英国现代规划体系的基础。20 世纪 30 年代以来，英国政府在城镇化建设中突出了“三个注重”：一是注重城镇化发展规划必须可持续发展的目标；二是更加注重规划执行的刚性要求，按照有关规划的法律法规严格管理；三是强调规划建设的引导性

① 建设部城乡规划司中国城市规划设计研究院. 国外城镇化模式及其得失[J]. 城市建设，2005（5）.

和适度超前性，将城镇的远景规划与近期的改造和发展相结合，引导城镇可持续发展。

德国在城市化建设过程中，政府更是发挥了强大的主导作用，并积极引导民众参与，使大中小城镇在城市化进程中得以均衡发展，进而形成一种城乡统筹、分布合理、均衡发展的独特模式。德国的城镇建设对空间规划非常重视，其规划体系是由联邦规划、州规划、地区规划、地方规划（即城镇建设指导规划，包括土地利用规划和建设规划图则）构成[①]，各级政府都设有专管规划的机构，形成相对完备的体系。联邦政府负责联邦范围内的区域规划和专业规划，包括制定目标、标准，调整布局等，并颁布一系列法律法规加强管理体系的建设，整体控制城镇建设力度；州级政府负责本州范围内的州级规划和大的城市规划；地区一级政府负责本区域内的区域规划和景观规划；乡镇一级负责本区域内的土地利用规划和具体实施规划，并承担国家委托的、德国基本法以及各州宪法规定的自我管理任务，如建设学校、抢险救灾、社会保障等。除此之外，德国的各级政府提供完备的机构、人员、资金和技术保障，高度重视城镇规划的编制和管理，并投入大量经费用于大型基础设施建设。

澳大利亚政治体制为联邦制，其行政规划分为三级，自上而下分别为联邦政府、州政府和地方政府。在城市化进程中，三级政府职责明确，分工合理。其中联邦政府负责全国范围内的整体规划；一些州政府则在联邦政府的整体规划框架下建立了各种具体的协商机制和各类委员会，如财政、经济等，互通信息交流经验；地方政府根据具体城镇的特色，出台了一系列的优惠措施，大力进行招商引资，以及发展城镇的基础设施建设和提供信息服务，以增加地区的就业率、促进社会经济发展，为城市化的顺利开展奠定了坚实基础。

日本在城镇发展过程中，政府制定和颁布了一系列与土地开发和城镇建设相关的法律，并按照一定的时间予以修订，在总体规划上为城镇设计了未来发展方向，并将城镇建设的进程法律化，以确保城镇

① 郑文良，经淼，王纪洪. 德国小城镇规划建设[J]. 城乡建设，2006（5）.

建设目标保质保量的完成，保证城镇化发展稳步推进。除此之外，政府通过扩大公共资源投资，主导城镇建设的发展。从数字上看，日本政府在基础设施上的投资大约占国内总支出的 15%～20%，而且总金额逐年加大，在 1950—2000 年，50 年间投资年均增长约为 12%[①]，加快了城市基础设施的完善，拉动了当地的经济发展，提供了大量就业岗位，加速了城镇现代化的发展进程。日本政府还大力加强对教育的投入，1950—2000 年，相关教育投资增加达到了 3443 倍，建设了大量的学校，培养了大量城镇建设的相关人才，通过种种措施保证了城镇建设的持续力和活力。

韩国政府也在城市化过程中发挥了十分重要的作用。20 世纪 70 年代初，韩国政府将农村发展列入国家战略，开展了声势浩大的“新农村运动”，在工业化和城市化过程中同步推进农村现代化。针对首尔和首都圈的过度集聚发展，韩国政府在各个时期制定了相应的法律、政策和规划，特别是先后四次编制了《国土综合开发规划》，但政府的区域发展政策成效有限。20 世纪 90 年代以来，为了应对经济全球化的挑战，改善区域发展的不均衡状态，韩国政府实施地方都市圈战略，实现地方与首都圈经济的协调发展，并取得了积极的成效。

## 二、合理的城镇配置架构

据有关实证对比研究发现，在人口规模和经济上均处于本国或本地区的支配或主导地位的首位城市，对其邻近地区（尤其是不同行政管辖区）的经济辐射和带动作用非常有限，相反，却存在着明显的磁吸现象，即将周边地区甚至全国或全球的优势资源吸引到这些城市中，最终由初期发展的集聚经济变为集聚不经济并导致去城市化现象。但是，由于路径依赖和自我强化作用，城市的规模仍将继续扩大。[②]有

① 陈玉兴，李晓东. 德国、美国、澳大利亚与日本小城镇建设的经验与启示[J]. 世界农业，2012（8）.

② Martin R., Sunley P. Slow Convergence? The New Endogenous Growth Theory and Regional Development[J]. Economic Geography, 1998, 74(3): 201-227.

鉴于此，西方发达国家某种程度上都较为重视构建合理的城镇体系，以发挥最优的协同效应。

如前文所述，美国城镇体系演化经历了从单一城镇的孤立发展到城镇群体发展的过程，基本代表了世界城镇体系发展的方向和基本规律。[①]截止到现在，虽然两极城市即规模较小和规模超大的城市人口增长较为突出，但美国各规模等级的城市数量都有所增长，形成了比较明确的分工，城镇职能趋向合理化。总体而言，人口在 5 万至 25 万之间的城市制造业职能较强，10 万至 50 万之间的城市商业职能较强，而 100 万以上的专门职业和政府行政事务的职能较强。[②]除此之外，都市区内的城市之间的互动关系增强，彼此之间或是垂直分工，或是形成有利互补，中心城市以外的郊区甚至是农村地带得到城市形态上的发展，大量的小城市依托中心城市快速发展，城镇集聚度不断提高，逐步形成三个主要的城市群，并且日趋联成一片。

巴西共分 26 个州和 1 个联邦区。1999 年，全国共有 5509 个市。其中，100 万人口以上的城市共有 12 个，15 万～100 万人口的城市有 79 个，15 万人口以下的城市有 5428 个，占城市总数的 98.6%。巴西不仅城市数量多，且以中小城（市）镇为主，城市的聚集度很高。大量小城市（镇）在快速发展过程中，围绕大中城市周围布局，逐步形成密集的城市群（带），从而形成了大中小城市（镇）相互配合、错落有致的城镇体系。

日本在实施城市化战略的同时，宏观上虽然选择高度集中的城市化战略，但并非置农村于不顾，而是在注意城乡协调发展的基础上力求实现城乡一体化。日本采取种种政策和措施把小城镇的发展纳入大中小城市发展之中，如不再明确分割城市和农村的地域，强调城乡在政策和管理中的整体性，在城市建设规划明确城乡两大主体的统筹统建；按照放射性思维扩展城市功能建设，将城市周围的农村也纳入城市功能建设之中，将城市里的商业和娱乐业的设置空间和建设规模严

① 白国强. 美国城镇体系的演化与规律[J]. 岭南学刊，2004（5）.

② 同上。

格按照辐射圈的大小合理设置。在政府出台的优惠措施和大都市的长久拉动下，日本小城镇得以稳步发展，最终形成了较完备合理的城镇体系，发挥出各自的特殊作用，为日本的经济腾飞和社会现代化做出了贡献。

再看德国的情况。据统计，2004 年德国城市化率达到 88%，位居世界前列。与法国巴黎的“一枝独秀”相比，德国城市分布形成了“多中心”格局，共有 11 个大都市圈，分布在全国各地，聚集着 4430 万人口，占全国总人口的一半。德国的中小型城市星罗棋布，数量多且分布均匀。全国大中小城市 580 多个，其中百万人以上城市只有 3 个，而人口在 2 万～20 万左右的城市却占了 60%左右。全国 8200 多万人口，1/3 左右居住在 2000 至 2 万人规模的小城镇里。

## 三、强有力的主导产业支撑

主导产业是城市和小城镇发展的基础。相关实践证明，城市要想发展，首先必须立足于自己的资源特色、环境条件，以此确定城市的产业发展战略定位，消除长期以来只是向中心城市输送资源和人力的“奶牛城”形象，重点建设本地的主导产业，进而提供足够优质的就业机会以吸引人才、聚集人口，最终通过发展特色产业建立起自己的地区品牌，使城市形成自己的核心竞争力，以此获得长期的发展。

“要为你的小城贴上一个标签，说明你的城市的性质和特色是什么，特别是那些不知名的城市。”[①]从美国城市化进程来看，很多城市都形成了自己的特色主导产业，并将其打造成城市自身的专属名片，蕴含很高的有形和无形价值。例如底特律是汽车城，纳什维尔（田纳西州首府）是美国音乐产业的中心，纽约是美国的商业、金融、文化娱乐和出版中心，迈阿密是美国南部著名的旅游城市和退休老人理想的休养地。在美国，许多城市和小城镇原先是围绕企业而发展起来的。西雅图是微软的总部所在地，电子信息产业非常发达。以圣何塞为中

① 孙卓．美国城镇化战略成败的启示[J]．农村财政与财务，2010（5）．

心包括整个硅谷在内的都市区，云集了世界上顶尖的高科技企业，是世界上最充满活力的小城市和小城镇群带之一，人口达到 155.7 万。而在 20 世纪 60 年代以前，它只是一个人口不到 10 万、籍籍无名的小小城镇。西雅图市林顿镇则是因为波音公司的存在而发展成为一个充满活力、生态宜居的小城镇。该镇在推进城镇发展过程中，不仅注意提高城镇居民的生活质量，同时还着力创造有利于产业发展的环境，以提高本镇经济活力和促进产业发展。受优良条件的吸引，很多大企业纷纷到林顿镇投资办厂，由此形成一个规模较大的汽车贸易产业群。1998 年，尽管波音公司将总部从该镇迁出，但很快就被其他企业所填补，并在较短的时间内就完成了产业结构的调整，没有对该镇的税收和就业产生大的影响。

巴西的城市化起步晚于美国，目前处于城市化的第二阶段，即人口急剧向城市特别是少数几个大城市和特大城市集中的阶段，这导致巴西的城市数量及规模普遍增大。尽管如此，巴西在现有的城市建设中，仍然非常重视引导城市发挥自身特色优势，不仅在历史文化和市容市貌上各不相同，在产业发展方面也各具特色。例如，圣保罗是南美洲最大的工业和商业城市，而伊瓜苏市则以旅游业闻名。

日本在小城镇建设中也十分注重利用地方资源优势，打造特色城镇。1979 年，鉴于快速工业化、城市化客观造成的农村经济发展缓慢、人才外流、农业萎缩的凋敝状态，日本大分县前知事平松守彦倡导发起“一村一品”运动。该运动奉行“立足地方，放眼全球；自立自足，自主创新；坚持不懈，培养人才”的原则，以人无我有、人有我优的理念为指导，按照区域化布局、专业化生产和规模化经营的要求，立足本地资源优势，通过采取农业、工业、商业相结合，结合政策保障等措施，发展具有地方特色的主导产品和主导产业，如农产品、文化和旅游产品等，以提高农民收入，振兴农村经济。日本大分县在倡导和推广“一村一品”运动后，该县及其一些町、村闻名于世，旅游业异军突起；香菇、麦烧酒等一些传统产品成为畅销全国甚至畅销世界的名牌，农民收入持续增长，农村面貌不断得到改善，成为农村开发的成功典范，在世界范围内引起了广泛关注。以大分县的汤布院镇为例，该镇充分利用丰富的自然资源，在保持原始形象的基础上，开发特色鲜明的旅游活动和旅游贸易。汤布院镇有铁路、国道直通县首府，交通发达，温泉资源丰富，是大分县“一村一品”运动的典型案例。[①]

## 四、城市治理的法治与精良

城市治理的法治和精良，即在法治的基础上构建精良的城市公共治理结构，以及信息的共享和以开放的方式采取行动，最终建立良好的城市治理结构的核心，以达到减少城市贫困，提高市民的参与度，促进城市良性发展的目的。

19 世纪后期，面对日益严重的城市问题，英国先后制定了《公共健康法》（1848 年、1875 年）、《住宅补贴法》（1851 年）、《住宅改进法》（1875 年）、《工人阶层住房法》（1890 年）、《住宅与规划法》（1909 年）等一系列有关环境卫生和住房标准的法规，运用法律手段引导城市健康持续发展。1909 年，英国颁布了《住宅与规划法》，是世界上第一部城市规划法律，1947 年，颁布了《城乡规划法》，奠定了英国现代规划体系的基础，英国也由此成为世界上最早把城市规划作为政府管理职能的国家。

20 世纪中期，日本在工业化、城市化深入发展中推进农业现代化时遇到了诸多的阻碍，如农地的不断转用和农业劳动力外流、农村过疏化、农工间收入差距拉大等问题。为了促进农业国际化和农业结构调整，最终促进农业现代化和农业农村的综合发展，日本颁布并施行了《农业基本法》等一系列法律法规，涉及农业、农村、农民以及农产品生产流通等各个领域，采用法律手段制止农地乱耕乱占，鼓励农业采取多种手段扩大经营规模，为更好更快地实施有关政策、顺利实现农业农村的现代化保驾护航，同时也对“三化”齐头并进起到了关键作用。除此之外，日本政府还制定和颁布了一系列有关土地开发和城镇建设的法律法规，将城镇建设的进程法律化，并随着社会经济的

① 杨书臣. 日本小城镇的发展及政府的宏观调控[J]. 现代日本经济，2002（6）.

快速发展而适时修改，满足了现代化建设的需要，促进了日本城镇化的顺利开展。

德国以基本法和各项法律为依据，辅之各地的行政规章制度，通过健全小城镇的管理制度，规范小城镇政府管理体制，保证了小城镇有一个良好的运行机制，使之各项计划和功能能够很好地实现。德国的城镇建设非常重视提前规划，其规划体系由联邦规划、州规划、地区规划、地方规划（即城镇建设指导规划，包括土地利用规划和建设规划图则）构成①，编制和颁布程序非常严格，充分做到了严格依法办事和充分尊重民意。德国采用法律手段对规划的实施进行约束，规划方案报政府审批并取得议会的通过后便确定为法规，具有法律效力，任何单位和个人都不能擅自随意调整，从根本上保证了规划执行的持续性和稳定性。按照现有的《规划法案》的体制框架，德国明确了国土利用规划、各州的州规划、各专区（直属中央政府的大市）规划和市镇建设规划四个层次，相对应的法定主体都制定了相应的规划管理法律，还包括一些具体细化的程序和形式要求②，区域发展和城市规划建设体系非常科学严密。

此外，对于大城市以及大都市区的治理，在西方国家出现了建立大都市联合管理机构的现象，形成地方城市政府自治与大都市联合政府的双重机构。其主要包括两种方式。第一种方式是于 20 世纪 50－70 年代，成立大都市区政府曾盛极一时，最典型的例子是华盛顿大都市委员会和双城大都市区议会的成立。华盛顿大都市区包括哥伦比亚特区及马里兰州、弗吉尼亚州的 15 个市县，于 1957 年成立了统一正规的组织——华盛顿大都市委员会，现已成为包括 18 个成员政府、120 名雇员、年预算 1000 万美元的正式组织。双城大都市区（位于明尼苏达州东部两城市圣保罗和明尼阿波利斯及其附近连绵成片的城镇密集区）总共有 372 个独立的地方政府单元，包括 7 个县、138 个市、50 个镇、149 个学区、6 个都市组织、22 个特别法院，为了解决因机构

---

① 郑文良，纪淼，王纪洪. 德国小城镇规划建设[J]. 城乡建设，2006（5）.

② 万博，张兴国. 和谐之城：德国小城镇建设经验与启示[J]. 小城镇建设，2010（11）.

复杂多样而导致的区域矛盾，于 1967 年成立了双城大都市区议会。议会共有 17 个成员，由州长按照城市规模提名任命。第二种方式则是以横向合作为基础，组建松散型城市政府联合组织，如大都市区地方政府协会，最为典型的就是 1961 年成立的旧金山湾区地方政府协会，在其全盛时期，有 8 个县、82 个城市作为其资格成员。这些联合机构的职能一般都是协调区际利益冲突和提高资源共享程度，优点是能够充分考虑到都市区的各种功能联系，使政府在提供公共服务方面更加高效合理，促进都市区的政治经济一体化。

## 第三节　国外城镇化发展的主要教训

城镇化经过了千年的演变和发展后，无可否认，它呈现出此前任何一种社会形态都无法达到的高度，给世界人民带来了巨大的便利和福利。但其弊端也与其发展历程如影随形，从其诞生之初即存在，直至形成一种典型的恶性病态，即“城市病”的产生与蔓延，二者成为一个过程的两个结果。众多“城市病”症状伴随城市的发展进程持续困扰着所有的现代国家，引起了全球人民的重视和反思。

### 一、自然资源与环境代价巨大

英国是世界上最早走上工业化道路的国家，也是感受“城市病”最早的国家。正如工业化道路一样，早期的英国城市化也呈现出一种毫无成规、放任自流的行进状态，一系列因素的刺激使越来越多的人涌入城市，人口呈爆炸增长，工业生产产生的利润成为人们追逐的唯一目标，生活的环境和质量被有意无意地忽略。

城市的街道拥挤不堪，住宅更是参差不齐，从贵族、金融家的豪华宅第到普通居民的后街陋室，并存于城市街头，大多数人的住宅拥挤简陋。[①]环境污染严重，大量的工业废水与工业废气，进入水体和空气，造成了严重的污染，城市卫生状况极度糟糕。1832—1886 年，伦敦就曾四次霍乱流行，导致上万人丧命。[②]

针对这些问题，彼时的英国政府采取了种种措施予以整治，短期内效果显著，但要想对它彻底根治，犹如人类要彻底根治自身的疾病一样，几乎是不可能的。[③]随着社会的发展、人口的增加，彼时英国政府面临的“城市病”在今日并没有随着科技的进步而销声匿迹，相反在城镇化发展的道路上屡见不鲜、屡禁不绝。最突出的例子就是 20 世纪五六十年代的世界“八大公害”事件，对人民的生命、健康和财产安全造成了极大的损失。

以美国为例。在 20 世纪，由于土地制度、机动化和政府错误的公共政策等原因，美国郊区化一发不可收拾，并表现为 50 年代的住宅郊区化、60－70 年代的产业郊区化、办公活动郊区化的特征趋势，为此付出了沉重代价：土地资源浪费严重、经济成本居高不下、生态环境破坏愈演愈烈、资源能源消耗过度。从环境和经济的可持续发展角度看，市郊型城镇是美国近现代城镇化进程中最失败的案例。[④]这些城镇围绕中心城市建立，因此各方面完全依赖中心城市。而且，很多市郊型城镇都镶嵌在“绿化带”（包括农田、未开发的湿地、森林及其他自然的生物栖息地）上，低廉的开发成本和大片平地让开发商一哄而上，在建完商品房之后却完全不去考虑必需的配套设施，如商店、购物中心、学校和医院。1940—1990 年期间，美国大都市区人口占全国人口的比重从 47.6%上升到 79.5%，而城市中心区人口占大都市区的比重则从 61.8%下降到 40.3%。1970 年，郊区人口超过了中心城市人口，也超过了非都市区人口。据林肯土地政策学院所提供的资料：纽约大都市区自 1960－1985 年间人口仅增加 8%，而城市化的区域增长了 65%。虽然郊区化发展满足了中产阶级追求理想居住环境的市场

---

① 陆伟芳. 19 世纪英国工业城市的环境改造[J]. 扬州大学学报，2001（4）.

② 梅学芹. 19 世纪英国城市环境问题初探[J]. 辽宁师范大学学报，2000（3）.

③ 何磊. 工业化国家城镇化的三次革命与中国城镇化道路创新[J]. 上海经济研究，2012（7）.

④ 孙卓. 美国城镇化战略成败的启示[J]. 农村财政与财务，2010（5）.

需求，却使美国社会付出了巨大的资源和环境代价，其人均能源消耗为欧盟的2～3倍，人均汽油消耗为欧盟的5倍。

在某些经济和技术发展较为落后的地区，这种过度城市化带来的资源浪费、环境恶化的现象随着时代的发展更是愈演愈烈、令人堪忧。如前所述，拉美地区由于城市化与工业化、现代化的脱节而深陷“过度城市化”的泥沼，城市所面临的资源与环境问题愈加突出。在拉美国家的许多城市，由于过度的人口膨胀使得城市资源和环境不堪重负，许多城市出现了环境污染严重、垃圾满溢、交通拥挤、卫生水平极低等状况。如墨西哥首都墨西哥城，既是世界上最大的城市，也是世界上污染最为严重的城市。严重的空气、水体污染使得城市的中心区树木枯萎、呼吸困难。随着城市人口的增加和工业的发展，用水量猛增，过量抽取地下水使城市从20 世纪70 年代起下沉了许多，酿成了重大的市政建设问题。①

## 二、社会管理问题层出不穷

### （一）城市化初期基础设施不足造成疾病流行

英国等欧洲国家在城市化初期，由于缺乏必要的基础设施，导致了严重的环境污染和传染病的迅速蔓延。1347－1352年，欧洲发生“黑死病”，即鼠疫，造成3000多万人死亡。1350－1400年，欧洲人均寿命从30岁缩短至20岁。在随后的300年间多次爆发各种疾病，这一时期因传染病死亡的人数超过了两次世界大战死亡人数的总和。

日益扩大的世界贸易带来的大量大范围的人口流动，使得流行病能迅速地跨国和跨地区传播。加上城市垃圾处理不及时和生活用水被污染，造成1832年、1848年和1866年霍乱三次席卷英国。1894年始于香港的鼠疫，波及60多个国家，死亡人数达到1000万。1918年西班牙流感大爆发，死亡人数超过2000万。这说明当人类向大自然索取的能力达到空前的程度时，受到大自然惩罚的可能性也随之提高了。

① 张家唐. 拉美的城市化与“城市病”[J]. 河北大学学报，2003（3）.

### （二）城镇化高速期引发房地产泡沫危机

城市土地的稀缺性、不可移动性与民众对居住空间需求的急迫性之间的矛盾，极易在城镇化高速期引发房地产投机而造成泡沫危机。20 世纪 90 年代初日本爆发的房地产泡沫破裂，是世界各国历史上迄今为止最大也是最深的一次房地产危机，十几年过去了至今仍无完全恢复的迹象。

1955 年以后，伴随着战后日本经济的迅速复苏和持续的高速增长，特别是重化工产业、大型企业的高速发展和迅猛而至的城市化浪潮，导致对土地需求的猛增。由于城市土地数量的有限性和空间的不可移动性，房地产价格上升的幅度快于需求的增加。从 20 世纪 50 年代一直到 20 世纪 80 年代末期，整整 35 年时间（除了 1974－1977 年受石油危机冲击，日本房地产价格出现连续 3 年回落之外），日本的房地产市场价格一路攀升。据统计，1955－1972 年的 18 年间，日本房地产的总资产上涨 143 倍，遥遥领先于其他产业。日本国土面积为 37.78 万平方千米，美国为 916.6 万平方千米，日本的国土面积为美国的 1/24，而地价总值却是美国的 4 倍，达 2000 兆日元，居世界各国之首。此外，1955—1989 年，日本批发物价上涨 2 倍多，消费物价上涨约 5 倍，工资上升 21 倍，但全国城市土地价格上涨约 54 倍，东京等六大城市土地价格上升 128 倍。执政的自民党也不得不承认：日本在战败后的经济恢复和起飞方面是成功的，可是在土地政策方面是失败的，其本质就是“错拿不是商品的土地当作商品来对待这一点上”。

1990 年后，由于“泡沫”的破灭，日本的房地产价格一路下滑。东京地区最高级住宅用地从 1990 年高峰期的每坪（1 坪均合 3.3 平方米）94.5 万港元跌至 1992 年的 42.58 万港元，只及高峰期的 44%。同年，全日本土地总资产因地价暴跌损失高达 665 兆日元，房地产业全面萎缩，牵连到相关产业，引发了一系列金融危机，导致日本经济连续 15 年长期低迷，国力大大削弱。

在美国，市郊型小城镇的衰落也验证了城市化的迅速发展带来的房地产供过于求的残酷现实。2009 年 12 月，加州东北部小城维克多维尔又有 4 座整洁美观的全新两层房屋在推土机之下轰然倒塌。维克多维尔曾被认为是美国发展最快的小镇之一，数十年来一直是众多小城镇效仿的样板，但如今这些房屋的市场价从2007年的30多万美元已经跌至12万美元，仍无人问津。“如今面临困境的美国中小城市都有这样的特点：公共交通的不完善，导致居民完全依赖私家车作为日常交通工具，随着油价不断上涨，居民却没有其他可替代的交通工具；再有，土地过度开发和使用，而相关的法律、政策却没有到位；另外，银行放贷缺乏限制，基本上谁申请都能得到房屋贷款，连首付都不用；第四，急于赢利的开发商不断到处扩张、建房，认为市场前景无限，却导致了供过于求；最后，普通民众选择这些地区的时候，认为小城镇生活成本低，但经济危机造成各种生活必需品价格的上涨和油价攀升，都让大家乱了阵脚。”①

## 三、人群互动关系问题丛生

城市化进程带来了先进的技术、高素质的劳动力、科学的生产方式、无限的商机，在这股持续的浪潮中，有些人一夜暴富、纸醉金迷，但仍然有很多人食不果腹、入不敷出，挣扎在温饱的边缘。贫富差距加大、贫民窟的大量存在、社会不公引发的骚乱等，从城市化进程开展之初就与其相伴相随，直至今日仍然没有得到根除。其对社会带来的负面影响和巨大腐蚀力，值得我们警醒。

以城市贫困为例。2003年，联合国人居规划署发布了以“全球贫民窟的挑战”为主题的年度报告。报告显示，全球贫民窟居民人数在20世纪最后十年里增长到了9.23亿，增长幅度为36%；如果以同样速度增长，到了2030年，将达到20亿。

即使是世界上最发达的资本主义国家美国，城市贫困问题也并未消失。随着郊区化进程的发展，城市中心区不断衰退，市中心区和郊区形成了截然不同的两个世界，整个国家正在走向两个社会，“一个是黑人的社会，另一个是白人的，两个社会分离而且不平等”。城市中心

① 孙卓. 美国城镇化战略成败的启示[J]. 农村财政与财务，2010（5）.

区逐渐成为黑人和移民等低收入群体的聚集地，类似贫民窟的聚居点不断出现，财政危机、失业、贫困和犯罪等城市问题屡禁不绝，甚至引发种族骚乱，一直是困扰美国政府和社会的一个顽疾。20 世纪 60 年代中期，美国城市中出现了一系列种族骚乱现象。1964－1970 年，多达 100 多个城市爆发了种族骚乱，进一步强化了白人和黑人之间的集体对立。1992 年 4 月 29 日，洛杉矶爆发自 60 年代民权运动以来最大规模的反种族歧视暴力事件，致使 50 多人死亡、2000 多人受伤、11900 多人被捕，全部经济损失约 10 亿美元。美国政府动用了 2.2 万名军警，平息了这次骚乱。

拉美、非洲、南亚等地“殖民式城镇化”所造成的恶果已日益彰显，宗主国强制性照搬发达国家的城镇化模式，大量失地农民涌入城市，加剧了城市贫困，迄今为止仍然是世界上最为贫困的地区。

拉美是世界上基尼系数最高的地区之一。造成这种现象的因素很多，但土地分配不公是其中较主要的原因之一。以土地基尼系数考察，世界平均土地基尼系数为 60%，但拉美地区却高达 80%。在土地分配不公的前 20 个国家中，拉美就占 16 个。其次，由于从农村迁移到城市的人口暴增，且相当数量人群没有一技之长，经济基础薄弱，他们往往处于贫困线边缘，导致拉美地区的贫困化现象十分严重，贫困率长期以来居高不下。进入 21 世纪以来，虽然拉美地区经济增长强劲，但久病沉疴，其仍是世界上贫困化程度和贫困发生率最高的地区之一，目前仍有约 1/3 的人口生活在贫困线以下，贫民窟大面积连接和大量存在。在墨西哥首都墨西哥城，居住在贫民窟的居民占该城市总人口的 40%；在厄瓜多尔首都基多和委内瑞拉首都加拉加斯，居住在贫民窟的居民达 50%，哥伦比亚首都波哥大则高达 59%。

典型国家如巴西。截止到 2009 年，巴西的基尼系数仍然高达 0.55，贫富差距巨大，失业率居高不下。高失业率导致城市贫困人口的增加。巴西城市贫民大部分住在贫民窟，遍及所有大城市，现已发展到中等城市。圣保罗州是贫民窟最多的州，有 1548 个，居住在贫民窟的居民占城市总人口的 22%；作为现代化的国际大都市和世界十大著名旅游城市之一，里约热内卢市城区人口 550 万人，其中有 150 多万人住在贫民窟里，4 万人以上的贫民窟 20 多个。贫民窟问题成为巴西最为棘手的社会矛盾之一，严重破坏了城市的形象，不仅影响到两代人的发展，而且影响社会安定、生态环境。一些贫民窟为黑社会所控制，成为城市犯罪的窝点。2009 年 10 月 3 日，里约热内卢市取得 2016 年奥运会的主办权。然而仅仅过了不到两周，里约警方的直升机竟在光天化日之下被黑帮击落。

20 世纪 70 年代以来，非洲国家的城市危机加剧，80－90 年代成为非洲大陆的“城市危机”时期。在肯尼亚首都内罗毕，近半数人口居住在大大小小数十个贫民窟里，其中，离市中心仅 4 千米的基贝拉贫民窟，仅 3 平方千米左右的面积内居住着 70 万到 100 万人口，是世界上最大的贫民窟之一。

# 第四章

# 国内比较：中国各区域农村城镇化的典型做法

与西方国家一样，我国的城镇化进程也是在工业化过程中不断推进的。但与西方国家不同的是，我国的城镇化道路尤其是初期带有浓厚的政治和政策色彩，城镇化水平与政府的控制程度高度一致；改革开放以后，随着农村家庭联产承包责任制改革、乡镇企业的发展、国企改革以及设立经济特区和开放沿海港口城市等事件的陆续展开，市场经济因素“自下而上”的参与大大推动了城镇化进程，与政府“自上而下”的力量一起，推动我国城镇化水平突飞猛进，创造了世界城市化发展史上的奇迹。截止到 2013 年，我国的城镇化水平已经达到 52%，过去的 5 年平均每年提高 1.3 个百分点，预计今后一个时期，城镇化还会保持过去 5 年的增长态势。[①]

在经过多年的大城市与中小城市发展的争论之后，中国基本已经确定以城市群、网络化城市为未来城镇化进一步推进的主体形态，即是通过现代化的交通、通信体系，把一个区域内特大城市和中小城镇整合起来，形成城市网络，通过城市间基础设施一体化实现大中小城市的“同城化”。[②]虽然如此，并不是说我国城镇化发展道路中只有一

---

① http://news.163.com/13/0318/04/8Q7L5FG700014AED.html.

② 巴曙松. 从城镇化看不同区域的基础设施投资重点[N]. 中国经济时报，2013-08-01.

种模式、只允许一种声音。具体情况具体分析，百花齐放，百家争鸣，在几十年的城镇化进程中，结合不同时期的具体国情，考虑各自地理条件、资源优势、人口数量等因素，我国不同时期、不同区域，采取不同的城镇化发展模式，审视度势，适时调整，使我国整体城镇化水平不断提升，为经济社会的腾飞、中华民族的复兴奠定了坚实的基础。

## 第一节 大城市辐射型

大城市辐射型是一种利用特大城市带小农村的城镇化推进模式，在我国的典型代表就是以北京、天津为中心的京津冀都市圈，以及以沈阳、哈尔滨、大连为中心的东北地区。这两个地区的核心城市经济发达，农村面积相对不大，政府财力雄厚，具有较大的用地和人口发展空间。其中特大城市发展的快慢决定着中国在国际上影响的大小以及中国在国际上的地位。[①]

### 一、京津冀都市圈

京津冀都市圈以北京和天津为中心，囊括河北省全省 13 个地级市，位于环渤海地区的心脏地带，被称为第三增长极的核心引擎。在以京津两市为中心的扇形区域内，海岸线长达 5800 千米，近 20 个大中城市遥相呼应，60 多个大小港口星罗棋布，是我国乃至世界城市群、工业群、港口群最为密集的区域之一。京津冀都市圈辐射面积近 9 万平方千米，约占全国的 2.3%；人口总数近 6000 万人，约占全国的 7.23%，有着优良的自然和人文条件，拥有中国的政治、文化中心和曾经的近代中国经济中心，政策、资源、人才和技术优势也较为突出。

京津冀三地协作已经走过了漫长的年代，与中国改革开放相伴相生。2004 年 11 月，国家发改委正式启动了京津冀都市圈的区域规划

① 高强. 我国城镇化推进的模式及措施探析[J]. 经济问题探索，2005（5）.

编制，以此规划将完成三个重要任务：明确区域的整体定位；协调规划区内共同关注，但任何一方都难以自行解决的重要问题；研究提出促进区域整体发展的政策体系，核心内容是促进该都市圈内“11+2”城市的和谐发展，谋求建立一个和谐对话的机制，协调解决“京津冀都市圈”内的城市与城市之间的资源补偿、固定资产投资、产业转移、优势互补等问题。随着京津冀区域经济的快速发展，该都市圈越来越引起中国乃至整个世界的瞩目。

相比长三角经济圈和珠三角经济圈，京津冀都市圈自身有着其无可比拟的优势。首先，该区域经济基础较好，具备比较完整的产业体系，劳动密集型产业、低端加工出口企业较少，外贸出口依存度相对较低。重工业、高端科技产品的外贸出口一直是京津冀地区的产业优势，信息传媒、科技创新、金融服务、文化体育等高端产业欣欣向荣；铁矿、煤矿、石油开采以及农业生产等基础产业体量庞大，因而抵御国际金融危机的能力较为强大。其次，自然资源丰富，区位优势明显。该区域云集了发展现代化工业所需的能源、黑色金属、有色金属、化工原料、建筑材料等矿产资源；可开发土地资源和后备土地资源丰富，拥有渤海湾丰富的海洋资源和天津港、曹妃甸港等天然优良港口，以及现代化的空港、海港、公路网和铁路网等优势。尤其其拥有北京和天津两个超大城市，因而具有特殊的政治、科技、文化和高端产业聚集优势。

但是，与优势同样明显，京津冀都市圈在长期的规划协作和各自发展中，也暴露出一些问题，需要在未来的发展和合作中加以注意并避免，唯有如此，才能切实发挥出三地的各自比较优势，实现彼此的合作共赢。首先，都市圈内的城市 GDP 差距大，京津两地的空吸作用显著。由于历史的原因，京津冀地区生产要素过分向两大中心城市聚集，使得区域发展不平衡，周边中小城市特色不突出，产业承接能力不强，没有形成平稳衔接的产业链条，地区发展相对迟缓。先进的特大城市、落后的腹地，是京津冀都市圈整体布局必须解决的重大问题之一。其次，行政体制分割严重，缺乏协调衔接，产业同构、无序竞争问题突出。长期以来，京津两大核心城市与周边地区在发展上相互脱节，彼此之间联系松散薄弱，一些地方区域整体意识仍然淡薄，较少从区域利益出发考虑统筹兼顾，哄抢项目、恶性竞争时有发生，严重制约了京津两地的辐射能力和带动效应，阻碍了这一区域经济的循环良性发展。除此以外，区域内自然生态严重失衡、环境恶化、环京津贫困带有服务而无补偿等种种问题，都在持续的发展和演进状态，需要京津冀三地群策群力、携手合作、共同应对，为该都市圈的发展创造良好的环境。

都市圈的规划不是结果而仅仅是个开始。一个“圈”时代的来临，使三地都在努力做出调整、合作，以发挥各自优势，达到“琴瑟和鸣”的结果。

北京不再强调“经济中心”，而将发展目标明确为“国家首都、国际城市、文化名城和宜居城市”。在新的城市定位下，北京开始了以首钢外迁为代表的产业转移，同时发挥历史文化优势，着重发展文化创意产业、总部经济和现代高端服务业。在今后的发展过程中，北京将通过推动与周边地区的统筹协调联动，特别是与河北的统筹协调发展，集中解决人口、交通和创新发展等问题，实现自身有活力的可持续发展。

河北方面则将环首都经济圈定义为“为大局服务、为首都分忧、为河北添活力”，并承诺举全省之力，推动包括涿州在内的环首都 13 个县（市、区）在服务首都中率先发展，将这一区域打造成环境优美、适宜人居、适宜创业的现代化城市带。唐山市更是全力将曹妃甸工业区建成全国首个科学发展示范区，秦皇岛市正在酝酿煤码头的整体搬迁，目的是还这个著名旅游胜地一片蓝天碧海。

天津则提出建设“中国北方经济中心”的口号。2006 年 3 月，国务院将天津城市定位为国际港口城市，北方经济中心和生态城市，将新区和旧市做了原则性的分工：二产以滨海新区为主，发展先进制造业；三产以天津市区为主，重点发展海陆运输，带动金融、商贸、服务、房地产，围绕城市建设来展开。作为京津冀都市圈的发动机，滨海新区的辐射和带动效应，正逐步呈现。2006 年 12 月 28 日，天津建设了中国第一个契约型产业投资基金——渤海产业投资基金。随后滨海新区与国家开发银行共同设立了“天津滨海新区创业风险投资引导基金有限公司”，令我国第一个华侨投资基金、第一个合伙制船舶产业投资基金、第一个航空产业基金相继落户。2007 年 5 月，欧洲空中客车 A320 中国总装厂在天津落户，带动聚集了 20 多家航空航天企业，形成 108 亿元航空航天业产值，成为继美国西雅图、法国图卢兹、德国汉堡之后，世界上第四个拥有大飞机总装线的城市。总体来看，滨海选择引进世界 500 强企业和国际大型跨国公司的招商引资路线，2009 年启动 5000 万元以上产业项目达 375 项，2010 年安排 5000 万元以上项目更高达 455 项，总投资 9598 亿元。滨海新区产业辐射能量由此形成。①从 2010 年上半年开始，滨海新区 GDP 已经开始反超浦东新区，成为拉动中国沿海经济的另一辐射源。

专家认为，京津冀都市圈成败的关键之一，就是能否实现各城市间的统一协调发展。如果不建立突破行政体制的经济协调机制，对于“京津冀都市圈”内的城市发展来说都将有害无益、背道而驰。对此问题，三地也给予了前所未有的重视，做出了极大的努力。北京在规划编制、建立区域合作协调机制、社会保障、生态、水资源、农副产品、承接产业转移等方面加强了与河北的合作，全力支持河北环首都经济圈建设，实现两省市互动共赢，协调发展。与此同时，河北多条高速公路宣布开通或开工，连张承的崇山峻岭之间也被隧道穿越，加之 11 个主要城市开通高铁、航空业的高歌猛进，京津冀之间越来越紧密，各城市之间的时空距离将进一步缩短。天津滨海新区在开发建设中也着力打破行政地域的限制，将处理好滨海新区与天津中心城区的关系、与京冀地区的关系、与整个环渤海地区乃至“三北”地区的关系放在了首要位置。

毫无疑问，京津冀都市圈在全国发展战略布局中具有重大的意义，“21 世纪，东北亚地区有着巨大发展潜力，但是东北亚地区经济合作的发展速度和程度远未达到应有的水平。目前中、日、韩等国都在为推进东北亚区域经济一体化进行积极磋商。而中国参与东北亚地区经

① 京津冀都市圈规划出台在即津滨海与浦东赛跑[N]. 21 世纪经济报. 2010-12-31.

济合作，中心地带就是以京津冀都市圈为核心、以辽东半岛和山东半岛为两翼的环渤海地区。”[①]环渤海地区是中国未来 50 年的一个经济增长极，建设环首都经济圈，可以进一步放大首都的优势和辐射效应，推动京津冀发展水平的大幅跃升，进而带动环渤海地区的快速崛起。[②]在区域经济一体化已成为当今世界经济发展主流的宏观背景下，大力发展以京津冀都市圈为核心的环渤海地区，无疑是使我国在未来的东北亚格局中占据有利地位非常关键的一步棋，是我国在经济全球化的挑战下发展经济的主要内容。

## 二、东北工业城市群

东北地区是我国现代最早开始城镇化发展的区域之一。进入 21 世纪，东北地区城镇发展在城镇化水平、城市人口、城市功能、城市规模以及城市集聚力和实力等方面均有较大变化，但与长三角、珠三角等地区相比，无论在数量、质量和速度上都还存在一定差距。

由于特殊的自然地理环境和历史渊源，东北地区城镇化发展的基础较好，新中国成立初期就形成了一批以农业、林业矿业等资源优势为依托的资源型城镇，和以区域行政中心建设的一批城镇。虽然改革开放以来，其中的一些城镇由于资源枯竭、产业衰退等原因失去原有优势，但城镇化的基础网络和发展模式已经存在，为新时期东北地区的城镇化建设保留下良好的基础。近年来，在振兴东北老工业基地的战略引导下，国家相继出台了一些有针对性的扶持政策，加大了对东北地区的扶持力度，毫无疑问将进一步缩小东北地区与沿海发达地区在融资能力、对外开放、经济基础等方面的差距，为东北地区的城镇化发展和社会全面发展带来新机遇。长远来看，依托政策、资源等方面的优势以及东北老工业基地的优势，东北地区的经济仍保持较快的发展速度，城镇化也必将稳步发展、不断提升。2012 年 3 月，国务院

① 戴相龙. 天津从渤海走向全球. http://www.enorth.com.cn. 2007-04-19.

② 京津冀三地“抱团”谋发展“首都圈”日见朗. http://tj.focus.cn/news/2010-11-15/1101269.html. 2010-11-15.

正式批复了《东北振兴“十二五”规划》，提出了“十二五”时期东北地区经济、社会、民生、生态等六方面的振兴目标。到2020年，东北地区城镇化水平将达到65%以上，建立起城镇空间布局合理、等级规模有序、职能分工明确、设施高效完备、城乡互动发展的城镇体系。

虽然在诸多有利因素的推动下，东北地区的城镇化水平和整体发展不断进步，但由于种种原因，未来一段时期内东北地区的城镇化水平与发达地区的差距在短期内缩小的可能性较小，在全国仍将处于中间位置。当前东北地区城镇发展中的突出问题主要表现在：城市经济实力不强，部分城市资源枯竭，少数大城市的辐射带动能力不够；城市基础设施不完善，生态污染问题突出，资源短缺问题严重；各省之间相对封闭，经济联系以省内为主，缺乏区域协调协作机制；城镇体系建设有待完善等。

因地制宜，未来东北地区城镇化实现又好又快发展的前提在于，以改革开放、市场竞争意识为先导，遵循经济不平衡和阶段性发展规律，各区域联合协作，采取据点开发、裙带发展、轴线延伸、以轴带面的发展思路，以哈大线为轴线，发挥沿线大城市的“支点”作用，积极实施城市群（带）开发开放战略，实现东北地区城镇化的可持续发展。具体应该注意以下几个问题：（1）有重点有规划地建设工业发达、商业繁荣、资金聚集、技术进步、人才集中、交通便利的大中城市，以大中城市为核心，着力发挥其在区域经济发展中的“极核”和“节点”作用，建设具有东北特色和优势的城市群，提高东北地区区域经济的聚集效应和规模效应。同时通过特大城市以及大城市吸纳、带动、辐射功能的发挥，围绕经济中心城市—经济发达区域—经济欠发达区域的圈层扩散方式，带动东北地区的城镇化发展水平，改善城市生态环境和基础设施建设。随着东北地区经济的快速增长，以哈大经济带为脊梁和发展中枢的城市带将逐步形成，位于其中的辽宁中南城市群、哈大齐城市带、吉林中部城市群互相联合、良性蔓延，必将成为东北经济发展的主导力量，并与珠三角、长三角、京津冀等地区一起，成为我国经济发展和社会主义现代化建设的支撑点。（2）坚持行政区与经济区相结合的原则，构建区域协调合作机制。在推进东北地区城镇化的过程中，不可避免地要遇到跨行政区的基础设施建设、重大项目的布局以及跨行政区生产要素流动问题。而在中国现行的体制下，以行政区域为界限的区域经济利益地区化必然形成行政区和经济区在区域发展中的摩擦和矛盾冲突，整个东北地区内利益协调机制和合作机制的缺乏则使这种矛盾摩擦不能得到有效及时的解决，长此以往必然影响该地区经济发展和城镇化水平提升。因此，结合东北地区实际情况，考虑该行政区域的基本特点及其在区域经济发展中的重要作用，必须要在坚持原则的基础上突破行政区界限，把行政区与经济区有机结合起来，实行横向联合，利用行政区的力量和作用来促进区域经济的发展，使各行政区之间互惠互利，共同发展。①（3）坚持可持续发展观，提高资源的利用率。东北地区以其富饶的土地资源、丰富的矿产，历来是我国的粮食、矿业、重工业基地，为新中国的复兴做出了不可磨灭的贡献。但几十年的消耗也使东北地区的资源面临短缺和枯竭的临界点，资源优势岌岌可危。除此之外，重工业的优先发展对东北地区的环境和生态也都造成了严重的负面影响，极大地影响了该地区城镇化的水平和质量。因此新时期东北地区城镇化的发展，必须采取可持续发展的战略，注重城镇化与环境的协调发展，在降低资源消耗水平的同时又能有效解决人民生活消费需求，既保持经济社会长期、持续、稳定增长，又能为人们生存、生活、劳动、享受及发展提供良好的生态环境，提高人们的生活质量，从而保证城市经济持续、协调发展。（4）完善农业生产结构，扩大农业生产规模。东北地区是我国重要的商品粮生产基地、林业和土特产基地以及牧业基地，东北地区农业的开发与发展，对东北地区以及全国经济的健康发展具有重要的作用，也将为东北地区城镇化的发展提供有力支持。长期以来，农业结构过于单一、低附加值的种植业占主要地位、经营规模小、机械化程度低等问题造成了该地区农业生产难以与大工业相衔接，农业生产效益很低，制约了该地区农业生产率的提高和劳动力的转移，严重阻碍了东北地区农村城镇化进程。因此，做多做大农业龙头企业、

---

① 陈玉梅．东北地区城镇化道路[M]．北京：社会科学文献出版社，2008：172.

推行农业产业化和农产品加工业发展、加强农产品市场体系建设、强化农业科技创新，以此为基础发展高产、优质、高效、生态、安全的现代农业，借以推动该地区农村城镇化不失为一项高效之举。

## 第二节　集分平衡型

对于中西部地区而言，由于其地广人稀、极端气候条件频发、基础设施建设稍显落后，结合实际情况，应该采取“据点”发展式和“网络”发展式相结合的城镇发展模式。即一方面考虑人口规模、基础设施、区位条件和经济资源等因素，尤其是在交通枢纽地区，有计划地大力建设适当数量的大城市；另一方面通过交通和通信设施的发展建立高效率的城镇网络，尤其是信息网、交通网、产业链、技术链等，推进城镇化的网络式发展，以分散型为主兼有集中式的大力发展小城镇，以扩大城镇网络结构及其覆盖面，作为推进农村城镇化的经济增长点。

### 一、成渝城市群

西部自然地理环境复杂多样，既有高原、盆地、山脉，也有黄土、沙漠、戈壁、熔岩、河流和冰川等多种自然地域类型。就人口而言，西部地区地广人稀，土地面积超出全国的二分之一，人口却不到四分之一。就区内人口分布而言，西部人口多数集中在地势低平、土壤肥沃、水资源丰富、气候较好、矿产丰富和交通发达的平原、河谷、盆地和自然条件较好的高原地区。[①]除此之外，就城市空间布局来看，截至2005年年底，西部地区共有建制市170个，占全国总数的25.88%，每万平方千米连一座城市都不到，仅为0.24座，省区之间城市密度不一，分布极不均衡。据有关研究表明，由于自然环境严酷、人口分布

① 沈建国，董锁成. 中国西部地区城市化战略[J]. 城市规划，2000（4）.

相对集中，加之“三线建设”基地的历史“包袱”的存在、计划经济的路径依赖，特别是中小企业、非国有经济、县域经济的缺乏，在东部很成功的小城镇战略，在西部的效果并不理想。[①]依据西部地区的实际情况发展，有选择、有重点、有目的地发展大城市，积极发挥其龙头和带头作用，进而以其为轴心，以轻轨、高速公路为纽带，发展若干发达的城市群或城市圈，是与其工业化与经济发展水平相适应的战略，也是中西部城镇化的重中之重。事实证明，成渝城市圈的发展模式主要依靠和成都、重庆两大核心城市的“极化—扩散”效应带动城郊等周边地区的城镇化。

在我国，大城市的发展尚未饱和，并没有达到合理的规模，其辐射功能没有得到充分发挥，尤其是在西部地区，发展一些职能结构各异的大城市具有很大的优势、潜力和必要。首先，大城市具有良好的生活和商务环境，可以借此拉动西部地区的基础设施建设，增强其在经济上的竞争力，同时为民众提供更好的生活环境。其次，大城市普遍要求具有雄厚的工业基础和发达的第三产业，可以推进西部地区的经济结构转型，优化西部地区的产业结构，提高其总体竞争力。再次，大城市具有先进的科学技术，大城市的发展可以帮助西部地区开发和应用更多的科研技术，成为其向更高层次发展的推动力。最后，大城市的发展要求政府具有更加有效的行政管理职能和更高的公共服务水平，可以促进西部地区各级政府积极转变政府职能，优化公共服务职能，解决城市发展中的一系列管理难题，为城市自身的发展和人民生活创造经济、社会、科技等各种有利条件，提高区域吸引力，提升人民幸福生活指数。因此，西部地区有必要也有能力在现有基础上建设一批具有相当实力的大城市和特大城市，进一步提升城市的质量，提高城市现代化水平。

针对西部地区的城镇化建设，中央提出了“点线面”的开发模式：“点”就是城镇，“线”就是连接城镇的基础设施，“面”就是整体发展。换言之，西部地区在城镇布局上将不做新的拓展，重点是加强中心城

① 刘世庆. 西部地区城市化特点与城市化战略[J]. 开发研究，2004（1）.

市对周边地区的辐射和带动作用，加强现有城镇间、城镇密集区间以及西部与东中部的通达能力，走一条适合自身条件的多元化发展道路。一方面，充分发挥西部地区比较优势，承接符合地方资源禀赋条件和主体功能定位的产业，合理引导东部产业向中西部地区转移，为西部地区城镇结合自身优势和特点建立现代化产业体系创造条件，促进西部地区的可持续发展。另一方面，建立分享机制，把承接产业转移与加强区域分工合作结合起来，加强西部地区与相对发达的长三角、珠三角的区域合作与分工，探索实现区域共赢的利益分享机制。

贯彻中央的指导思想，结合自身的实际情况，西部地区的城镇化有了突飞猛进的发展。目前西部地区的城市化已形成了若干中心节点，涌现出一批经济实力较强、劳动资源丰富、科技水平发达、经济结构相对完善的大城市，具备了较强的城镇化基础。

成渝经济区位于长江上游，地处四川盆地，北接陕甘，南连云贵，西通青藏，东邻湘鄂，该区域是西部地区经济腹地广、市场辐射能力强、宜居空间大的人口和经济密集区，是引领西部地区加快发展、提升内陆开放水平、增强国家综合实力的重要支撑，在中国经济社会发展中具有重要的战略地位。成渝经济区包括重庆市 31 个区县和四川省 15 个市在内，区域面积 20.6 万平方千米，人口近一亿，使四川和重庆 46 个城市和区县成为一个超级城市群，将使成渝经济区经济实力显著增强，带动整个成渝经济圈进入高速发展期，使之成为西部地区重要的经济中心和全国重要的现代产业基地。在产业发展方面，发挥成渝地区丰富的水电、天然气、钒钛等资源优势，成渝经济区将大力发展生态产业，围绕清洁能源产业建设全国最大的清洁能源基地；发挥成渝地区丰富的科技资源，大力发展高新技术产业和国防科研产业；依据成渝地区劳动力资源优势和交通、物流业、金融业、信息业等发展基础，建设现代服务业基地。种种规划必将加快这一区域的共同发展。

良好的经济发展势头势必也会加快这一区域内的城镇化进程。整体而言，成渝经济区正处于城镇化加速发展时期。截至 2008 年年底，成渝经济区城镇化率为 43.84%，低于全国平均水平 1.84 个百分点。

从城镇密度来看，成渝经济区呈“双核”空间布局，拥有重庆、成都两座具有多种功能的综合性核心城市，在区域社会经济发展中起中心作用；3 个大城市，14 个中等城市，10 个小城市，1700 个建制镇，平均每万平方千米设市城市 1.76 个，是西部城镇最密集的地区。经济区内 90%以上的城镇沿交通轴线和江河分布，形成了沿江城市轴线、宝成—成昆城市轴线、成渝城市轴线为轴的“一江两线”H 型空间布局，形成了成都平原、重庆中心城市和周边地区、川南地区三个空间聚合形态较好、发育相对成熟的城镇密集区。整体来看，成渝经济区城市基础设施尤其是交通、通信、水利等设施比较完善，有效地保障了川中地区中小城市与上级中心城市的社会经济联系，促进了这一地区城市群落的形成和聚合。但由于这一区域内重庆、成都两座中心城市人口集中度高，且由于种种因素尚未完全发挥出对区域经济的辐射带动作用，大城市数量少且规模小，中小城市特别是小城镇数量较多但人口规模小，所以这种缺乏中间承接和过渡作用的城市梯次的极核式聚集发展模式，某种程度上造成了这一区域城镇体系规模结构失衡现象较为严重、城市体系断层明显、城市规模等级序列不完整[①]，阻碍了成渝地区区域整体功能的发挥。

与长三角、珠三角、京津冀三大高增长经济区相比，虽然成渝经济区的城镇化水平还比较低，统筹城乡发展任务艰巨，但其中也不乏亮点。以成都为例。国家战略的重中之重是西部大开发，西部大开发的难点是西部的农村，解决西部农村问题的突破点是城市化，而西部城市化最大的亮点在成都。[②]作为统筹城乡综合配套改革试验区的成都，是今日中国城乡发展最协调的大城市之一，肩负着为全国城市提供解决城乡一体化范本的重要责任。成都是典型的大城市带大郊区的发展模式，其主要做法包括：首先是对土地确权颁证，建立农村土地产权交易市场，设立建设用地增减指标挂钩机制；其次以发展较好的区域作为起步点，确立优势产业，形成以市场为导向的产业集群；最

① 陈映. 成渝经济区城市化发展研究[J]. 贵州社会科学，2010（9）.

② 西部大开发十年摸索成都成西部城市化引领者，http://www.chinanews.com/gn/news/2010/01-19/2079841.shtml.

后通过加速基础设施建设，使中心城市基础设施扩散，如城南快速通道的建成、东郊工业区大迁移等。在城市快速发展和经济高速增长的同时，成都的城市发展也呈现出了多区域、多元化发展的态势。2009年，伴随着“全域成都”“城乡一体化”等多方面的探索，成都正式提出建设世界田园城市的目标。“十二五”期间，成都将采取多种措施，形成以中心城区为核心，以县城、重点镇为节点，以城乡一体的交通、通信、公共服务和生态绿道等体系为依托的多中心、组团式、网络化空间结构和多层次、多功能“显山、亮水、露田”生态体系。截至2011年末，成都城镇化率已达67%。

成渝经济区经济发展和城镇化发展的另一个亮点就是重庆。重庆地处长江黄金水道，自然资源丰富，气候条件较好，重工业发达，但大城市、大农村、大库区、大山区并存，二元结构突出，城乡差异悬殊。1997年直辖以后，重庆迎来了史上最好的发展机遇，尤其是在城镇化方面，截至2011年，重庆城市化率已达55%，远远高于四川省除成都市以外的其他14个市。

作为一个年轻的且具有“大城市、大农村”特色的直辖市，重庆的城镇化进程也凸显出一些不足。第一，区域发展不平衡。地理位置相对优越、基础条件较好的主城九区，以及产业密集的渝西经济走廊城镇化发展持续增速；而基础设施薄弱、经济发展较为落后的三峡库区城镇化进程则较为缓慢；一小时经济圈内城镇化率达到近70%，而两翼城镇化率还不到40%；主城九区城镇化速度也不尽相同，相比渝中区近100%的城镇化率，巴南区只有不到75%。第二，基础设施建设与城镇化水平相比略显不足。重庆自然条件优越，城市风貌较好，但作为年轻的直辖市，其各项投资尚有不足，城镇基础设施建设稍显滞后。第三，城镇体系缺乏规划。大部分乡镇没有编制乡镇总体规划，各乡镇在城镇化建设过程中没有明确的目标和方向，使得小城镇之间、小城镇与城区和周边乡村之间难以形成分工明确、布局科学合理的城镇体系和空间格局。

2012年9月，重庆市提出在把握城镇化转型的新趋势的基础上，走出一条符合实际的新型城镇化道路。在推进新型城镇化过程中，主要遵从以下原则：一要坚持以人为本，注重保障人民群众的合法权益，注重就业、住房、教育、医疗、社会保障等均衡发展，注重人口与资源、环境相协调，促进城镇和谐发展，使人民群众幸福安康。二要坚持城乡统筹，着眼于破除城乡二元结构突出矛盾，切实处理好工农关系、城乡关系，把推进城镇化建设与优化城乡经济和人口布局、调整城乡利益关系结合起来，推动城乡经济社会协调互动发展。三要坚持产城融合，把产业发展与城镇建设并重并举，培育和壮大产业，创造更多就业机会，从而实现以城聚产、以产兴城、产城联动、融合发展。四要坚持集约发展，注重集约用地，注重节约资源，降低物耗水平，集中有限力量，提高使用效率，避免粗放式发展。五要坚持推进信息化，强化城镇化与信息化协同推进，充分发挥信息化在推进城镇化过程中的引领、推动和支撑作用，积极运用信息化提高城镇化的发展质量，全面提升城镇信息化水平。六要坚持可持续发展，正确处理当前与长远、速度与效益的关系，坚持量力而行、循序渐进，按照经济社会发展水平、综合承载能力，有步骤有节奏地稳步推进城镇化发展①。经过以上努力，到 2015 年，重庆常住人口城镇化率达到 60%，户籍人口城镇化率达到 45%；到 2020 年，全市常住人口城镇化率达到 65%，户籍人口城镇化率达到 50%。②

“群星伴月式的城市群建设，应该是未来的重庆城市发展方向。打通城市群内部公共服务的障碍，落实城市群之间的产业发展规划，也是比较重要的方向。”③

## 二、中部地区城市群

中部地区是我国传统的农作区中部地区，地处我国内陆腹地，包括山西、安徽、江西、河南、湖北、湖南六个省，面积约 102.82 万平方千米，人口约 3.7 亿，占全国人口的 28%，其中农村人口占全国近

① 坚持科学发展富民兴渝坚定不移走新型城镇化道路[N]. 重庆日报，2012-09-15.

② 重庆“加快城镇化建设”的探索有益[N]. 重庆日报，2012-12-05.

③ 新型城市化排位重庆名列第八[N]. 重庆日报，2012-11-02.

三分之一。整体来看，中部是我国的“腰”，起着承东启西、接南进北、吸引四面、辐射八方的作用，加快中部地区的城镇化发展是推动中部地区经济发展的现实需要，也是实现我国东西融合、南北对接，提高国家竞争力的重要基础。如果说20世纪80年代至今，东部地区率先发展，主导了我国经济发展和城镇化进程；那么未来相当长一段时期，中部地区将极大程度地影响我国城镇化的发展轨迹。

受自然条件、经济基础等因素的影响，长期以来中部地区城镇化发展较为滞后。进入21世纪以来，随着我国整体城镇化进程的加速和升温，中部地区的城镇化水平也得到了进一步提高，取得了很大成绩。截止到2009年，中部地区城镇化率达到43.03%，湖北省、山西省、湖南省和江西省的城镇化率分别为46%、45.99%、43.2%和43.18%，高于中部地区平均水平，城镇化进程快速发展，与全国城镇化平均水平的差距进一步缩小。迄今为止，中部地区城市规模不断扩大，城市建成面积已近8000平方千米，城镇体系日趋完善，初步形成了超大城市、特大城市、大型中心城市、中小城市、小城镇等多类型构成，以城市群为主体形态，既各具特色又相互协调发展的城镇体系结构，产业、人口集聚趋势明显，武汉、郑州、太原、长沙、合肥、南昌等中心城市的辐射带动作用增强，目前已初步形成了以武汉城市圈、中原城市群、长株潭城市群、皖江城市带、环鄱阳湖城市群和太原城市圈六大城市群为主的发展格局，城镇之间的联系不断加强，集聚效益显著提高，成为推动中部地区城镇化发展的主导区域。除此之外，中部地区城镇规划和管理水平不断提高，每个省都按照自身实际情况出台了城镇体系发展规划、城乡统筹发展规划等纲领性文件，借以统筹部署、综合调控区域内城镇化发展，城市管理体制和基本公共服务体系不断健全，综合承载能力不断提升，城镇化成果切实惠及人民，城镇化建设成效显著。

当前中部地区的快速城镇化中也存在一些亟待解决的问题。第一，总体水平较低，区域发展不平衡。相对于全国、东部地区城镇化水平，中部地区差距较大。其中城镇化水平最高的湖北省和最低的河南省，相差约10%。在每个省内部，城镇化水平差异也较为显著。以河南省为例，经济基础较好的中原城市群与经济基础薄弱的黄淮地区，两者城镇化水平差异较为明显。第二，城镇结构不合理，城镇体系不完善。受资源环境等因素影响，作为面积约 102.82 万平方千米，人口约 3.7 亿的庞大中原腹地，中部地区超大城市仅包括武汉、郑州、太原共 3 个，特大城市仅合肥、南昌、长沙、大同、洛阳共 5 个，大城市 23 个、中等城市 56 个、小城市 81 个[①]，城市两极分化严重，中心城市辐射带动能力不够，中小城市产业和人口集聚能力不足。第三，缺乏规划，可持续发展能力不够。城市之间、城市内部缺乏统筹规划，导致不同省份、城市、城镇之间在基础设施建设、产业发展、环境保护等方面存在分歧，一些资源环境问题等接连涌现，生态环境遭到严重破坏，既阻碍了城镇体系整体功能的发挥，又加剧了资源供需之间的矛盾，面临约束日益突出，可持续发展面临严重挑战。

作为我国“三农”问题最为集中的区域，中部地区的城镇化既面临许多困难和挑战，也是我国借由城镇化扩大内需最具潜力的地区。随着发达国家、东部地区向中西部地区产业转移的步伐加快，以及中央政府对中部地区经济发展和城镇化发展的高度重视和不断出台的政策支持，中部地区进入城镇化高速发展的战略机遇期，通过探索新体制、新机制、新举措，促进中部地区崛起。新时期积极稳妥地推进中部地区城镇化，需要注意以下几点：首先，要注意工业化和城镇化的协调发展。以现阶段中部地区百分之四十几的城镇化率来看，未来十年是其城镇化加速发展的时期，应通过加快现代农业发展、积极承接沿海地区和国际企业的产业转移、大力发展现代服务业等措施，推动这一地区的工业化和城镇化协调互动、良性发展，增强城镇发展后劲。其次，围绕中部地区崛起战略，推动中部地区大中小城市和小城镇协调发展，形成多层次的城镇体系。加快武汉城市圈、中原城市群、长株潭城市群、皖江城市带、环鄱阳湖城市群和太原城市圈的发展，构筑中部地区具有较强聚集效应和辐射带动能力的城市群增长极；进一

---

① 喻新安. 中国中部地区发展报告（2013 新型城镇化与中部崛起）[M]. 北京：社会科学文献出版社，2013：89.

步加快武汉、郑州、长沙、合肥、南昌、太原等特大城市的资源要素整合，增强其作为中心城市的辐射带动作用；加快完善中小城市的产业体系，形成特色鲜明、功能互补的发展格局，积极创造就业条件，提高中小城市对农村人口的承载能力和吸纳能力；以基础设施和公共服务设施建设为基础，以产业发展为依托，吸纳农村剩余劳动力，加快乡村工业和人口向镇区集聚，壮大县城和中心镇。①最后，打破有关机制体制障碍。要加快中部地区城镇化进程，必须着力打破制约其发展的诸多障碍，公共服务不均衡、城乡要素不平等是其中不可忽视的重要因素。未来时期内，必须通过进一步发挥市场的基础配置作用，以及行政管理体制的渐进且深层次的改革，为中部地区的城镇化发展创造宽松的宏观环境，加快其发展。

除此之外，尤其需要注意的是，中部地区的城镇化进程，要充分考虑人口流动因素，以“异地城镇化”和“就近集中城镇化”为基本形式，注重发挥中小城市的特殊作用，大力发展中小城市。相比华北、东北沿海地区，中部大中城市的密度低、距离远，辐射范围难以覆盖整个区域，因此中小城市尤其是县级城市在这一地区的城镇化进程中作用尤为重要，尤其在补充大中城市服务区域、吸引回流人口等方面。基于自身特点，适应宏观环境的变化，尤其从提高城镇化效率、可持续发展的角度出发，中部地区在城乡资源配置、城镇经济政策、城镇地域组织、城乡设施供给等方面应该有所创新，提高城镇化的“集中度”，实施不同于东部、西部和东北地区的城镇化战略。具体而言，就是以县域为单位，引导城镇人口向县级市或县城集中；重视中小城市（包括县城）在城镇化中的重要作用，培育和完善中小城市体系，引导县域经济的特色发展，增强这些城市对城镇人口的吸引力；鼓励外出人口回乡（户籍所在地附近的城市地区）创业，依托“打工经济”所获得的资金、人才、技术等资源而发展本地经济。而在乡镇一级，规划建设中应控制“三农服务型”小城镇的人口、建设用地规模；但同时，对于其面向农村社区的公共服务能力及必要的基础设施配置则要

① 杨刚强，江洪. 中部地区城镇化发展现状与对策[J]. 宏观经济管理，2011（5）.

大力加强。要实现这一目标，则有赖于合理的配置标准、相应的管理能力及财政转移支付的力度。[①]今后，中部地区要继续鼓励劳务经济及完善异地城镇化政策，从而使得相当部分流出人口能够真正融入所在城镇；同时，随着地区经济社会发展速度的加快，未来中部地区城市所承担的城镇化份额将日益扩大。

与全国其他地区的城镇化发展历程一样，中部地区在几十年的探索历程中，也涌现出几个发展势头迅猛、城镇化成绩亮眼的代表区域和城市，为中部乃至全国积累了独具特色的丰富经验。

### （一）中原经济区

2012 年 11 月，国务院批复了《中原经济区规划》，标志着以郑州都市区为核心、中原城市群为支撑、涵盖河南全省延及周边山东、安徽、河北、山西 12 个地市 3 个县区的中原经济区的正式建立。涉及城镇化建设，中原经济区力求实现以郑州为中心的核心区域 9 个城市融合发展，进一步增强中原城市群辐射带动作用；进一步提升洛阳、邯郸、安阳等重要节点城市的综合承载能力和服务功能；将中心城区周边符合条件的县城、县级市市区和特定功能区纳入城市组团，优化人居环境，增强服务功能，提高节点支撑作用；打造一批特色鲜明的重点旅游镇、工业镇和商贸镇，提升小城镇服务功能，将其发展成为面向周边农村的生产生活服务中心。

随着国家"十二五"规划中以河南省为支撑的中原经济区战略的提出，郑州市提出了建设"郑州都市区"的战略，把目标定位于具有千万人口的区域性中心和现代化大都市。为实现这个目标，郑州需要在整个城市的发展规划、城市治理等诸多方面不断改善和提升。首先需要把中心城区放大，把周边的新密、荥阳、新郑等地改为城市区，把这些地区按照新城区、新城市功能区的标准进行规划建设，统筹发展，增强郑州作为区域性中心的支撑作用，提高它的辐射和带动的能力。其次加强产业支撑能力，建立强大的产业支撑体系。未来的郑州

① 程瑶，杨博，赵民. 我国中部地区城镇化发展中的若干特征与趋势——于皖北案例的初步探讨[N]. 城市规划学刊，2011（2）.

都市区规划了四大支柱性产业：汽车和装备制造业、物流商贸业、电子信息业、文化创意和旅游产业，在此基础上也要大力发展现代服务业、生产型服务业，实现二三产业的双重升级，发挥好核心增长极，降低交易成本，促进要素聚散、组合的枢纽功能。最后，要加强基础设施建设，提高城市的综合承载能力。在交通、教育、医疗、住房等方面，采取多种措施，按照“统一规划、分步实施、动态完善”的规划思路来做好基础设施的规划、更新改造工作，为市民提供更加优质和完善的服务，促进城市整体功能的融合。

### （二）大武汉城市圈

中部地区城镇化发展的另一亮点是以武汉为中心的大武汉城市圈。继成渝之后，大武汉城市圈成为国家又一批综合改革试验区之一。所谓“大武汉城市圈”是指以武汉为圆心，由周边黄石、鄂州、黄冈、孝感、咸宁、仙桃、潜江、天门 8 个城市构成的区域经济联合体。它以武汉为中心、半径为 100 千米，拥有湖北 31%的土地和 51%的人口，力图实现“五个一体化”，即基础设施建设一体化、产业发展与布局一体化、城乡建设一体化、区域市场一体化、环境保护与生态建设一体化。

根据《武汉城市圈总体规划》，构建“城市圈”的初衷，是希望在体制转轨、社会和经济转型期间，解决“大中小城市差异性大、产业结构趋同、城乡二元结构矛盾突出、资源环境压力增大”等问题。目的是在一定区域内打破行政壁垒、整合资源，走出一条新型工业化带动新型城市化的新路子。如今，地域上的“融城破壁”已有实质性进展。连接“武汉城市圈”的 7 条城市高速出口路基本建成，武汉和 8 个城市可在 1 小时内通达；首趟城际列车已经开通；城市圈公交实现“一卡通”；武汉与鄂州之间电信资费已实现“同网同价”，取消了漫游费；金融系统也将实现以票据交换为形式的“大同城”清算交换；圈内企业均可冠名“武汉”，抱团打造品牌；产业发展上出现了“双迁模式”，即周边地区“总部”迁往武汉，生产基地迁往周边，商业连锁企业也在周边八市布网设点。客观来说，大武汉城市圈的构建为汉江平原这片古老的沃土带来新的发展机遇，是中部地区城镇化发展的又一成功典型。

### （三）长株潭经济区

中部地区推进城镇化的另一典型是长株潭经济区的建立和发展。长株潭城市群位于湖南省中东部，包括长沙、株洲、湘潭三市，土地总面积占全省 13.3%，户籍总人口占 19.6%，2011 年人均地区生产总值分别位居湖南省第 1、2、3 位，是湖南省经济发展的核心增长极。作为全国城市群建设的先行者，长株潭经济区被《南方周末》评价为“中国第一个自觉进行区域经济一体化实验的案例”。

2008 年 12 月 22 日，国务院批准《长株潭城市群资源节约型和环境友好型社会建设综合配套总体方案》及《长株潭城市群区域规划（2008—2020 年）》。该规划所界定的长株潭城市群分为两个层次，第一层次为三市市域，共 2.8 万平方千米，第二层次为规划的目标区域，即长株潭城市群的核心区域，包括长沙市 2893 平方千米，湘潭市 870 平方千米，以及株洲市 740 平方千米。城市群核心地区呈现“一主两副环绿心”的空间结构：以长沙为主核心，株洲、湘潭为两个次核心，三市结合部金三角地区为绿心，包括 3 个主中心组团、4 个次中心组团以及 15 个片区组团和 29 个小城镇组团。城镇分布以京广铁路、京广高铁、京珠高速公路、107 国道及湘江生态经济带为主轴；以 319 国道、320 国道和上瑞高速为次轴；以湘乡至韶山公路和 106 国道为辅轴，形成以长沙、株洲、湘潭为核心和中心结点的放射状城镇布局。规划包括交通、能源、环保等 12 大门类 119 个重大项目，还创新提出对生态环境保护空间、产业集群载体空间、基础设施导向空间和城市开发建设空间“四大空间”的协调。

相比中部地区的中原经济区、大武汉城市圈，长株潭城市群有自己的特色。首先，该地区地理位置优越，交通运输发达，且开发历史长，城市化水平相对较高。其次，它是一个多中心的网络城市群，从城市效益、空间结构、宜居环境、科学发展角度来看，这种模式比单中心的城市群更能发挥它的效益。再次，自然资源丰富，农业生产水平较高，工业基础较好，尤其是重工业有较为坚实的基础，在中部地区乃至全国地区的城市群中都比较少见。最后，城市之间联系紧密。

该经济区三个城市呈品字状相邻分布于湘江下游，历史上多数时期同属于大长沙，联系紧密。如今随着城市规模的扩大，三个城市之间的实际距离已进一步缩小，以各自实际建成区边缘来测量，湘潭、株洲与长沙距离 20 千米，而株洲与湘潭只相距 10 千米。除此之外，三个城市产业发展上比较配套，三市的产业优势明显，且呈互补性发展，能够大规模地集聚产业、集聚要素，解决招商引资经济发展的产业支撑问题。

未来在城镇化建设上，长株潭经济区致力于打造省域中心城市组群（属于长株潭城市群核心地区）—区域中心城市—重点镇——般建制镇四级结构，在此基础上积极推进城乡统筹。具体包括：由长、株、潭三市城区和若干紧密关联的周边组团构成的多核组团式中心城市，共同承担省域中心城市的功能。其中长沙市为全省的政治文化中心，重点发展第三产业；株洲市继续发挥铁路枢纽和重工业基地的作用；湘潭市则重点发挥其电力工业和黑色冶金工业等产业优势。其次，将本地区省域中心城市以外、具有县和县级别以上地域范围意义的包括韶山、浏阳、茶山等城区和县城打造成为区域性次级中心城市；重点打造一批具有省级影响和地市级影响的重点小城镇；在现有基础上通过行政区划的适当调整，进行撤乡并镇合并而成 85 个一般建制镇。

截止到 2010 年，长株潭经济区的建立已经很大程度上带动了该地区的城镇化发展，城镇化率达到约 57%，着力构建“一核五轴四组团”城镇化战略格局。初步形成了常德津澧融城、衡阳西南云大、郴州郴资桂、永州冷零祁、怀化鹤中洪芷、邵阳东部城市群，以及娄底娄涟双等一大批区域性城镇集群。未来经过长期发展，该地区致力于将长沙、湘潭、株洲城区形成三核，并继续相向发展，逐步形成具有良好生态环境为背景的绿心，并在中间镶嵌若干高品质的新型城市功能区。

## 第三节　城市融合扩张型

当前，我国要实施均衡城镇化战略，必须在以大城市为依托发挥大都市圈规模效应和集聚效应的同时，重视在都市圈以外地区发展中小城市和县城，推进农村城镇化。目前中国东部地区已经形成了长三角、珠三角和京津冀三大都市圈，其经济总量占整个中国经济总量的40% 左右，是拉动中国经济增长的巨大引擎。而且，长三角、珠三角和京津冀三大经济圈工业化水平和城镇化率较高，城镇层次结构相对分明，空间布局较为合理，圈内城镇化发展能够利用都市圈的结构性和网络性，充分发挥“城市节点—网络—乡村腹地”的作用，形成城镇之间相互促进和共同发展。这表明中国都市圈的发展已初具规模。未来，都市圈不仅会推动城镇化迈上更高的发展阶段，而且会进一步推动城市转型，塑造区域性中心城市（Nodal Center），乃至世界城市（World City）。①

## 一、长三角城市群

长江三角洲位于江苏省镇江以东，杭州湾以北，通扬运河以南，包括上海市、江苏省南部、浙江省北部以及邻近海域，是长江中下游平原的重要组成部分。在此区域由沿江城市带和杭州湾城市群构成的长江三角洲城市群简称长三角城市群，是中国最大的城市群，也是我国城市化程度最高、城镇分布最密集、经济发展水平最高的地区。长三角城市群共有直辖市 1 座、副省级城市 3 座、地级市 11 座、县级市 67 座、建制镇 1479 个，面积约占 20.16 万平方千米，人口数量约 1 亿，是我国乃至世界经济增长最迅速、城市化进程最快的地区之一。上海是长三角城市群的核心城市，也是世界最大城市之一。2010 年 5 月，国务院正式批准实施的《长江三角洲地区区域规划》中明确指出，要通过大力发展现代服务业和先进制造业，力争将长三角城市群打造成为具有较强国际竞争力的世界级城市群，为我国的城市群建设提供典范。

① 辜胜阻，李华，易善策. 均衡城镇化：大都市与中小城市协调并进[J]. 人口研究，2010（5）.

长江三角洲地区有着悠久的文化历史，加之发达的水系、丰饶的土地、适宜的气候等优越的地理因素的存在，其在我国封建社会的中后期就已经初步形成了一个可观的城市群，上海、南京、杭州、苏州等城市自明代以来就已发展成为沿海南北贸易的重要商业中心。改革开放以来，依托政治发展、经济体制改革、文化开放等种种因素，长三角城市群开始了在分化重组基础上的新的发展阶段，上海作为全国“第一龙头”地位的显现，有力地促进了这一地区城市群的形成。发展至今，整个长江三角洲城市群呈横“W”型，上海位于两个“V”的交汇处，江苏的城市位于北翼，浙江的城市位于南翼，北翼的城市多于南翼。超大城市、特大城市、大城市、中小城市分布比较合理，城镇分布密集、距离较近，达到了国内少有的城市群发展的较高水平阶段呈现出“郊区连郊区”的形式。

近年来，随着高速公路、高速铁路、跨江跨海大桥等基础设施建设的日趋完善，长三角城市群空间布局结构已基本形成，“同城效应”日趋凸显，加速了长三角城市群一体化步伐。这种一体化并非是单一的经济一体化。而是经济、社会、文化、科技、生态等综合性要素的全面一体化发展，是各区域在经济、金融、旅游、科技、文化、信息等多项领域的广泛合作，是在采取种种措施优化发展环境、促进统一大市场发展基础上实现区域信息资源共享、构建人才市场等方面的资源优化配置。

一个世界级城市群的崛起都不是一蹴而就的，它需要长期的产业积累和城市群内部能量的积聚。尽管长三角城市群的发展已经取得了阶段性成果，但与世界著名城市群相比，仍然有着不小的差距，需要我们在未来的发展过程中去追赶和弥补。第一，区域发展协调性不足。由于整体规划一直没有出台，加之长期的条块分割管理遗留、现有的协作机制权威性和执行力度不够，长三角不同城市之间各自为政、甚至以邻为壑的不良风气严重，种种乱象阻碍了该地区资源的自由流动和跨区域合作，抑制了该区域经济潜力的发挥。反观当今公认的世界级城市群，基本都有着高效的统筹协调机制，如北美五大湖区城市群的“五湖联盟”，每年聚会一次，就产业竞争、污染治理、气候应对等重大问题协调各方利益，确保实现共赢。第二，产业趋同、同质竞争的问题严重。由于内部自然禀赋类似，加之地方之间分工不明确，各地在发展经济时，往往趋向于选择类似的高利润、高税收产业，大量的重复建设不仅降低了该地区整体经济效益的发挥，更导致大量的资源和生产能力浪费。据不完全统计，在长三角 16 城市中选择电子信息业为产业发展重点的有 12 个城市，选择汽车业的有 11 个，选择石化的有 9 个，选择建立国家级动漫基地的有 11 个。而如世界级城市群大东京地区，港口分工明确、各展所长，千叶为原料输入港，横滨专攻对外贸易，东京主营内贸，川崎为企业输送原材料和制成品。第三，长三角城市群地区粗放型经济仍占有较大比重，各城市经济增长仍基本依赖于劳动密集型和资源密集型产业，生态环境脆弱、水体污染、土壤破坏和固体废弃物堆积等问题较为突出，在一定程度上抑制了其经济发展、社会和谐的潜力，阻碍了其迈向世界级城市群的步伐。第四，城市文化的失落和个性的丧失。与中国大多数城市一样，经过二十多年大规模的现代化城市建设，长三角许多城市原有的具有丰富历史文化底蕴的城市，有的已经遭到灭顶之灾，有的受到严重摧残，已经变得越来越雷同，许多城市大片历史建筑群和反映城市文化的历史街区被脱胎换骨或荡然无存，城市的气质和风貌已经发生了不可逆转的改变。

针对以上种种问题，有必要采取以下措施加快长三角城市群建设。首先，加快副中心城市的培育。一个成熟的城市群在中心城市下，往往还有若干个副中心城市，共同带动城市群发展。在长三角地区，虽然比之上海现实基础稍差，但南京、杭州、苏州、宁波等副中心城市条件也较为优越，“如苏北、浙西，这些地区将是长三角未来的新经济增长极”[①]，提升其在各自范围内的集聚、辐射能力，确定城市功能特色，促进该区域内城市功能的互相衔接。其次，明确城市定位，建立以创新为基础的完善的产业结构。未来的长三角城市群，应该以那

① 长三角城市群：离世界级还有多远？http://news.163.com/10/0525/18/67I4H4U3000146BC.html. 2010 年 5 月 25 日.

些具备强大知识吸收能力、学习能力的高等院校和科研机构为基础，向一个多样性、综合性的整体发展。不同城市依据自己现实条件，打造一个特色鲜明、有序分工、运转协调、互补互利的经济体系，就像欧盟中德国主攻制造业，法国重点发展红酒、香水生产，意大利的皮鞋、服装蜚声国际一样。再次，建立规范有效的区域协调合作机制。长江三角洲区域合作要以市场机制为基础性的协调力量，通过强化市场的资源配置功能来扩展地区合作秩序，深化区域分工体系。与此同时，中央政府及各地政府要采取积极措施加以引导与推动，从区域合作的角度形成多边协调关系，形成区域内整体性行动，实现各地区相互之间的联动效应，消除区域合作中的各种行政性保障和市场自身无法克服的障碍，以保证区域合作的有序化。最后，在现代化建设的同时继承和发扬与众不同的城市个性。一个城市只有不可替代，才不会在整个体系中失去自己的位置。提高城市的竞争力，除了依靠经济发展的硬实力之外，文化的软实力更为重要。城市个性是现代经济社会城市发展的一项核心竞争力，城市的个性如果发展到极致，就是城市的核心竞争力。

与其他地区一样，长三角地区在突飞猛进的城镇化发展进程中，也涌现出一批各具特色的城镇化典型，积累了许多宝贵经验。其中尤以江苏省的城镇化历程值得我们研究和借鉴。

改革开放以后，江苏省城镇化进入了稳定发展、持续推进的阶段。以苏锡常为前沿阵地，乡镇企业的蓬勃兴起一方面极大地促进了农村的分工分业和城乡工业的互动发展，另一方面使农村剩余劳动力迅速实现了非农化转变，“离土不离乡、进厂不进城”为主要特征的苏南模式由此而来。两者直接带动了江苏省小城镇建设的热潮，形成了“小城镇，大发展”的城镇化发展格局，城镇化水平逐步提升，并催化了县域经济相继崛起和一批新兴城市的成长。但是囿于传统管理体制和经济发展水平等因素，彼时江苏省小城镇建设的“小散乱”，县（市）各谋发展、各行其是的无序化、分割化局面，也为苏锡常三个市区带来“围城之困”的不良效应，对这一阶段中心城市的成长和壮大产生了很多负面作用，进而影响到苏南城镇化的整体健康发展。

20 世纪 90 年代以后，开发区热潮的兴起不仅成为江苏省经济的新增长点，也成为城市拓展的新城区。这期间通过深化改革思路，江苏省调整原来过于分散和密集的乡镇，集中发展主城区和中心镇，并大力推进一批中小城市扩容发展为大中城市，进一步推动了江苏省快速发展。进入 21 世纪，随着对城乡关系和发展的进一步理解和认识，经过行政区划调整和突破城乡分治制度创新，江苏省将城市化战略确立为促进区域社会发展的“五大战略”之一，决定在促进大城市、中小城市与小城镇协调发展的基础上，进入以组建都市圈为特征的城市现代化的发展新阶段，到 2005 年，全省城市化水平达到 45%以上。2001 年，《江苏省城镇体系规划》明确提出要构建南京、徐州、苏锡常三个都市圈和五条城镇聚合轴的城镇空间组织，全省开始进入以大城市、特大城市和都市圈为主导，以城市现代化为特征的城镇化发展新阶段。[①]截至 2005 年末，江苏省城镇人口占总人口比重达到 50.5%，成为江苏省初步进入城市社会的重要标志和起点。

“十一五”以来，江苏省走出了一条以工促农、以城带乡的新型城镇化之路，形成以大中城市为依托、推进区域城镇体系和城市群体整合建设的城乡一体的新型城乡关系。它以大中城市为依托，以县域经济为阵地，积极实施“工业反哺农业、城市带动农村”的方针，力求跨越城乡分割，破解“三农”难题，实现城乡协调发展。在促进大中小城市和小城镇协调发展的基础上，江苏省初步形成基本健全的城镇体系结构和“三圈五轴”（南京、苏锡常、徐州三大都市圈和徐连、宁通、沪宁、新宜、连通五个城市聚合轴）城镇空间结构，大城市和特大城市良好发展，新兴中小城市迅速成长，大量具有相应功能作用的小城镇也始终有着各自的成长空间和发展机遇。截止到 2009 年底，江苏省有特大城市 7 个，大城市 8 个，中等城市 23 个，小城市 26 个，小城镇 838 个，全省基本上形成以大中城市为依托、大中小城市协调发展、区域城镇体系和城市群体整合建设的城乡一体的新型城乡关系。

① 高峰. 江苏新型城镇化之路：进程、挑战与走向[J]. 苏州大学学报，2011（4）.

## 二、珠三角城市群

改革开放以来，珠江三角洲作为先行先试的前沿阵地，缔造了一个举世瞩目的经济奇迹。相对于其土地面积和人口仅占广东省的23.1%和46.4%，占全国的0.43%和3.28%的比例，珠江三角洲的国内生产总值在2006年即已达到广东省总量的81.73%，相应其占全国经济总量的比例已经达到10.3%。与经济奇迹相对应的是珠三角城镇化的奇迹。2006年，珠三角的城镇化水平已经达到了79.6%，人口密度达到1 039人/平方千米，成为我国城镇密度最大、经济要素聚集度最高的地区之一。①

珠江三角洲简称珠三角，是西江、北江和东江入海时冲击沉淀而成的一个三角洲，位于广东省中南部，珠江下游，面积大约5.6万平方千米。以广州、深圳、香港为核心，包括珠海、惠州、东莞、清远、肇庆、佛山、中山、江门、澳门等城市的举世闻名的珠三角城市群，是我国经济最有活力、城市化率最高的地区，已经成为名副其实的世界多中心巨型城市区域之一。

十一届三中全会以来，与全国其他地区一样，家庭联产承包责任制的推行极大地调动了珠三角地区的农民劳动积极性，同时释放了大量的农村剩余劳动力。伴随着改革开放经济体制的改革与对外开放格局的初步形成，珠三角获得了先行一步的经济和政策优势；比邻港澳、面临南海、海陆交通便利的地缘优势；行政区域上同属一省，不同主体之间整合协调相对容易，在资源整合上具有明显的行政区域规划优势；岭南文化的极大包容性，侨乡的特殊历史渊源，使得外来资金、人才等资源能够较好地与本土资源相结合，发挥出资源集聚优势。种种有利因素共同作用，为珠三角极大地吸引了全国的资金、人才、技术等生产要素，促进了其农业、乡镇企业和外商投资企业的快速发展，吸引了大量农村剩余劳动力。

---

① 许学强，李郇. 改革开放30年珠江三角洲城镇化的回顾与展望[J]. 经济地理，2009（1）.

在这一阶段，由于以上种种因素的作用，珠江三角洲地区乡镇企业迅速兴起，结合具体条件产生了蜚声全国的乡镇企业发展模式，比如顺德县的“乡镇办工业和大型骨干企业为主”的集体经济模式以及南海县的“以县办为龙头、镇办为主体、村办为支柱、个体联合体为补充”的非公有制经济全面发展模式等，带动了一批具有独特的外向化、市场化特征的乡镇企业的发展，由此成为该地区地方财政收入及居民收入的主要来源和农村商品生产的重要支柱，进而极大地推动了珠江三角洲地区的城镇化进程。

除了乡镇企业之外，外资的进入和利用也使得这一地区的乡镇企业冲破了“就地取材，就地加工，就地销售”的框框，生产出大量具有国内先进水平的新产品占领了国际市场，初步形成了自身的制造业优势。低廉的成本、优越的地理位置、同声同气的文化氛围也使得中国香港、中国台湾、欧美以及东南亚国家和地区也纷纷在这里投资办厂，客观上也使乡镇企业和地方工业得到了进一步的发展。1986 年，珠三角已成为全国市镇数目较多、密度较大、城市化水平较高的地区之一，并初步形成了贸工农型的产业结构，为珠三角城市群的发展奠定了初步基础。在此形势下，珠三角地区产生了一批外资导向型的小城镇，典型代表如东莞。

以外资导向型的工业化模式和城市化模式为驱动，到 1990 年初，珠江三角洲已经成为我国人口迁入量最大的地区，大量城镇规模快速升级。在此期间，深圳崛起成为与广州并肩的中心城市，改变了之前以广州为单核心的城镇经济空间格局，形成了以广州和深圳为双中心、大量工业城镇迅速发展、分布渐均衡的城市群体结构特征。

近年来，随着城市经济的发展、国际国内联系的加强以及民间资本的壮大，这一地区的珠海、佛山、中山、东莞等相继进入大城市之列，成为产业和人口集聚的焦点，珠三角地区由此构成一个巨型城镇群地带。其主体为空间布局上呈“人”字型结构的东中西三大城市群体，东翼地区包括深圳、东莞和惠州三个城市，中部以广州为中心，包括佛山市（顺德、南海），西翼地区指珠江口以西、银湖以东地区，包括珠海、中山、江门。这三大城市群加上香港和澳门地区构成大珠三角城市群，成为我国乃至亚太地区最具活力的经济区之一。综观这一城市群，与之前相比，一方面该地区城市群体功能呈多样化，交流更加密切，发展为城乡一体、类型完备的多层次城镇体系，双核模式逐渐向网络化、多中心模式演化；另一方面，传统的以大城市为核心的强单中心结构被打破，各城市之间的经济关系相对松散并演变为竞争型交易关联，城市体系空间结构也普遍松散。

进入21世纪，珠三角城镇化和工业化的初始成本优势受到了来自全球激烈竞争和逐渐正规化的制度环境的挑战。国际规则的约束、人力成本的上升、人民币升值的压力等，使珠三角真正进入了“高成本”生产阶段。相应地，相关城市也开始了积极的转型，努力谋划生存和发展。广州推行的重工业化发展战略、东莞的“腾笼换鸟”、深圳的“服务经济”转型等都是这一过程的典型代表。迄今为止，以广州为中心的内部交通网络和以香港为中心的外部交通网络，为珠三角迅速融入全球发展奠定了基础。珠三角不仅已经取代香港成为亚洲的世界制造业基地，也迅速发展成地区服务中心与生产资料和消费品市场，在全球经济活动中扮演重要角色。到2020年，珠江三角洲地区生产总值有望达到72500亿元，人均地区生产总值有望达到135000元（约折合19400美元），城镇化水平规划达到85.0%，生态环境明显改善。

改革开放30多年来，珠三角通过自下而上的农村发展和外资带动参与了全球生产网络形成的过程，并成为这个网络中的生产供应链的重要环节。在此过程中，珠三角形成了一个巨大的城镇集群，中小城市数量多、自我发展和扩张能力强，并经历了单中心—双中心—多中心网络化三个阶段，内部个体逐步向均衡化和专业化方向演进。未来的珠三角，将超越多中心网络化发展阶段，借助完善通达的交通通信体系，形成一个以广州和香港两大国际城市为主导，不同规模的城镇或城市互帮互补，各个城市协调有序发展，最终形成一体化的城市区域空间，在全球经济活动中占据重要地位，发挥举足轻重的作用。为此，珠三角必须进一步加强区域内产业发展的协调与规划，形成完善的区域产业等级序列，改善东西两岸交通，细化城市之间的分工协作，加强大珠三角城市群的整合力度等，促进各个城镇新劳动分工的形成。

# 第五章

# 经验归纳：中外农村城镇化实践的一般规律与启示

作为一种历史现象，城镇化的发展已经历经了约二百六十年的发展历程，与工业革命、科技革命等一起，极大地改变了世界的面貌和人类的生活；作为一种现实发展潮流，城镇化在许多新兴发展中国家正进行得如火如荼、方兴未艾。综观东西方城镇化发展的不同路径和面貌，回溯几百年城镇化发展的不同阶段，城镇化发展在不同国家、不同时期展现出不同的发展轨迹，其中展现出来的一般规律值得我们细致挖掘，不同区域和时期的实践经验更加需要我们去吸取和借鉴，以期对我国现今推行的城镇化道路提供指引、添加助力。

## 第一节　国外城镇化发展的一般规律

如果说，20 世纪是城市化世纪，那么 21 世纪则是“城市世纪”[①]。2001 年 6 月底，近 500 个中国城市的市长参加中国市长协会第三次代

① 周毅. 城市化理论的发展与演变[J]. 城市科学，2009（11）.

表大会，达成一个共识：21 世纪是城市的世纪。按照联合国经社理事会的估计，2008 年，人类历史上第一次城市化水平超过了 50%，人类进入城市时代。

按照城市的起源、发展动力和推进规模的角度，可以将人类城市化进程大体上分为三大发展阶段①。

## 一、工业革命前人类城市发展阶段

工业革命前人类城市发展阶段是指工业革命前建立在传统农业基础上的人类城市发展阶段，具体是指从人类文明产生之初至 18 世纪中叶工业革命兴起。人类城市化进程与人类文明史一样悠久。农业效率的提高、农业剩余产品的增加使人类手工业和商业产生，人类聚落不断扩大，进而产生了最原始的城镇。尽管如此，在这个漫长的历史过程中，农业、手工业和商业水平的低下造成城市发展进程十分缓慢。直到 18 世纪中叶工业革命兴起，人类城镇化水平仅为 3%左右，世界城镇人口大约 250 万人。不容忽视的是，尽管总体进程缓慢，但同此时期人类取得了辉煌灿烂的文明成果一样，世界范围内也产生了雅典古城、罗马古城、西安古城和北京元明都城等颇具代表性的城市。

## 二、世界局部城市化发展阶段

世界局部城市化发展阶段是指 18 世纪中叶工业革命产生以后到第二次世界大战结束，建立在早期工业化基础上的世界局部城市化发展阶段。工业革命真正开启了西欧和北美等世界局部地区的城镇化的历程。这个时期，世界城镇化进程起点不高，速度还不是太快。据统计，从 1750 年到 1950 年的 200 年间，世界城镇化水平仅提高了 26 个百分点，仅从 3%提高到了 29.2%。这个时期最大的成就是，少数西方发达国家完成了高度城镇化的历史任务，成为发达国家。

---

① 刘云中，刘勇. 城市化道路的国际比较与启示[J]. 中国改革论坛，2010-08-10.

## 三、全球城市化发展阶段

全球城市化发展阶段是指第二次世界大战结束至今的建立在现代工业化基础上的世界全球城市化阶段。在此期间，城镇化在高度发达的工业化和科技水平基础上以前所未有的速度向全世界范围迈进。从1945－2008年，世界城镇化水平提高了23个百分点，从27%左右提高到50%，人类进入普遍繁荣的城镇时代。这一时期，城镇化的成就主要表现在三个方面：一是发达国家城镇化继续深化，成为新型的、主要靠第三产业推动的、后工业化时期的城镇化先驱；二是一大批新兴工业化国家快速崛起，成为城镇化的最主要推动者；三是广大的发展中国家积极参与到世界城镇化进程中来，并发挥着越来越大的作用。

从人类历史上的城市化进程来看，存在着如下规律：

1．城市化发展与经济发展水平紧密相关

从世界范围内的城镇化发展历程来看，经济发展水平与城市化水平之间存在着互相促进、互为因果的紧密联系。具体来说，城市作为巨大的物质空间载体，能够提供人类活动所需要的规模效益和集聚效益。随着城市化的推进，占主导地位的产业从农业转为工业，再转为服务业，经济结构和发展水平都呈现出不断提高的发展过程。反之，经济发展到一定阶段特别是工业化发展到一定程度，也会推动城市化水平不断提高。

1957年，美国经济学家钱纳里（H. Chenery）通过对世界各国的人均国内生产总值和城市化水平进行统计分析，发现两者之间存在正相关关系，即人均国内生产总值越高，城市化水平也就越高。例如在城市化加速时期，工业化与城市化的相关系数极高，工业化率与城市化率曲线几乎是两条平行上升的曲线。反过来，城市化的更高品质也会促进经济发展。从世界城市化发展的实践来看，2005年的世界城市化水平为49.2%。其中，发达国家为74.9%，欠发达国家为45.8%，最不发达国家为27.7%。因此也有学者按照城市化与经济发展水平的关系，将城市化发展模式划分为同步城市化、过度城市化和滞后城市化三种类型。①

当然，就此问题我们也需注意，人均 GDP 水平与城市化率并不是简单线性关系。在考虑城镇化率与工业化过程中人均 GDP 二者之间的关系时，需要注意阶段性对应问题，即城镇化与工业化之间特定的阶段性对应关系。②

2．城市化发展呈现 S 形增长曲线

美国城市地理学者诺瑟姆（Ray. M. Northam）在对西方发达国家城镇化发展历程进行实证分析的基础上，于 1975 年提出了“城市化过程曲线”，也即著名的“S”形曲线。他把英美等西方发达国家的城镇化过程分为三个阶段：第一阶段是在工业化初期，此时是城镇化的起步阶段，主导产业是轻纺工业，城镇化率低于 30%，且水平较低、发展缓慢。第二阶段在工业化中期，此时第二产业成为国民经济的主导，第三产业比重上升，城镇人口增加、数量增多、规模扩大，城镇化率以较快的速度向 70%攀升，是城镇化的加速阶段。在此阶段“城市病”现象出现并大规模爆发。交通的便利使郊区城市化现象出现并流行。第三阶段出现在工业化后期或成熟期，是城镇化的后期或稳定发展阶段。此时经济发展以第三产业和高科技产业为主导，成为城镇化进一步发展的主要动力。城镇化率大于 70%，但增长速度趋缓甚至停滞，城乡差别越来越小，甚至出现“逆城市化”现象。所以说，诺瑟姆曲线是在资本主义市场经济的制度背景下，对西方发达国家城镇化过程的一种总结或描述，认为可以用一个国家和地区的城镇人口占总人口比重的变化过程来概括其城镇化轨迹，是一种典型的经验分析法。③

从 1980 年到 2005 年期间，世界的城市化水平上升了 10 个百分点。其中，发达国家上升了 5.9 个百分点，欠发达国家上升了 14.7 个百分点，最不发达地区上升了 10.4 个百分点，也印证了 S 形增长曲线揭示的城市化发展规律。

---

① 刘云中，刘勇．城市化道路的国际比较与启示[J]．中国改革论坛，2010-08-10.

② 张士斌．国际视野下城镇化拉动内需的机制与对策研究[J]．现代城市研究，2010（9）.

③ 段学慧，侯为波．不能照搬“诺瑟姆曲线”来研究中国的城镇化问题[J]．河北经贸大学学报，2012（4）.

近代以来，由于科技进步的迅猛发展以及人们对于城市化发展规律的认识不断加深，城市化发展也显现出后发加速的特征。与英国、美国等国家动辄需要通过100年、80年才能实现高度城市化的速度相比较，二十世纪中后期才开始大规模推动城镇化发展的国家城市化发展速度明显加快。如日本城镇化率由32.7%提高到75.9%，仅仅用了40年时间，韩国从28%提高到75%更是仅仅才用了30年时间。

3．全球化、信息化对城市化发展的影响日益显著

由于全球化和城镇化均依赖于生产要素的空间流动，全球化的快速推进必然会对城镇化产生重大影响。[①] 20世纪70年代以来，经济全球化和信息化的不断加速发展对世界城镇体系产生了前所未有的影响。首先，促进了城镇空间经济结构的转型和城镇体系的扩展。发达国家的有些城市如纽约、伦敦和东京等，一直是主导全球或区域的经济中心，处于经济活动“价值链”的高端。与此同时，这些超大城市也一直是本区域乃至全球城市群的中心，拥有着数量巨大的人口、便利的交通网络、完善的基础设施和优质的公共服务。但是随着全球化和网络通信技术的突飞猛进，一方面，发达的信息技术使经济活动在空间上的分离成为可能，少数超级大城市因而成为全球或区域网络中的信息枢纽，操控各种资源的时空配置，其在世界城镇体系中的枢纽地位得到进一步强化；另一方面，随着信息网络的进一步发展，互联网使家庭和工作地点的不断模糊化。不断完善的道路交通建设，尤其是航空业的不断发展，使得小城镇在基础设施方面与大城市的差距越来越小，越来越多成为人们生活和工作的最佳选择，“郊区城市化”和“逆城市化”随之产生并得到极大发展。全球化、信息化的发展使原来各国分割的城市体系进一步融合成为一体化的全球城市体系，中小城市、小城镇在城镇体系中发挥着越来越重要的作用，改变了之前超大城市独霸一方的局面。其次，全球经济一体化的进程以及由此引发的城市发展模式的变化，使得城市经济发展越来越受到外部资本的影响。

---

① 苗长虹．全球化背景下中国河南城镇化推进的思考[J]．河南大学学报（自然科学版），2004（1）．

随着全球化进程中资本流动性的增强，城市之间的竞争日趋加剧。在经济全球化背景下，城市之间的竞争轨迹演变成为城市规划—综合实力—城市竞争力。最后，进一步加强了超大城市的“极化”作用。随着各国经济体系的日益开放，城市和城市地区越来越纳入全球经济网络，形成了世界级城市、跨国级城市、国家级城市、区域级城市、和地方级城市等新的城市体系。大都市地区的经济主导地位越来越凸显，成为所在国家参与全球竞争的战略性节点，“极化”作用进一步显现。

## 第二节　中国城镇化道路的特殊性

城市化问题是当今世界各国所共同面对的问题。立足现实，求同存异，我国城镇化道路与西方国家城镇化的道路本质上有着极大的不同，所以我们不能以“拿来主义”的态度，用所谓西方国家城镇化的一般规律去机械地设计我国城镇化的道路和模式，刻板地衡量我国城镇化道路上取得的成绩、出现的问题。中国的城镇化道路只能立足中国的现实国情，适度地借鉴别国城镇化经验，走出具有中国特色的城镇化道路。

### 一、以政府为主的多元动力机制

与西方国家一样，我国的城镇化进程也是随着工业化过程中不断推进的。然而，由于政治制度和经济体制的不同，新中国成立以来的城镇化道路带有浓厚的政治和政策色彩，政府在其中始终扮演着控制角色，是城镇化动力机制中的主体。尤其是在计划经济时代，为了迅速地实现新中国的独立富强，政府通过发展城乡二元社会以实现重工业化的快速强大，由此也造成彼时城镇化速度长期徘徊不前，城镇化水平极低的落后现实。改革开放以后，顺应发展社会主义市场经济的需要，我国不断调整城镇化政策，自下而上的市场经济和民间组织开始在资源配置和社会经济运行中发挥着基础性作用，城镇化发展中出现了活跃的市场自发调节，但国家制度、体制和政策、战略的力量依然在我国的城镇化进程中得到了充分体现，我国成功地走出一条具有中国特色的市场推动与政府导向相结合、自下而上与自上而下相结合的城镇化道路。一方面，尊重市场在资源配置方面的基础作用，在资源的流动、企业和产业在城乡的分布等方面积极发挥市场作用，并允许和鼓励民间力量在城镇化道路上多行多试，积累宝贵经验，贡献多元力量；另一方面，在某些市场力量不愿做、做不到的领域，如公共基础设施的建设、城镇体系规划等方面，政府积极发挥引导和控制作用。民间力量和政府力量相结合，市场作用和政策作用互相补充，既发挥政府必要的调控作用，又充分利用民间的巨大潜力和市场，促进效率提高；既避免了过度城市化、贫民窟现象等城市病的出现，又促进了我国城镇化效率的提高，真正实现了城镇化、工业化和现代化的适度同步发展。

## 二、以公有制为基础的社会主义市场经济制度

“城市本身表明了人口、生产工具、资本、享乐和需求的集中，而在乡村所看到的却是完全相反的情况：孤立和分散。城乡之间的对立只有在私有制的范围内才能存在。”①这也是西方发达国家城市化进程的理论依据和鲜明写照。与西方城镇化是在以私有制为基础的资本主义市场经济条件下展开的制度基础不同，我国的城镇化道路是在以公有制为主体的社会主义市场经济制度下运行的。公有制的主体地位决定了我国的城镇化道路最终目标是消除计划经济时代遗留的城乡二元经济的负面影响，不断缩小城乡差距，最终实现城乡人民共同富裕；社会主义市场经济的经济制度要求我国在城镇化进程中政府要始终发挥积极的引导作用，通过适度的宏观调控通过城乡协调发展，最终实现城乡一体化。

---

① 马克思，恩格斯. 马克思恩格斯选集（第 1 卷）[M]. 北京：人民出版社，1972：56.

## 三、以城乡一体化均衡发展为目标的长期战略

计划经济时代造成城乡二元结构一直是中国社会经济的突出矛盾，它严重制约了我国经济的持续健康发展，阻碍了和谐社会构建，对我国城镇化的质量和速度产生了消极的影响。“城市和乡村的对立的消灭不仅是可能的，它已经成为工业生产本身的直接必需，同样它也已经成为农业生产和公共卫生事业的必需。只有通过城市和乡村的融合，现在的空气、水和土地的污毒才能排除，只有通过这种融合，才能使现在城市中日益病弱的群众的粪便不致引起疾病，而是用来作为植物的肥料。”[①]“通过城乡的融合，全体社会成员的才能得到全面的发展。”[②]马克思、恩格斯对于城乡协调发展、一体发展的设想在今天的中国已经成为现实。2008 年，党的十七届三中全会提出必须统筹城乡经济社会发展，提出到 2020 年基本完成我国建成城乡经济社会发展一体化体制机制的任务。随着我国经济的快速发展，我国城镇化过程中出现了一些突出的不容忽视的问题，主要表现在分配不公和城乡差距进一步扩大、城乡发展不协调、生态环境遭破坏等，因此通过空间一体化、经济一体化、人口一体化、社会一体化、生态一体化等手段[③]，从根本上消除城乡二元结构、实现城乡一体化发展，是关系到我国经济和社会能否持续、快速、健康发展的现实途径。

## 四、工业化、城镇化、农业现代化同步发展的现实路径

工业化、城镇化和农业现代化虽然是各自独立的发展过程，但三者又是相互伴随、交织发展的统一体。已有的理论和实践研究表明，工业化是城镇化的前提、发展条件和存在基础，城镇化推动工业化；加快工业化进程势必推动农业现代化，农业现代化为工业化提供有力

---

① 马克思，恩格斯. 马克思恩格斯选集（第 3 卷）[M]. 北京：人民出版社，1972：335.

② 马克思，恩格斯. 马克思恩格斯选集（第 1 卷）[M]. 北京：人民出版社，1972：224.

③ 陈学云，史贤华. 我国城镇化进程中的城乡一体化路径研究[J]. 经济学家，2011（3）.

支撑；农村城镇化与农业现代化互为基础，互为前提，相互促进，相互制约。[①]目前，我国的农业现代化较工业化、城镇化明显滞后，无论是化肥投入、农机投入、劳动生产率还是耕地生产率来看，都与发达国家相差甚远。[②]党的十七届五中全会明确提出，“在工业化、城镇化深入发展中同步推进农业现代化”是“十二五”时期的一项重大任务。因此，在发挥工业化对农业现代化推进作用的基础上，激发城镇化对农业现代化的促进作用，建立“三化”协调推进机制，构建工农相互支援、协调发展的工农平衡增长机制，才能实现各方面的协调发展与良性互动，才能使我国落后的二元经济结构转变为先进的一元现代化结构，为和谐社会构建奠定坚实基础。

## 五、大中小城市和小城镇协调发展的实践模式

围绕我国城镇化推进的具体模式问题，迄今为止基本已达成共识。即我国应形成一个以大城市、特大城市和小城镇并举，功能完善、结构合理的金字塔城镇体系。[③]由于我国人口众多、地域广阔，不可能让大部分人都集中到大城市，而应着眼于大力发挥其骨干经济效益；小城镇缺乏规模效益和集聚效益，过于分散不利于小城镇吸纳能力的发挥。只有选择集中型与分散型相结合、据点式与网络式相结合、大中小城市与小城镇协调发展的多元化发展模式，才能在大幅度提高城镇化水平的同时减少乃至消除“城市病”的发生，最终促进城乡经济和社会的全面协调发展。除此之外，具体到我国各区域，由于自然资源、经济水平各异，城市综合承载力千差万别，各地必须根据自身资源条件、人口规模和经济发展水平，因地制宜推进城镇化建设，走多元化的城镇化发展道路。总之，要按照统筹规划、合理布局、完善功

---

① 陈志峰，刘荣章，郑百龙，曾玉荣. 工业化、城镇化和农业现代化“三化同步”发展的内在机制和相互关系研究[J]. 农业现代化研究，2012（2）.

② 王瑞波，陈琼，肖红波，王济民. 世界“三化”同步及对中国的启示[J]. 世界农业，2012（5）.

③ 胡莹莹. 当前经济理论界有关城市化问题的观点综述[J]. 宏观经济研究，2000（2）.

能、以大带小的原则，遵循城市发展客观规律，以大城市为依托，以中小城市为重点，逐步形成辐射作用大的城市群，促进大中小城市和小城镇协调发展。

## 第三节 国外城镇化发展对中国的启示

目前，中国正经历着世界上规模最大、也许是速度最快的城镇化进程。成就令人瞩目，问题也不容回避，诸如自然资源短缺、生态环境恶化、人居环境脆弱、城市政策失衡、“土地城市化”大于“人口城市化”等已经成为困扰中国城镇化稳步提升的顽疾。但我们不能因此否定城镇化给中国经济、社会带来的巨大促进作用，城市可能是主要问题之源，但也可能是解决世界上某些最复杂最紧迫问题的关键。研究、汲取和借鉴所有西方先行国家城市化的成功经验和失败教训，对探索中国特色城镇化道路，促进我国城镇化的健康、有序发展具有重要意义。

### 一、城市发展不能以牺牲乡村为代价

如前所述，城市化、工业化与农业现代化之间存在着互为因果、互相促进的关系，农村城镇化与农业现代化互为基础，互为前提，相互促进，相互制约。毫无疑问，城市化是未来支撑中国经济最重要的支柱力量，但是，在推进城市化的同时，农业、农村和农民的发展同样重要，尤其是在我国“三农问题”居高不下的宏观背景下，在大力推进城镇化的基础上实现新农村建设的宏伟大业，促进城乡居民的共同富裕，亟需引起特别重视。

以牺牲乡村发展换取城市的畸形发展，西方国家对此有过惨痛的失败教训。英国在快速推进城市化的过程中，对农业重视不够，城市化占用了大量的农业土地。耕地和劳动力的急剧减少使英国农业生产能力受到极大威胁，工业生产无以为继，不得不依靠进口来满足工业

化和城市化对农产品增长的需求。凡此种种严重制约了英国城市化的速度和质量。巴西在城市化过程中，片面强调城市的扩张而忽略了农村的发展，导致城乡差距严重拉大，没有一技之长的农民蜂拥而至大城市，结果只能成为“过度城市化”，出现了贫民窟、社会犯罪等城市病问题，至今仍是困扰巴西城镇化质量提升的根源。

国际经验表明，凡是城市化水平高的国家，其农业也相应较为发达。典型如美国、日本、澳大利亚等国家。美国是在城镇化、工业化的同时实现了农业现代化，农业生产率的迅速提高不仅解决了工业发展需要的粮食和原料问题，而且为工业化和城镇化提供了大量积累资金。直至现在，美国仍采取种种有力措施，如通过立法，促使经济和社会发展的机会沿交通干线向城郊和农村扩散，以及在税收上向城郊和农村地区倾斜，促使消费机会向远郊和农村扩散等等，推行城乡一体化，扶植现代化农业小城镇，为乡村提供发展机会。

再如日本。日本政府在关注三大都市圈发展的同时，制定了大量法律促进农村和农业的健康发展，保护农民的利益。自20世纪60年代以来，日本政府陆续制定了《农业基本法》《新全国综合开发计划》《农村地区引进工业促进法》等，促使工业和大企业向地方城市和农村转移；制定了《过疏地区活跃法特别措施法》《山区振兴法》等，扶持山区农村及人口稀疏地区的经济发展。同时，日本政府也比较重视对农村、农业的投资，中央政府主要对建设项目进行财政拨款及贷款，地方政府除财政拨款外还可发行地方债券进行农村公共设施建设。种种措施，不仅改善了农村基础设施，加快了农村地区和小城镇的现代化发展，也从根本上为城乡一体化建设提供了可能。

农产品是澳大利亚的主要出口产品之一。澳大利亚政府通过一系列的规划形成了因地制宜的发展格局，根据不同的地理位置和自然环境，分别发展不同的农业生产带：①集约农业带，又称高雨量带。其范围从昆士兰州北部海岸延伸到南澳大利亚洲的东南角，以及西澳大利亚州的西南部和塔斯马尼亚，降水较充沛，适于发展种植业和奶牛业。②小麦、养牛带。其范围从昆士兰州中部向南延伸，经过新南威尔士州坡地至维多利亚北部和南澳大利亚洲农业区，是半干旱至湿润气候的过渡区，年降水量400mm～600mm，以旱作农业为主，大多数农场经营小麦、养牛和肉牛业。③牧业带。包括西澳大利亚州、南澳大利亚州大部分地区以及新南威尔士州西部、昆士兰州南部，年降水量少于 400mm，大陆中部沙漠地区少于 200mm。该地带面积最大，牧场面积达 3.8 亿 $hm^2$，但气候干燥，植被稀少，以养牛业为主。①

农业是人类生存和发展必不可少的行业，农村是一个国家生态平衡、发展可持续的重要区域，农民是一个国家不可或缺的建设者和重要群体。正反两方面的例子都告诉我们，要想在新时期实现城镇化更上一个台阶，必须纠正传统的偏重城市发展的政策倾向，在城镇发展与农村发展之间形成一种良性的互动关系，通过城乡统筹发展实现城乡一体化。唯有如此，才能为我国现阶段城镇化中出现的一系列问题如农民工市民化、土地财政、生态恶化等找到现实解决途径，才能彻底消除城乡二元经济结构的遗留影响，让人民生活得更加幸福、更有尊严，让社会更加公正、更加和谐。

## 二、形成多极多层次的城镇体系至关重要

我国实现城市化将是一个比较长的历史过程，要延续到2020年以后，不能急于求成。十六大报告把“逐步提高城镇化水平，坚持大中小城市和小城镇协调发展”，定义为中国特色城镇化道路，即大中小城市和小城镇“四城”并举，逐步形成合理的城镇体系，提高城镇综合承载能力，促使大中小城市和小城镇协调发展。

从现实国情出发，我们既不能将城镇化理解为单一的发展大城市，也不能简单化地将城镇化解释为遍地开花发展小城镇。中国有巨大的农村人口，不可能全部涌入大城市，否则会引发大城市人口过度膨胀所带来的“城市病”。但随着经济全球化、信息和交通技术的进一步发展和运用，大城市日益成为区域和国家核心竞争力的主要载体，具有巨大的发展潜力，理应重视和发展。小城镇没有如大城市一般强大的

① 曹宗敏. 浅谈新时期小城镇如何发展[J]. 中国建设信息，2005（15）.

辐射和集聚能力，遍地开花地发展小城镇，只能是一种表面现象的“浅度城市化”，但小城镇是国家城镇体系的“基层”，大中城市发达而小城镇萎缩衰退的城镇体系，将会是一种畸形的、不可持续的体系。因此，总体而言，大城市具有中小城市不可替代的作用，中小城市和小城镇具有大城市所没有的特色，任何类型的城市发展都有其产业依托。小城镇的产业依托是农村工业；中小城市的产业依托是现代工业；大城市的产业依托是建立在现代工业基础上的第三产业。不同类型的城市具有不同的功能和吸引力，单纯依靠某一种类型的城市或城镇都无法实现我国城镇化道路的持续前进，无法完成城乡一体化的发展重任。

因此必须从我国农村经济相对落后、资源条件相对贫乏的实际情况出发，以适度城市化和建立科学合理的现代化城镇体系为基本方向，通过市场机制与行政机制有机结合，多渠道、多元化、多模式地推进我国城镇化进程，建设中国特色的城镇化道路，实现农村城镇化、城镇城市化和城市再城市化的梯级递进过程。具体而言，农村城镇化就是以农产品为原料进行城镇的加工工业，发展农村工业；城镇城市化就是在城镇加工工业的基础上发展现代工业，并使城镇规模逐步扩大；城市的再城市化就是使那些超大规模城市逐步实现产业的战略转移，将工业特别是重工业下移，使其发展成以信息产业为主的信息化中心。以小城镇建设为逻辑起点，以产业发展为龙头，实现农村、小城镇、中小城市、大城市和特大城市的递进发展①，最终完成以大城市为骨干、中小城市为主体、广大小城镇为基础的城市群体。

在此发展过程中，有两个问题需要我们特别重视：（1）加快发展中小城市（镇）。在以大城市圈为核心的城市化进程中，中小城市的作用至关重要。它们既具有小城镇所不具备的对产业和人口的集聚、辐射能力，又具有大城市所无法达到的灵活性和人口吸纳能力。之前我国的城镇化进程一直畸形地争执于大城市还是小城镇，有意无意地忽视了中小城市所具有的巨大潜力，未来应赋予大力发展中小城市与其他两者同等的重要性。（2）培育具有全球竞争力的城市群（带）。经济

① 冯尚春，周振. 论中国特色城镇化道路[J]. 中共中央党校学报，2011（2）.

全球化正在深刻地影响当代世界的城市化发展，培育具有全球竞争力的大都市区已经成为城镇体系发展的一个战略目标。从过去的发展历程看，以一个或几个超大城市为中心的大都市区对所在国经济乃至全球经济发挥了积极乃至主导的作用，成为所在国家参与全球竞争的战略性节点。因此，适当选择城市群和都市圈的空间布局和发展道路，着力实施中心城市和城市群带动的城市化发展战略，提高城市化质量和水平，是提升我国城镇化质量、发挥区域增长极的重要途径。但这种发展和培育不是盲目攀比、齐头并进。目前全国很多城市不顾本地现实，片面追求城市化率，盲目提出要建成“国际化大都市”，实践证明这是不现实的。

## 三、系统、稳定、可持续的城市发展政策十分关键

城镇化是中国现代化进程和经济持续增长中的核心命题，而公共政策又是中国城市化进程中举足轻重的推动变量。制定系统、稳定、可持续的城市发展政策，是推动我国城镇化顺利、可持续开展的关键因素之一。

中国的城镇化可以说是世界上前所未有的庞大历史工程，它不是简单城市扩大、市容更新、基础设施建设，而是一个以人为中心、受众多因素影响的、极其复杂多变的系统转化过程，包括硬件结构和软件结构两大系统的更替和提升，是从传统社会向现代文明社会全面转型和变迁的过程。[①]在这个过程中，既包括农业人口转化为非农业人口，农村居民物质生活和精神生活得到满足；也包括城市数量的增多、规模的扩大、基础设施的完善、职能的扩大；还包括城市的经济关系、居民的生活方式向农村扩散等。其基本目标是消除城乡差别和工农差别，实现集约化经济社会、流动性社会（人口流动、交通体系）、市民社会和追求可持续发展的社会。显然，这是一项复杂的系统工程，涉及经济、社会与生态等方方面面，必须进行深入、系统的研究，制定

---

① 周毅. 城市化理论的发展与演变[J]. 城市问题，2009（11）.

系统、稳定、可持续的城市政策，强化制度创新，使经济政策、产业政策、能源交通政策等与社会政策有机组合，形成一个和谐而统一的公共政策体系，以保证我国城镇化进程的健康、有序进行。

首先，工业化与服务业的发展需要公共政策调整。一个国家要城市化，要使农民真正进城，需要创造越来越多稳定的、长期的非农就业岗位，使农民不仅能够进城，而且能够在城市定居，非农产业化才能最后实现。从这个意义上来说，城市化是为了更好更快地实现非农产业化。因此，要使城市化深入展开，当前的重要任务是发展适合我国国情、适合于一个地区和城市的具体条件的产业结构，创造更多的就业，而这需要政府有针对性地出台一系列公共政策，尤其是经济政策和产业政策，引导此区域的就业增长、人口集聚和收入提高，这样城市才能发展起来。

其次，土地制度改革需要公共政策干预。目前，我国新型城镇化面临的一个重要问题是高房价，而政府过分依赖卖地收入，在一定程度上推高了房价，严重阻碍了城镇化的进一步推进。同时，现有土地管理体制下，土地使用效率下降，土地供应不足，不但难以保障城镇化的土地需求，而且可能影响到粮食安全。①与其他多数国家不同，我国土地制度的基本特征是一种城乡分割的土地制度，城市市区土地属于国家所有，农村和城市郊区的土地除法律规定属于国家所有的以外，属于农民集体所有。从空间的角度来说，城市化是土地用途转移的过程，要求城市用地、商业用地的增加，土地的使用应更集约。但是我国目前土地使用粗放程度不断恶化。从 2000 年到 2010 年，全国人均城镇工矿用地从 130 平米提高到 142 平米，城市建成区人口密度下降，从每平方千米 7700 人下降到 7000 人，导致城市用地与农业用地发生了严重的冲突，出现了诸如农村土地闲置严重、农地质量下降、土地财政问题突出等。要解决这些问题，必将涉及土地等一系列制度与政策的改变，政府必须发挥重要的引导作用。例如，如何更有效地利用有限的土地进行城市化发展，如何使城市用地更加集约，在有限

① 土地制度改革与新型城镇化[N]. 第一财经日报，2013-05-27.

的土地上提供更多的住房、各种工业和商业的空间，如何使转移出来的农民所拥有的宅基地充分利用起来，与农民进城的进程相结合，满足城市用地的基本需求等等。在这方面，成都、重庆搞的农地交易所是一个有益的探索。

第三，公用事业发展需要公共政策供给。城市化意味着大批的农民结束了散居的农业社会生活方式，集聚到城市当中开始了另外一种生活，许多生活必需品的供给，从原来的一家一户各自解决的方式转变为需要政府、集体通过公用品、公用事业的方式提供，这时候一系列有关城市公用事业发展的公共政策就变得越来越重要。除此之外，城市人口的增加、规模的扩大也急需政府扩大基础设施建设，给城市居民的生活提供便利服务。大力加快公用事业发展，完善城市基础设施建设，对我国城镇化的展开也有显著的推动作用。据测算，我国公共基础设施投资乘数约为 1.9，即每 1 单位的基础设施建设可以创造 1.9 单位的国民收入。这表明，加快基础设施建设，既可以带动交通、通信等支柱产业和其他配套产业加快发展，也能改善投资环境，创造更多的就业机会，对确保经济持续稳定发展具有重要意义。[①]如何利用有限的资源，提供价格低廉、质量有保证的各种公用品，如电力、自来水、煤气、公共交通、公共设施，垃圾处理等，是我国城镇化过程中非常重要的一系列需要研究的制度与政策问题。

第四，生态环境需要公共政策保护。建设低碳环保城市，减少城市的二氧化碳排放量，保护城市环境，是当今世界各国城市的奋斗目标和发展方向，某种程度上影响城市在全球范围内的形象和竞争力。随着我国城镇化进程的加快，大量的环境污染和破坏问题逐步显现，城市生态环境持续遭到破坏、极端天气频繁发生，严重影响了我国的国际形象和地位，影响了我国经济乃至社会方方面面的发展，人与自然如何和谐相处、有利互动还没有得到充分解决。在目前全世界都关注全球变暖、应对气候变化的潮流中，中国作为一个发展中国家，以

---

① 基础设施建设：推进城镇化进程. http://www.360doc.com/content/10/1213/21/5039182_77848843.shtml. 2010-12-13.

城市总体生态环境的优化为出发点和归宿，以方便、和谐、宜居、低碳为目标，始终紧扣生态友好、资源节约的主题，谋求城镇的可持续发展[①]，毫无疑问应该是我国现阶段和未来城镇化进程中公共政策问题的一个焦点。

最后，社会保障需要公共政策完善。构建完善的社会保障体系是迅速推进我国城镇化水平的重中之重，是破解城镇化发展瓶颈的必由之路，离开了社会保障体系建设，就无从谈城镇化建设[②]。英国在世界上第一个建立了城市社会保障体系，通过政府强有力的社会保障公共政策和宏观调控政策，推行“福利国家制度”，来消弭自由放任城镇化模式所造成的一系列社会发展断裂。重点包括：消除贫困，缩小阶层贫富差距；加强公共卫生设施建设，着力解决公共卫生设施匮乏问题；建立完善的社会保障制度。英国的社会保障制度向公民提供从“摇篮到坟墓”的全面社会保障，主要包括：向居民提供基本生活保障；提供医疗服务；提供符合体面生活的住房；提供教育服务，解决移民的教育问题。[③]我国城镇化发展中的一个突出问题在于，如何有序、稳定的实现农民工市民化。2010 十七届五中全会指出要“把符合条件的农业转移人口逐步转为城镇居民作为推进城镇化的重要任务”，对在统筹城乡发展、推进城镇化建设的背景下重视和解决农民工市民化问题提出了明确要求。毋庸置疑，在我国城镇化的推进过程中，农民工群体对我国现阶段城镇化的顺利发展和经济结构的转型和升级做出了巨大贡献和牺牲，他们的生存状况和群体状态对我国城镇化的顺利与否有着巨大影响力。不可否认的是，由于种种因素的存在，现阶段农民工在我国仍然是弱势群体，他们渴望城市，但千辛万苦进入城市却在很多方面没有保障，包括养老、医疗、住房、子女的教育等，无论在内部还是外部仍然面临一系列问题。在这个意义上，城市化是一个社会问题，需要方方面面的社会公共政策加以完善，尤其需要政府在

---

① 吴江晨，吴子敏. 生态城镇化是科学发展的必然抉择[J]. 中国改革论坛，2011-11-24.

② 城镇化中社会保障体系的作用和地位，http://www.docin.com/p-117586142.html.

③ 刘恩东. 中美利益集团与政府决策的比较研究[M]. 北京：国家行政学院出版社，2011：113.

相关层面有所作为。[①]其实早在改革开放初期，政府就已经对农村劳动力流动问题给予了重视，鼓励农村富裕劳动力自由流动，加强了对这一群体的相关管理，进入21世纪，面临农民工群体发展态势，各级政府也相应出台了各种政策，加强了对农民工群体的权益保护力度，尤其在就业培训、子女教育、社会保障、住房等方面予以了重点关注和解决，以引导他们发挥群体优势，为我国的城镇化进程中的经济和社会结构升级转型发挥出应有的作用。

需要注意的是，在讨论、制定城镇化发展政策时，我们应该注意以下几点：首先，着眼全局，避免局限于具体的“城市问题”。城市发展政策的成败并不完全取决该政策本身，而在于更加高层、宏观的国家发展政策。国家发展政策的正确与否，决定城市发展政策是否出现偏差。反之，在高度城市化的时代，城市发展政策某种程度上也具有全局作用，对于一个国家经济社会的长期发展也会产生历史、重大、经久的反作用。因此在制定国家经济发展政策和城市发展政策时，必须特别重视这些政策的空间和时间影响、整体和局部影响。其次，由于对问题的了解和深度认识需要时间，构思问题的解决之道更需要时间沉淀和检验，所以制定正确的政策需要时间。实践和时间是检验真理的唯一标准。城镇化的发展是我国经济社会全面发展的重要一环，对未来中国面貌有着极大的塑造作用，影响十几亿中国人民的生活状态和切身利益，所以决策者在制定城市发展政策时，更是要特别注意防止急功近利和好大喜功。

## 四、政府的适度引导必不可少

如前所述，城镇化是一场深刻的社会大变革，涉及经济结构调整、社会结构变迁、城镇合理布局、区域协调发展等一系列重大问题。如同市场经济需要适度的宏观调控一样，城镇化也必须要有适度的宏观调控和引导。尤其在我国的现行体制下，政府在市场化的基础上对城

---

① 陈素琼，张广胜．中国新生代农民工市民化的研究综述[J]．农业经济，2011（5）．

市规划编制、城市发展方向、城市区域统筹协调等方面进行适度引导，对避免城市病或城市危机的出现，实现城镇化的健康可持续发展十分必要和重要。

（一）城市规划至关重要。从各国的实践情况看，在城市化发展的各个阶段，城市化发展较为成功的国家，始终都坚持以城市规划为主体的公共干预政策，以此对城市化各个阶段的具体工作进行控制和引导；反之，凡是缺乏科学权威的城市规划体系以及相关的公共政策，城镇发展就会呈现无序状态。

英国非常注重通过规划立法引导城镇化发展的方向，城乡规划立法强化了政府宏观调控的作用，为政府用强制性规定和规划立法来干预、调节、规范、引导城乡的有序建设、发展发挥了保障作用。据统计，自 1909 年以来，英国先后颁布 40 余部关于城市的法规，目前已经形成了由中央、地区和地方三级组成的完善的规划制定管理体系。2004 年新修订的《城乡规划法》，更是将原来的指导性地区规划上升为立法性规范。除此之外，在英国规划的公众参与力度非常大。英国的各个层次的规划，如全国性城市发展战略规划、市镇地方规划及市区局部的改造建设等，都要有公民参与；参与的形式多种多样，有意见听证、调查表格、电视辩论、网络投票等等。更重要的是这些意见多半能够反映到规划中，真正能够落实[①]。

法国也是注重以城市规划引导城市发展的典范。尤其是巴黎，其城市规划传统由来已久。巴黎城市规划的显著特点在于不同阶段提出不同的规划措施，符合当时形势的发展，追随和体现时代的特征，因而取得了很大的成效。[②]除此之外，巴黎城建法规规定，除少数大厦之外，大多数楼房都不超过 10 层；市内建筑物高度必须与临近街道的宽度构成一定比例，这样一方面从客观上降低了人口密度，缓解了交通压力，也减轻了城市医疗、教育和社区等配套服务设施的压力。另一方面，巴黎市有意识地把城市分区，将商业区、大学区、公务区和

① 曹金臣. 发达国家小城镇建设的经验[J]. 世界农业，2012（10）.

② 章友德. 城市社会学案例教程[M]. 北京：上海大学出版社，2003：145.

居住区分开，将一些密集办公的商务区和工业区迁到周边郊区，较好地缓解了巴黎市中心的交通和配套设施压力。

日本也比较重视城市化过程的总体布局，东京的城市规划以放射状大容量轨道交通为依托，沿轨道交通站点（多为过去的小城镇）建设生活服务、文化娱乐和治安配套完善的居民区，带动了周边大片区域的发展。

反面的例子是美国的“波士顿大开挖计划”。1959 年建成的波士顿中央干道原本被寄予缓解拥堵的希望，但结果却适得其反。于是，20 世纪 70 年代总投资 146 亿美元的“大开挖计划”应运而生，在长约 13 千米的范围内，将这条高架中央干道全部拆除，把交通引入地下隧道。

因此，利用城市规划加强对城市的改造与管理至关重要。吸取英、美等西方国家的经验和教训，在城市定位、公共设施建设、公共卫生、人居环境等方面提早规划，发挥城市规划的引导和控制作用，是我国现阶段城镇化建设的重要环节。

与此同时，加强发展规划、城市规划、土地利用规划三大规划之间的协调而不是相互矛盾，提高规划的权威性是城市规划的重点。当前，我国绝大部分城市和小城镇都已编制发展规划，不少城市甚至进行了多次修编和调整，但是，“规划规划，墙上挂挂”，法律约束力弱，随意改动现象严重；“一任市长、一个规划”的现象普遍，城市规划变成长官意志的蓝图，沦为形象工程、政绩工程，忽视了社会实际问题的解决等等问题，致使规划的实际执行力大打折扣，难以落实，需要在未来的城镇化建设中得到纠正。

（二）推行紧凑集约发展。城市无序蔓延使某些国家在资源和环境方面付出了巨大代价，其后遗症至今仍困扰着它们的发展进程。从 20 世纪 80 年代以来，西方国家开始检讨城市蔓延带来的经济、社会和环境后果，主张未来的城市发展应该采取公共交通主导的紧凑空间形态和混合土地用途，以实现人类居住区的可持续发展。在我国，随着城镇化进程的不断推进，类似问题也日益凸显。目前我国每年有约 1500 万人进入城镇，这就进一步要求我们在城市甚至区域的范围内倡导土地使用功能的混合，大力推广紧凑节地的发展模式，构建紧凑型的城市空间格局，使之成为我国城镇发展建设中的主导思路。

（三）区域统筹协调不可或缺。美国城市理论家芒福德曾指出，“真正有效的城市规划必定是区域规划”。城镇化的本质是区域发展。无论是迈向可持续发展的目标还是应对经济全球化的挑战，城市化发展越来越需要在区域层面进行统筹协调。[①]早在1999年，欧盟就制定了《欧洲空间发展战略》，为统筹和协调各成员国的空间发展提供指导框架。实践证明，以大都市为核心的区域层面上的空间发展管理，能够有效地促进城乡之间的协调和地方之间的合作，由此实现区域之间经济、社会和环境的均衡发展。

就中国情况而言，借着经济调整的时机，区域经济发展已经成为我国经济体中最具活力的领域。仅2008年底到2009年底一年时间，国家区域经济规划接连出台，到年底已达13个，是政府出台区域经济发展规划最多的一年。2010年新年伊始，《长江三角洲地区区域规划纲要》出台。事实上，发展到现阶段，改革开放初期靠点状拉动中国经济发展的方式出现了一些新的问题，比如低水平重复、形成地方性恶性竞争。解决这些问题的方法是扩大区域。从趋势上来看，点状拉动将走向区域经济一体化，也就是发展到更大范围的区域合作。换言之，城镇化进程已经与区域发展密不可分，共生共荣。加快城镇化进程，不仅要加强城乡统筹，还要注意区域层面的统筹协调，尤其是要加强各省之间、城市之间发展意图的相互衔接与配合，通过协调提升地区差异化核心竞争力，而不是各自为政、低水平重复、恶性竞争。近年来，随着城市圈、城市带的建设热潮，就此问题我国很多区域和城市已经开始了探索和实践，形成了积极的示范效应。京津冀都市圈的顺利发展、珠三角和长三角地区的飞速前进都离不开区域协调的积极作用，并将在未来的发展进程中持续得到重视和应用。

联合国助理秘书长沃特·恩道曾论述：“城市化极有可能是无可比拟的未来光明前景之所在，也可能是前所未有的灾难之凶兆。所以，

① 于志勇. 对农村城镇化与政府职能定位的聚焦与探究[J]. 农村经济，2012（3）.

未来会怎样就取决于我们当今的所作所为。”本届上海世博会的主题“城市，让生活更美好（Better City，Better Life）”，究竟城市能否让生活变得更美好，也取决于我们今天的所作所为。今天的城市发展与城市建设，有时候因为建设、作为而贡献，有时候因为守望、不为而贡献，一切功过得失，自有历史来做评价，而不在于当代匆匆的褒贬及过眼的荣辱。

## 第四节　农村城镇化进程的重点与难点

温家宝在第十一届全国人民代表大会第五次会议上做政府工作报告时指出，要根据资源环境和人口承载能力，优化全国生产力布局，形成合理的城镇体系和与国土规模、资源分布、发展潜力相适应的人口布局。各类城市都要夯实经济基础，创造就业机会，完善基础设施，改善人居环境，加强管理服务，提升城镇化质量和水平①。迄今为止，我国城镇化建设已经取得了很大成绩，有力推进了我国经济和社会的全面转型。但是在充分肯定成就的同时，我们也应该看到，我国城镇化进程中仍然存在很多问题和不足，有待于我们进一步加强研究，寻找对策，以求从根本上解决问题，提升现阶段和未来城镇化进程的速度和质量。

“转型期城市规划变革的成功与否，直接关系到我国的城镇化进程以及资源节约型、环境友好型社会的建设进程和城镇化的健康发展”。②作为我国城市体系的重要组成部分，小城镇的合理规划也是现阶段不容忽视的关键问题。截止到2008年，我国小城镇建设得到前所未有的发展，仅从数量来看，已经从1954年的5400个增加到2008年的19234个，城镇人口近8亿，占全国人口的45%。但数量繁荣的背后，小城

---

① 我国将优化人口布局形成合理的城镇体系，http://finance.sina.com.cn/china/20120305/104411514070.shtml.

② 仇保兴. 和谐与创新——快速城镇化中的问题、危机与对策[M]. 北京：中国建筑工业出版社，2006：193.

镇建设的盲目开发无序发展造成的质量低下现象令人堪忧。首先是人口凝聚力差。截止到 2008 年，我国镇区人口近 2 亿，占城镇人口的 33%，镇区面积近 90 万平方千米，人口密度约 2330 人/平方千米，建制城镇人口普遍偏少，平均人口不足 3000 人，造成许多城镇名不副实，这种在小腹地和小吸引范围内的内部积累式自发发展，难以产生极化效应，发展速度有限，竞争能力提高缓慢。[①]有的小城镇还存在滥设开发区的现象，全国的开发区规划占地面积超过总的城镇建成区面积。在 2006 年的全国开发区清理整顿工作中，仅浙江省一省就清理出了 1000 多个开发区，其中一个工业型的小城镇竟然设有 5 个开发区，挤占浪费耕地现象严重。大量“空心化”的小城镇建设带来的直接后果就是公共服务各自为政，铺开摊子搞建设，每个小城镇都进行工业区、住宅区、商贸区、行政区规划，都进行交通、电力、文化教育、供水排污、医疗保健等基础设施建设，造成巨大的人力、物力和财力浪费。

小城镇自身建设中存在的盲目无序也造成用地粗放，土地资源浪费严重。由于我国特有的国情和发展阶段，土地的资源价值长期以来一直被严重忽视。新时期城镇化建设开始以后，由于整体建设体系缺少规划，加之小城镇个体对土地利用缺少自觉保护意识和有效调控手段，粗放型征地、不合理占地、浪费用地现象十分严重，导致小城镇建设用地不合理、土地利用效率低下等问题普遍存在。许多小城镇不具备工业化、城镇化条件，盲目扩张占用耕地，大搞形象工程建设，盲目模仿大城市，结果非但没有促进产业和人口的集聚，反而导致优质耕地的丧失，造成极大的资源浪费。有的大城市则不顾城乡功能的合理划分，利用行政权力不断吞并具有活力和发展潜力的乡、镇，利用摊大饼方式直线推进城镇化，结果由于资源能力有限，与城镇化建设初衷背道而驰南辕北辙，不仅许多失地农民实践中没有能力或条件享受非农业户口居民的福利，激化了社会矛盾，成为社会不稳定的隐患，更在很大程度上造成土地浪费流失，严重影响了城镇化的健康发展，削弱了城镇化的发展后劲。除此之外，高度分散化、非城镇化的

① 袁中金. 中国小城镇发展战略[M]. 南京：东南大学出版社，2007：84.

乡村工业企业占用了大量耕地，其土地利用率仅仅占城镇化的工业化土地利用率的九分之一，造成我国农业生产中的土地与劳动力要素在向城镇流动中产生了偏向村落这一结构性扭曲现象，进一步激化了我国人多地少、人地关系高度紧张这一矛盾，制约了我国农业的现代化进程和工业转型，更进一步制约了我国城镇化进程的健康发展。

首先，政府管理模式僵化。第一，在我国，绝大多数的小城镇照搬或沿袭城市的管理模式，机构众多但人浮于事，其机构除镇党委、镇政府的内设机构外，还有众多以执行部门政策和接受上级部门领导为主的县市直部门在小城镇的派出机构与企业事单位，它们实际控制着小城镇建设中的要素资源，直接降低了镇政府在处理具体行政事务的权威性和灵活性，弱化了镇政府对本镇经济和社会发展的调控和协调能力，客观上使镇政府政权和事权不相称，激化了相关部门与小城镇之间的条块利益冲突，导致部门利益倾向严重，条块之间利益冲突频发。第二，很多小城镇政府管理缺乏创新意识和手段，存在政策和实施手段不一致的问题，实践中依然严重依赖垂直的计划体系的技术和财政支持，导致资源的无效使用。镇政府还存在直接干预的惯性思维，没有做好职能转换工作，导致快速发展的城镇化以及满足增长的城镇人口需求所需要的行政资源之间的差距越来越大。第三，在建设资金方面，总体而言小城镇获得的投入较少，资金运作能力低。小城镇的镇级财政和金库并没有真正建立起来，分税制度对小城镇发展不利，国家和省对小城镇的直接投入也极为有限。受其固有的地域范围较小和人口数量较少的因素影响，小城镇市场资金运作能力也较低，金融资本片面向大城市集聚，金融信贷机构在乡镇形成断层，加之其在市场流转过程中所取得的土地开发收益和城建维护税等按法律和政策规定又须上交上一级政府，返回很少，导致小城镇政府几乎无财可用，日常管理经费严重不足。第四，发展目标制定的同一性和低效性。受目前自上而下的干部政绩考核制度的客观约束，以及个别乡镇领导的主观需要，绝大多数小城镇在制定城镇发展计划和发展目标时普遍带有短期性和极强的本位色彩。每个乡镇政府都简单地把城镇化与现代化、国际化联系在一起，忽略了城镇化发展过程中的独特性和各种制约因素，就镇论镇，导致本区域城镇功能和定位模糊，特色风貌丧失，产业结构雷同，基础设施重复建设，不利于发挥资源配置优势和提高资源利用效率，造成低水平竞争，资源浪费严重，难以发挥城镇集聚和辐射作用，对全国范围内的城镇化布局也造成极为不利的影响。总体而言，在政府管理模式方面，受体制和机制限制，绝大多数小城镇既没有完全的能力和资金自身担负起提供公共服务的责任，其利用市场机制实行市政公用设施市场化运营条件又不成熟，导致其规划、建设、管理等需重点运用履行的职能不突出，资金缺口大，在建设过程中顾此失彼、捉襟见肘，很大程度上是为了城镇化而城镇化，从而背离了我国城镇化建设的本质，在实际工作中出现了三个通病：重引进工商企业，轻吸纳居民；重工业区开发，轻生活区建设；重经济效益，轻镇区居民生活质量，导致城镇化质量不高。

其次，小城镇生态环境恶劣，生态保护和建设严重不足。由于客观地理环境制约，我国大部分村镇的地理条件和资源环境天然存在脆弱性、不均衡性、难恢复性等特征。加之我国长期推行的城乡二元结构发展模式，城乡发展不均衡问题突出，多数小城镇财力有限，农村环境基础设施投入缺乏。就环境与生态保护法律规范而言，目前与小城镇环境与生态保护相关的法律规范条文零星分散、多口管理，不能适应小城镇环境与生态保护的需求，以致多数小城镇不仅在被动执行环境保护法律法规和政策上存在较大空白和疏漏，在环境保护意识上也较为薄弱。除此之外，长期以来城镇化工业建设中存在的粗放落后式和资源消耗型发展，已有的科研成果和污染治理技术缺乏普适性和长效运行管理机制，应对不同环境问题的科技支撑能力严重不足等种种因素使得在城镇化建设进程中针对小城镇的环境监测和保护技术、设备、资金严重短缺，导致城市污染向小城镇加速蔓延，农业污染严重，农业生态系统遭到严重破坏，水土流失和土壤恶化现象加剧，严重损害了农民自身健康状况和生活水平的提高，影响了我国生态环境质量，阻碍了我国经济和社会的可持续发展。小城镇环保建设迫在眉睫，已有城市的污染治理也刻不容缓。随着城镇化进程的加快，城市数量越来越多，规模越来越大，生物自然领域逐渐萎缩，城市生态平衡也遭到破坏，引发了一系列日趋严重并直接危及人类自身生存发展的城市环境污染。毋庸置疑，现阶段和未来的城镇化进程中，“在推进工厂、商店、交通、电信、住宅等人工设施建设的同时，应使之与包括阳光、空气、水体、土壤等非生物群落以及动植物和微生物群落有机融合，以营造出一个多样化物种和谐与共的栖息环境”。[①]

针对以上问题，在现阶段和未来的城镇化进程中，我们有必要重视并采取以下措施，以促进和保证我国城镇化进程的顺利进行，发挥出其应有的巨大潜力。

## 一、因地制宜与突出重点并举

小城镇应该成为整个城市区域系统不可分割的部分，其发展战略必须从单纯的小城镇战略向小城镇与城市群和小城镇与区域结合战略的转变。在充分考虑可用空间资源、经济发展、人口数量等多方面因素的基础上，适当控制小城镇的发展规模和数量，有选择地、重点地布局建设小城镇，优化小城镇发展布局。基本的选择思路为：合理确定人口规模，选择那些区位优势好、经济实力强，对人口集中吸引力大，现有人口多的小城镇作为中心或重点城镇，集中精力进行建设，同时把那些资源基础薄弱、发展潜力较小的小城镇合并到就近的强镇或重镇，防止造成基础设施建设和企业项目的低水平重复和资源浪费。具体而言，囿于我国资源分布不平衡的现实情况，对经济发达地区，包括东部沿海地区主要交通干线沿线和大中城市周边地区，应以内涵集约式发展为主，控制小城镇数量，引导过近过密的相邻镇区合并；对经济中等发达地区，包括中西部地区的平原地区，东南沿海地区的边缘地区，应以内涵集约式发展与适度外延扩张式发展相结合，加强对小城镇规划制定和实施的监督与引导，提高小城镇的建设质量；对于经济欠发达地区，主要包括西部地区和中部地区的部分经济落后区域，以山地、丘陵、高原为主。这类地区经济基础薄弱，交通不便，

① 周海乐. 城镇化与小康社会[M]. 苏州：苏州大学出版社，2003：164.

人口流出相对较多，小城镇发展动力不足。在这些地区，要在扶持和巩固大、中城市的同时，积极培育条件较好的县域中心城镇作为带动区域发展的增长极。重点完善小城镇功能，注重为农业、农村和农民提供各种服务，吸引农业产业化龙头企业和乡镇企业向镇区集中，发展农产品市场和农产品加工工业，形成本地农产品加工基地和一定幅射范围的农产品集散中心和农业信息、技术服务中心。

## 二、规划先行与资源节约并举

科学规划是小城镇建设健康发展的前提和关键，小城镇建设必须遵循先规划后实施的基本原则。首先要建立一种规划、建设和管理三方面上下联动、左右协调的协同机制，把城乡规划看作一个完整的过程，切实发挥出规划在城镇化建设中的指导和引领作用。一方面要通过规划的编制，建立规划、建设、管理和整治全过程有机衔接机制，另一方面通过规划来整合各种渠道的资金和物资，有重点按比例地投放，统筹协调城乡公共物品的供给，让有限资金发挥出最大效益。其次要在整体摸底和全盘规划的基础上合理确定中心镇的空间布局，在这些重点镇规划的空间布局和基础设施上留有余地，这是资源保护的前提。最后要突出重点，编制好中心镇包括重点镇的规划，协调好城镇规划与土地利用规划的关系。利用这两个规划之间的协调，使得基本农田成为城镇和乡村之间永久的生态隔离带，成为大城市与卫星镇之间永久的生态带，成为城镇与城镇、乡村与乡村之间田园风光的保持带，同时通过整体规划合理安排镇区内生产、生活、建设用地比例，充分挖掘土地潜力，对布局不合理、闲置的土地进行再开发，最终促进土地的集约高效利用。

## 三、人口吸纳与产业发展并举

小城镇的建设绝不能搞成空心镇，除了短时间内聚集一定规模的人口之外，其长期成长动力还在于经济的发展。国际上对于影响城镇合理规模的因素已经达成共识，其中既具有内在独特性又具有外在协同性的主导产业的存在和发展是其中关键因素。生命力旺盛且有良好发展前途的主导产业不仅有利于吸纳聚集农村人口，形成小城镇发展的雄厚财力基础，而且决定了小城镇的经济形态、发展方向和发展潜力。针对我国现阶段小城镇主导产业薄弱且同构现象严重的现状，首先我们在选择重点发展的小城镇的时候，要优先考虑其有无主导产业基础，帮助已经初步形成主导产业的小城镇，不断发展壮大，真正形成有广泛影响、规模大、质量高、效益好、带动性强的主导产业。其次要积极引导小城镇树立建造主导产业的强烈意识，充分挖掘和发挥当地的自然、经济、区位、地理、人文、技艺、资源等等优势，选择和确立自己的主导产业，为本区域城镇化建设打造坚实的基础和稳定的动力。

## 四、强化管理与优化服务并举

面对我国城镇化进程中出现的一系列问题，经济体制的变革当然需要，但更重要的是政府自身的改革。行政管理体制的改革和创新是城镇体制变革的中心环节，其基本目标为，有利于解决小城镇的实际问题，有利于以最少的公共财政支出提供最有效的公共服务。具体而言，首先，小城镇不应成为上下对口、条条框框、机构林立、人浮于事的官僚衙门，必须在适当的条件下扩大小城镇政府的管理权限，完善与小城镇规模和经济发展水平相适应的政府机构，赋予中心镇在计划、规划、国土、交通、水利、工商和城镇建设管理等方面县级甚至县级市管理权限，改变“小马拉大车”的局面。其次，要在允许的条件下充分发挥市场机制的作用，用市场经济思路把城镇作为巨大的国有资产来经营，以最少的支出换来最广泛完善的公共服务。我们要总结各地市场化运作的成功经验，用市场经济思路推进城市土地资产经营，采取多种形式招商引资，广泛吸引企业、私人和社会单位投资小城镇建设。最后，必须把完善和提高小城镇服务功能作为中心环节，重点搞好小城镇的道路、排水、绿化、环境卫生等基础设施项目的立项和建设，从根本上奠定小城镇的发展基础。通过建设统一的扶持协调机制，通过金融扶持、财政转移扶持等手段，发挥文化、教育、卫生等社会事业财政扶持的引导作用，逐步推进大中城市的教育、医疗等资源下镇、下乡，提高小城镇公共服务质量，促进小城镇的经济发展。

## 五、生态建设与污染防空并举

由于我国区域发展的不平衡性，城镇化发展也存在较大的地区差异，必须根据地理位置、经济发展程度、市场水平等对全国生态进行分区分类研究，据以选择不同的小城镇生态环境保护与生态建设模式，进行有针对性的生态保护和生态建设。在此基础上，应遵循这样一些基本思路：首先通过城乡规划，以区域整体的生态平衡和可持续发展为准则，坚持经济效益、社会效益、环境效益相统一的原则，结合城郊生态资源、自然遗产和基本农田的保护，设定不可开发区域、控制开发区域，合理引导城市空间结构的发展。其次要建立以政府为主导的农村环保投入机制，组成强有力的既有综合决策能力和协调能力的环境管理机构，制定补贴、税费等经济政策，扶持环境友好的农业生产方式，加大对小城镇环境基础设施投入，同时健全和完善小城镇环保法规政策体系，研究制定全面统一、综合协调的小城镇环境与生态保护的法律制度框架，配合治理技术、严格监管、教育培训等措施，形成了较完善的农村污染防控体系。政府要建立健全小城镇环境综合政治目标责任制，纳入各地经济社会发展的综合评价体系，建立完善目标考核机制，明确小城镇环境综合整治的目标和任务，逐级明确责任，层层抓好落实，将其作为政府领导干部综合考核评价的重要内容①。再次要积极探索运用市场化机制处理小城镇污染，积极拓展资金渠道，逐步建立政府、企业、社会的多元化投入机制，设置专项资金投入小

① 中国城镇化与村镇建设科技发展战略编委会. 中国城镇化与村镇建设科技发展战略[M]. 北京：科学出版社，2010:341.

城镇环境保护。在此基础上积极开展村镇生态保护与生态建设相关模式及技术的研究，在充分整合和利用现有科技资源的基础上，加强小城镇环境保护重大课题的研究与科技公关，尽快建立小城镇环保科技支撑体系，以科技创新推动小城镇污染防治工作并加快科技成果的转化和实际应用。最后要利用各种手段加强小城镇居民的环保意识，提高他们参与环境保护工作的积极性，采取多种方式如大力推行生态农业生产等让小城镇居民参与到环境保护和生态建设活动中来，以生态农业引领小城镇环境保护。

# 第六章

# 东丽城镇化道路的背景分析：问题与支撑点

天津作为北方经济中心和沿海开放的特大城市，健康快速和平稳地推动农村城镇化进程，提高农民生活水平，推动农村经济增长，对于促进天津乃至周边辐射区域的社会经济再上新台阶、实现跨越式发展，都具有重要的现实意义。东丽区作为天津这一大都市近郊区的区位特点，决定了城镇化战略必然在其整体发展战略中占据重要的位置，是今后相当长时期内都需要着力解决的重大课题。

## 第一节　东丽道路的背景分析

国际经验已经表明，当一个国家或地区人均地区生产总值达到3000美元以上时，经济和社会发展将进入一个新的持续、快速增长阶段，工业化进程将明显提速，产业结构将进一步优化，消费结构将进一步升级，居民生活水平开始进入富裕型阶段。东丽区恰恰就处于这一发展阶段，因此准确把握富裕起来的农民需求，是贯彻科学发展观、推动城乡一体化发展的基本认识前提。

## 一、东丽城镇化战略的出发点：以城镇化推动城乡一体化

当下，我国农村地区已经基本解决了温饱问题，且有一部分农民先富了起来，广泛覆盖的社会保障体系也在逐步建立。但相对于城市地区的快速发展，农村的发展依然是滞后的，且城乡差距有进一步拉大的趋势。这种差距直观地反映在经济总量、人均收入和生活环境等方面。究其根源，既是经济发展的不平衡，也是基础设施、公共服务等方方面面资源配置的不平衡。

城乡差距的存在和进一步拉大，究其根源，是制度性的，也是历史性的。新中国建立初期强烈的发展要求和有限的物质资源使我们在一定时期采取了农业生产服务于工业化，牺牲一部分农民和农村的利益促进城市快速成长的策略，这对我国的国家安全、社会稳定和经济的跨越式发展意义重大。然而，在工业化、城市化发展到一定程度后，这种策略的弊端也日益显露，农业生产低效、农民收入增长有限、农村人居环境恶化、农民生产生化方式落后等，城乡之间在经济发展水平、基础设施、教育医疗等公共服务供给方面存在极大差距。在这种情况下，农民、市民逐渐成为了一种固化的标签。与这一标签相联系的不单单是职业差异或者说不是职业差异，而是获取一国国民福利的“机会”的不平等，教育资源分配不平等所带来的教育质量差异和个人发展差异，医疗资源分配不平等所带来的生活质量差异，更重要的是不同的社会保障制度所带来的生活方式和生活水平差异等。

缩小城乡发展差距是一个系统工程，涉及许多领域从宏观制度到微观政策，甚至于人们观念和习惯的变革，但聚焦于进一步推动城镇化向纵深发展这一问题。要实现城乡一体化发展，就必须突破“就农业论农业，就农村论农村”的思维定式，跳出“三农”看“三农”，站在经济和社会发展全局的高度研究解决“三农”问题。实现以城带乡、以工促农、城乡互助、协调发展的新思路。就此来看，大力推进城镇化进程就成为破解“三农”问题的必然选择。在经济发展到现阶段，加快小城镇建设，有利于创造经济增长的最大空间，避免“农村病”

“城市病”，实现经济社会可持续发展。

现阶段，我国的城乡关系已经发展到了一个新的阶段，以城带乡、以工促农已经不是一种不得不为之的消极措施，而是城乡双方积极寻求发展资源的互利共赢的选择。我国不同地区城镇化工业化发展程度存在很大差异，农村城镇化面临的问题和可以利用的有利条件具有很大的地域独特性，天津等东部发达地区城市的近郊地区必然与远离城市和经济发达区的乡村地区有很大的不同，要统筹城乡发展破解城乡发展困境就必须在宏观层面土地制度调整的基础上，鼓励各地区从实际出发积极探索科学可行的土地整理方式，在机制上、方法上有所创新。

## 二、东丽农民的现实需求：像“城里人”一样生活

就东丽区现阶段的普遍情况来看，富裕起来的农民从只在乎温饱问题转变成追求更高层次的物质、文化、环境、社区等需求。概括而言，当前农民们的迫切愿望是“求富、求知、求和、求乐、求安”，要求改变农村环境，改变单调的农村文化生活，提高生活质量，即具有提高物质文明、精神文明、政治文明的强烈愿望。具体来看，这些需求可以概括为十个主要方面：

第一，改善居住环境。随着经济收入的增加，富裕起来的农民迫切需要改善居住环境，提高生活质量，追求干净整洁、运作有序、设施完善、环境宜人的现代化文明人居社区。考虑到区位条件所带来的比照效应，这一点对于像东丽区这样的大都市近郊区，显得尤为突出。

第二，拓宽就业空间。农民与市民一个显著的区别在于，农民是基于土地展开各项经济活动，职业岗位较为单一。而市民则不同，职业岗位日益多样化。伴随社会经济发展，农民为增加收入、增长才干，有待拓展就业空间，弱化土地对其生存质量的影响。

第三，与市民享有基本平等的社会保障。农民所从事产业的特殊性使他们更加强烈地需要各种社会保障来保证劳动、财产、健康等安全。比如，希望像城市居民尤其是“正式的国家职工”一样，到一定

年龄就退休，享受退休金、医疗保险等一系列公共政策的保障。另外，东丽区农村人口老龄化的趋势较为明显，农民盼望能够“老有所养、老有所靠”。若是能享受到诸如社会保险、失业保险、基本医疗和大病统筹保险、基本养老保险、人寿保险等，农民吃了“定心丸”，就会更加积极地投身到各种生产建设活动中去。

第四，享受更加全面和高层次的公共服务。与其他地区相类似，东丽区城郊地区原有的自然村落型居住环境，已经成为农民全面享受市政供暖、供水、供气等公共服务的严重阻碍。应该看到的是，现阶段富裕起来的东丽农民的满足感很大程度上是要通过在享受政府提供的公共服务中形成的，如教育、医疗、公交、住房、能源等。只有在享受公平的教育机会、平等的医疗服务、公平的公共交通、便利的生活消费环境条件的过程中，才能实实在在地形成和体验着一种最朴素的国家认同，体现各级政府“以民为本”的政策效应。

第五，增加家庭资产。在现代市场经济条件下，家庭资产可视为“当前和将来收入的源泉”，已成为人们享受生活提高消费水平的经济基础。消费不仅是人生存发展的本质需求，也是社会发展的基础，它通常通过投资和资产积累得到更好的实现。农民要改善生活状况，促进经济的自主，追求消费的机能与便利，应对各种风险，就不能单纯依赖于固定的收入，还需要家庭资产的积累和增值。

第六，提升就业技能。在现阶段，为适应都市型农业及城镇化发展，东丽农民对提高自身就业技能的需求十分迫切，渴望尽快掌握现代都市型农业生产经营技能和市场竞争规律，进一步增加收入。渴望子女具有更好的教育背景，将来能竞争理想的城市工作岗位。

第七，享受文化娱乐。精神文明建设可以对人的修养、气质、眼界、能力、思想等各个方面发生潜移默化的影响。富裕起来的农民物质需求得到基本满足之后，精神需求便凸显出来。全面建设小康社会要做到“六个更加”，其中就有“文化更加繁荣”这一条，对于经济较发达而文化相对欠缺的农村来说，这个“更加”尤其重要。

第八，共享信息资讯。随着农业现代化推进，信息对于农业经济发展具有举足轻重的作用。富裕起来的农民不仅关心与自身家庭生活和农业生产的相关信息，对于政策信息、消费信息、市场信息、科技信息、文化信息、娱乐信息等也有了全新的要求。信息资讯已然成为现代农民的一大需求。

第九，改善社区治安。现有农村自然村落较为分散，居住聚集度不高，治安情况相对复杂。完善治安服务，保护生命财产安全，已成为富裕起来的东丽农村居民的迫切需求。

第十，参与社区乃至社会治理。近年来，农村民主化进程已经取得了初步成果。民主意识日益增强的农民倾向通过各种媒体了解各种信息，主动关心和积极参与公共事务，渴望能够通过适当形式顺畅地表达各种诉求，积极要求集体决策民主化、自主化、公正化，希望适当参与社会管理。

### 三、小结：城镇化战略与农民需求的契合

联系前文的分析，现阶段东丽农民的需求，归根结底是要求进一步增加收入、完善自身素质、改善生活居住环境、提升精神生活品位，与“城里人”享受相同的生活环境与公共服务。由此可见，加快推进城镇化进程，使农民向城市集中，变村民为市民，是满足东丽农民上述需求的关键所在。同时，也是按照工业化发展的规律，实现东丽区经济社会全面进步的客观要求。也就是说，东丽区以农村城镇化为引擎，推动城乡一体化的发展战略，与东丽广大农民的现实诉求实现了无缝契合，这无疑为东丽农村城镇化战略的顺利实施奠定了坚实的基础。

## 第二节　东丽道路的基本支撑点：小城镇撑起大战略

小城镇是大战略，是具有中国特色城镇化道路的基本途径之一。而东丽区的城镇化战略，正是本着安居、乐业、有保障、可持续、可复制的实践思路，通过推动一批示范小城镇建设，以点带面，最终走

向城乡一体化。

## 一、小城镇概念界定

一直以来，小城镇的概念被频繁使用但人们尚未形成统一的认识，这是由于小城镇既带有行政建制的性质又带有地域区划的特点，小城镇在城乡之间的边界是模糊的。概括地来说对于小城镇概念的理解大约有四种：小城市+建制镇+集镇；小城市+建制镇；建制镇；建制镇+集镇。最后一种“建制镇+集镇”是目前我国小城镇研究领域比较普遍的一种观点，包括从属于县的县城镇、县城以外的建制镇和尚未设建制镇但相对发达的农村集镇。农村集镇是城乡结合的地带，也是今后我国农村城镇化的重点。

然而，且不论这一界定所涵盖的范围是否合理，“建制镇+集镇”的说法并没有将行政建制意义上的“镇”和“乡”同行政区划意义上的“镇域”和“乡域”区分开来，通常意义上我们所使用的镇或乡的概念是指整个镇域或乡域，包括了镇区或乡中心区和下辖的若干个行政村，而小城镇的概念似乎不应该包括镇域或乡域范围内农民居住和从事各种生产活动的区域。所以，基于对城乡边界的一个较为清晰的划分，本书所研究的小城镇是指乡镇级行政单位所辖区域与城区、镇区和集镇相重合的地区，也即小城镇应包括建制镇行政区划范围内的城区与镇区部分以及乡村范围内的集镇。

## 二、小城镇的分类

按照功能定位划分，主要有社会实体型小城镇（一般指行政中心）、经济实体型小城镇、物资流通型小城镇、历史文化型小城镇、综合型小城镇。

按生产要素来源可划分为：外源型小城镇，即经济发展动力来自于外部，以外向型经济为主导推动小城镇的工业化和城镇化；内源型小城镇，即依靠本地生产要素来推动经济发展；中心地型小城镇，在本地农业积累的基础上发展起来，工业基础比较薄弱，二、三产业主要集聚在中心镇区附近，呈现出明显的“中心—外围”结构。

按发展动力划分，主要有地方驱动型小城镇、城市辐射型小城镇、外贸推动型小城镇、科技带动型小城镇、交通促进型小城镇、产业集聚型小城镇。

## 三、小城镇发展现状及其特点

改革开放以来，随着农村第二、三产业和乡镇企业的快速发展，小城镇的数量也迅速增长，从 1978 年到 2000 年，建制镇由 2173 个增长到了 20312 个。从 2002 年起，国家停止审批设立建制镇，加之大中城市的空间扩张吞并了部分周边小城镇，建制镇的数量增长明显放缓，2003 年后甚至出现了负增长。但与此同时小城镇人口却一直处于快速增长过程中，截至 2000 年城镇人口已经增加到了 4.56 亿，占全国总人口的比重提高到了 36.1%。可见我国小城镇发展的总体特征已经由以建制镇数量快速增长为主要表征的建制调整型转变为目前以人口集聚为主要表征的规模扩大型。在这一过程中出现了许多令人欣喜的趋势：其一，小城镇基础设施和公共服务逐步完善，到 2006 年底“实现集中供水的乡镇比例达到了 72.3%，完成电网改造的乡镇比例达到了 82.3%，有二级公路通过的乡镇、离一级公路或高速路出入口距离小于 50 千米的乡镇、能在一小时内到达县政府的乡镇比例分别达到 46.2%、61.3%、78.1%”[①]；其二，对外交通的不断便利打破了小城镇与外部空间的阻隔，缩短了小城镇与发达地区的距离，区域经济中心的经济辐射力更强范围进一步扩大，使小城镇发展的区位条件得到明显提升；其三，1985 年到 2005 年小城镇第一产业就业比重由 62%下降到 38%，第二产业、第三产业就业比重分别由 26%、12%增加到 38%、24%，随着二、三产业的迅速发展和产业结构的优化调整，小城镇的市场活力不断增强；其四，越来越重视小城镇发展规划，使区域空间

① 孔祥志，盛来运. 中国小城镇发展报告（2009）[M]. 北京：中国农业出版社，2010：15.

布局和经济发展更加合理协调。

## 四、小城镇发展面临的问题

第一，基础设施和公共服务提供方面，重“硬”轻“软”，重“建”轻“管”。基于对 GDP 和地方政绩的追求，长期以来大量的资金投向了有形基础设施建设，这使得城镇道路系统等“硬环境”有了很大的改善，但与此同时，文教卫生、福利保障等公共服务由于建设周期长、产出慢，绩效难以评价，没有得到地方政府的足够重视，“软环境”的建设远远落后于基础设施建设。除了投入的不平衡，只建不管、重建轻管也是一个问题，基础设施建成后就直接投入使用，大都没有相应的管护责任人，公共设施使用本身缺乏效益责任激励，管护资金难以保证，导致基础设施质量迅速弱化，使用寿命缩短，造成资源的浪费。

第二，公共服务供给缺乏有效统筹，结构不合理。一方面是小城镇内部投资结构的不合理，重视生产性基础设施建设而对生活性基础设施投入不足，生活性基础设施建设中对给排水、供热供电等适应性基础设施比较重视而对污水处理、垃圾处理等与生态环境有关的保护性基础设施投入不足，在聚集人口较多的镇区基础设施建设比较完备而在经济相对落后的农村地区的投入则十分有限；另一方面是小城镇间的投资结构不协调，缺乏区域统筹发展的协调机制，小城镇普遍追求“小而全”的公共建设配套，重复投资、资源浪费严重，不利于区域整体竞争力的提升。

第三，小城镇建设的投入受限。从财政分配体制看，分税制的财政管理体制改革还没有能够落实到位，每年上级政府给小城镇划定的利税基数很大，小城镇很难超收，难以积累到充足的建设资金。分税制解决的主要是中央和地方的收入分配问题，并没有对各级地方政府间的收入分配做出明确划分，县财政提取比例较大，返还到县的财政资金则非常有限，这就迫使小城镇政府职能部门通过向农民和乡镇企业乱收费来弥补资金缺口，这又挫伤了社会资本的积极性。从信贷市场体制看，我国国有银行一直重视大中城市，轻视小城镇；重视经济项目，轻视公共服务性城市建设项目。国有商业银行县以下分支机构的贷款权普遍上收，致使城乡信用社因实力有限而有心无力，小城镇很难取得信贷资金支持。并且按照《贷款通则》的规定，地方政府不具备法人承贷资格，不能直接向金融部门贷款。除此之外，由于我国资本市场发育较晚，证券融资在小城镇建设中的应用也极其有限，未能形成规范完整的融资体系，民营资本投资小城镇建设的渠道还不够畅通。

第四，产业发展方面，我国现有小城镇产业结构过于单一，抗风险能力差，不少小城镇在建设中盲目追求短期经济效益，缺少对长远可持续发展的思考，产业趋同现象严重，一些小城镇在发展过程中则是单纯追求工业化，只重视发展速度，偏重招商引资的数量和规模，忽视引进项目和当地农村经济的联系，较少考虑到农村经济的发展和农村特色产业的形成，农业生产水平未得到明显提高，小城镇建设在服务城乡统筹发展上的贡献有限。

第五，小城镇用地规模扩张过快，直至2006年，全国建制镇的镇区总面积为3.1万平方千米，镇均面积为1.77平方千米，均比1990年翻了一番，但人均用地面积却为222.67平方米，这一数值既超过了我国现行的城市人均建设用地面积上限120平方米的规划标准，也超过了村镇人均建设用地面积150平方米的标准，这表明我国小城镇建设土地利用集约程度偏低。另外，在小城镇土地扩展中，大量的农村集体用地被纳入规划区，国有土地和集体土地交错共存现象十分普遍。由于现行土地产权制度下集体土地所有权主体不明确，农村集体经济组织虚化，农民土地所有权意识淡化，加之立法滞后和土地市场的不健全，土地的违法利用现象严重，短期逐利行为混乱，不仅农民的土地权益得不到保障，耕地的数量和质量也在减少和下降。对于这部分的内容后文将会给出详细的分析。

综上，解决小城镇发展过程中的问题必须在城乡统筹发展的框架下展开，使小城镇在区域发展中发挥两个方向的作用，一方面转移城市功能，减轻城市发展压力，成为以城带乡的结点；另一方面带动农村产业，辐射农村市场，推动农村产业化的发展。

## 五、小城镇建设中的土地治理

“治理的概念是，它所要创造的结构或秩序不能由外部强加；它之所以发挥作用，是要依靠多种进行统治的以及互相发生影响的行为者的互动”。[①]这样的治理意味着，公共事务的管理中，不仅仅依赖于政府权力和权威的运用，还存在其他诸如合作、协商等方法和技术，政府有责任使用多种方法有效地借助于多种权威来构建新的治理网络。简单地说，治理的核心态度应该是“尊重他人的权利”，这也是指导土地问题治理的基本原则，即尊重和保障与该片土地相关的各个不同权利主体的正当权益，实现多元主体的充分参与，治理方案应该是充分协商、相互妥协的结果，而不是一方对另一方的压倒性胜利，强有力的权力应该成为效率的助推器，而不应损害公平。

### （一）治理的目标

笼统地说，当代中国治理土地问题是为了促进城乡一体化发展，在进一步推进城镇化的过程中努力解决由来已久的“三农”问题，尽量消除和避免城镇化在生态和社会方面的消极影响，具体来看包括生态、社会、经济三个子目标。

第一，保护城乡生态，建设生态宜居型社会，注重保护耕地质量，保障高产优质农田；治理环境污染，调整产业结构，完善基础设施，采用清洁能源，提升城市生活品质。

第二，努力缩小城乡差距，实现社会公平。推动公共服务的均等化，首先是核心基本公共服务，进而有重点、分步骤地逐渐扩大范围。消除体制限制，鼓励第三部门和企业参与公共物品的生产、提供和经营，分担财政压力。

第三，统筹城乡土地管理，释放农村土地资产，实现农村土地的真实价值，促进和维护农民合法权益；集约节约利用土地，提升城市土地利用效率，争取实现城镇化经济效益的最大化。

---

① 格里·斯托克. 作为理论的治理：五个论点[J]. 国际社会科学杂志（中文版），1999（1）.

### （二）治理的方式

土地治理的实践主要从两个方面展开：一是创新土地流转模式，以土地流转为核心开展土地综合整治，集约节约利用土地，保障城乡建设用地总量平衡。二是随着经济社会的发展，经济结构的调整，相应地调整城市规划，优化城市用地结构。联系现阶段我国农村建设用地普遍存在的闲置、浪费、粗放利用等现象，当前的首要任务显然不是拓展新的空间，而是突破既有制度和体制的瓶颈盘活存量。根据《土地法》的有关规定，集体土地与国有土地的所有权属不同，其出让和使用权限也很不同，在一定的历史时期出于对农民土地权益的保护，集体土地属于集体经济组织，只能在集体组织内部使用，农民个人单独拥有完整的土地所有权不能擅自出售转让其土地，农民的土地权益受到法律严格保护，所以长期以来，农民的承包经营土地成为了农民利益和福利的凝聚，解决了生产、居住、养老等一系列问题，一方土地是农民的全部财富和一生的依靠。这种捆绑式的人地关系是很稳定的保障，但也束缚了农民的发展。

与集体土地不同，国有土地可以在土地市场上流通，城镇化和工业化促使土地日益成为一种稀缺资源，城镇建设用地增值迅速，土地增值的部分为城市发展提供了大量的资金。关于集体土地与国有土地的不同规定随着社会的发展产生了事实上的不平等，同处于经济辐射区的近郊乡村地区却无法享受到地价增值的福利。出于经济发展对建设用地的需求迅速增长的考虑，每年都规定有一定数量的农村集体土地转化为城镇建设用地，这种转化或者是政府主导的合法渠道或者是一些利益驱使的非法私人渠道，但由于农村集体经济组织的缺失和农村行政体制架构的不完善，这些土地转化都不能使绝大多数的农民群众受益。在既有的土地制度下，既要保障城镇化发展的用地需求，又要保证跟地总量不减、质量不降，实现城市用地的良性增长，农村土地的有序转化，必须要对农村土地系统地进行整理，形成规范有序的土地流转。

2004 年，国务院下发了《关于深化改革严格土地管理的决定》（国发〔2004〕28 号）。为具体落实国务院决定，国土资源部于 2005 年下发了《关于规范城镇建设用地增加与农村建设用地减少相挂钩试点工作的意见》（国土资发〔2005〕207 号）。城镇建设用地增加与农村建设用地减少相挂钩，是指依据土地利用总体规划，将若干拟整理复垦为耕地的农村建设用地和拟用于城镇建设的地块共同组成建新拆旧项目区，通过建新拆旧和土地整理复垦，最终实现项目区内建设用地总量不增加，耕地面积不减，质量不降，用地布局更加合理的土地整理复垦工作。其思路就是，通过结构优化来控制用地总量，高水平的规划起到了至关重要的作用。农村建设用地的主体部分为农民宅基地，城镇建设用地增减挂钩自然是要从宅基地整理入手，通过宅基地整理和组织复耕，将分散的农村建设用地集中起来重新规划，依据规划宜耕则耕，宜建则建，实现农民居住区、工业商业区、耕种区的分离和集中，一是有利于基础设施集中配套改善居住环境，二是促进农业产业化规模化经营，三是为城镇经济发展节约出了空间。

## 六、天津示范小城镇建设概况

自 2006 年天津市成为国家第一批增减挂钩试点以来，天津市先后开展了四批示范小城镇试点建设项目，涉及天津市各郊区、县共 32 个镇、420 个村、25 万农户和 68 万人，规划建设还迁住宅和配套公建 3300 万平方米。2008 年 4 月，经国内外专家评审，华明示范镇在全世界 87 个城市 108 个参选项目中脱颖而出，成功入选 2010 年上海世博会城市最佳实践展区，被评为“全国十大和谐宜居乡镇”。天津市在示范小城镇建设过程中，启动农改非、村改居、集体经济股份制经济等一系列工作，全面推进城乡一体化，发展“三改一化”试点。

天津市以宅基地换房进行示范小城镇建设，坚持保证耕地面积总量不减少，在农民自愿的情况下，本着“政府不拨钱、企业不亏钱、农民不出钱”的基本目标理念，争取又快又好地推进新农村建设，高水平建设具有产业集聚和生态宜居的新型小城镇。具体来看，天津的示范小城镇建设由政府牵头，成立专门公司，负责示范镇的征地、融资、建设等工作，政府主要负责做好群众工作、制定相关配套政策、监督示范镇建设活动等。目前，随着示范小城镇试点工作的全面推进，试点地区的农民已经告别了布局零散、道路泥泞、规划落后、公共服务设施不完备的村庄，开始了新型农民的生活，生活习惯也开始逐步转变，并起到了良好的示范效应。示范镇的建设促进了集约利用土地，一定程度上保护了农民的权益，也逐渐形成适合本地发展的模式。

## 第三节　问题意识：中国农村城镇化道路面临的普遍难题

健康推进城镇化的核心是构建和谐的人地关系。从这一点出发，不难发现，当前我国的城镇化面临着两个普遍性难题，即土地资源的集约利用问题与失地农民的妥善安置问题。特别是小城镇建设，一方面其土地利用的规模经济效应很难与大中城市相比，因此一直面临着土地资源利用不经济、不集约的普遍难题；另一方面由于可提供的就业机会也通常低于大中城市，所以失地农民的妥善安置问题也一直是困扰小城镇建设的主要难题之一。上述问题既是东丽城镇化发展中绕不开的一个课题，也是全国城镇化进程中不得不去面对的一个普遍性难题。

### 一、土地集约利用问题

“土地是一切生产和一切存在的源泉……是人类不能出让的生存条件和再生产条件”（马克思语）。土地是人类赖以生存和发展的基础，也是经济社会发展的物质基础。对于一个城市来说，土地是其经济发展不可缺少的资源，城市发展与土地利用之间相互依存，又相互制约。城市土地资源利用的合理性直接关系到城市的兴衰与发展，这种合理性在很大程度上又表现为城市土地利用效益的提高，即土地集约利用。

土地集约利用概念最早来自于李嘉图等古典经济学家在地租理论中对农业用地的研究。所谓农业土地集约利用，是指在一定面积土地上，集中投入较多的生产资料和活劳动，使用先进的技术和管理方法，以求在较小面积的土地上，获得高额产量和收入的一种农业经营方式。随着城市的发展及城市问题的出现，土地集约利用概念被引入到城市土地研究中。

关于城市土地集约利用的内涵，研究者从不同的角度给予阐述，并没有形成一个完全统一的认识。本书比较赞同从综合视角来研究和界定土地集约利用：首先，土地集约利用应该是在区域环境背景下的一种评价和考察，而不应该仅着眼于特定地块；其次，土地集约利用的评价效应应该是综合性的，具体可以区分为不同的层次，即宏观层面是否实现了区域综合效益，中观层面在用地功能和结构方面是否合理，微观层面单位土地的投入产出效益如何。三个层次的效应评价构成了对土地集约利用的评价体系。

在城镇化进程中，土地集约利用是贯彻土地资源可持续发展的内在要求，是缓解工业化、城镇化加速发展时期土地资源矛盾的必然选择，是实现宏观调控、促进经济结构调整和经济增长方式转变的重要手段。具体来看，首先，土地集约节约利用是城市近郊经济社会发展进程的现实选择。只有走集约节约利用土地的道路，才能在较大程度上缓解国民经济快速发展背景下的土地利用矛盾，保证城市近郊经济建设的持续健康。其次，集约利用土地是建设资源节约型社会的重要组成部分。土地资源除本身作为一种生产基本要素外，还是其他一切资源的载体，因此土地资源能否得到集约节约利用，不仅是我国建设节约型社会的一个有机组成部分，还直接影响其他诸如能源、水资源、原材料资源的合理节约利用问题，对土地资源的集约利用研究具有基础性的意义。再次，土地集约利用研究有利于土地政策参与宏观调控。通过土地集约利用目标的提出和相关限制性指标的确定，可达到调控土地供给规模的目的。另外，城市近郊土地集约利用水平的评价结果，可以直观地反映总体集约利用水平的相对高低，为各级政府编制土地利用总体规划、确定城市近郊用地规模、平衡各个地区用地指标提供科学的依据和参考，从理论上引导城市近郊土地由粗放化利用模式向集约化利用转变。因此，进行城市近郊土地集约利用研究不仅有益于土地利用理论发展，对城市土地利用实践也有较强的指导意义。

当前，土地集约问题已成为中国社会经济增长中极为重要的问题。未来15年是中国由经济大国迈向经济强国的关键时期，作为主要生产要素，土地资源的作用不可比拟，土地集约化利用超乎寻常。特别是城镇化的快速发展，使经济和人口分布重心向城市转移、城市数量和城市人口迅速增加，使城市在国民经济和社会生活中的作用逐渐强化，同时也给中国的城市用地带来了一系列复杂且紧迫的问题：一方面，新增建设用地供给量失控，城市建成区面积盲目扩大和无序蔓延，造成城郊肥沃农田被蚕食或不能成片耕作或荒芜，严重损害了城郊农业发展的基础。据调查，1986—2002年间，全国城市人口增长了1.01倍，城市建成区土地面积竟增长了1.5倍，城市建成区人口密度由每平方千米1.21万人下降到0.68万人；另一方面，城市建成区土地利用结构不合理、利用效益低下，甚至存在大量土地闲置。现阶段，我国城市土地利用基本上属于粗放型的利用模式，据测算，1986—1996年，全国37个特大城市用地规模增长弹性系数已达2.29，超过标准1.12的1倍多，城市容积率仅为0.3左右，10%以上的土地属低效使用，5%以上的土地处于闲置状态。

20世纪90年代以来，在我国城镇快速发展的背景下，小城镇发展较快，乡镇企业发展迅速，遍地开花、分散发展，小城镇建筑密度普遍不合理，建造独立式住宅，崇尚扩展式建房，每户占地面积较大，人均占地面积大大超过法定标准。同时，有些城镇盲目建房，大量商品房闲置，企业尤其在开发区设立的企业圈地现象严重。这实质上是城镇土地资源的隐形闲置，工业企业和小城镇快速建设导致了土地集约化水平与土地利用率低。在城镇化过程中，城镇土地利用结构不合理，小城镇面广量化，乡镇企业又集中在这些城镇，工业小区占地严重超标，占用了不少耕地。城市土地利用空间布局很不合理，绿地所占比重偏小，居民区过分集中于市中心，服务设施布局不均衡，很多城镇没有明显的功能分区。归纳而言，目前全国在土地资源集约利用方面普遍暴露出来的问题主要存在以下几个方面：

1. 土地利用结构不合理

“根据我国《土地管理法》，土地分为农用地、建设用地和未利用土地。农用地是指直接用于农业生产的土地，包括耕地、林地、草地、农田水利用地、养殖水面等；建设用地是指建造建筑物构筑物的土地，包括住宅和公共设施用地、工矿用地、交通水利设施用地、旅游用地、军事设施用地等。”①

按照所有权归属，土地又分为国有土地和集体土地，城市用地基本上是国有土地；农村土地主要属于集体经济组织所有，包括农业用地、建设用地和未利用土地。农业用地又包括承包地和未发包给农户的集体所有的土地。建设用地包括宅基地、经营性建设用地和公益性用地，其中“宅基地是农户的住宅用地，是农户从事农业生产所必需的生产生活用地，与传统小农经济相适应”②。

某种程度上，城镇化是城市用地向农村扩张、建设用地侵蚀农用地的过程。在这个过程中存在着“保耕地，保发展”的核心矛盾，围绕这一主要矛盾还存在着很多其他问题。合理的土地利用结构既要有利于保护耕地、保障粮食安全、维护农民合法权益，又要为城镇化、工业化创造充分的发展空间。当前土地利用结构不合理突出表现为：

（1）耕地日趋减少

“按照目前的科技水平测算，0.7 亩耕地才能养活一个人，即人均耕地不能少于 0.7 亩。联合国给出的人均耕地警戒线为 0.8 亩，但我国 2000 多个县级城市中，有 666 个县人均耕地低于警戒线，其中 463 个县人均耕地甚至不足 0.5 亩。即使这样我国的耕地资源仍然在继续减少。国土资源部的数据显示，截至 2008 年 12 月 31 日，我国耕地面积为 18.2574 亿亩，其中建设占用耕地达 287.4 万亩；经卫星核查，“十五”期间全国耕地面积净减少 616 万公顷，其中不可逆转性的建设占用耕地 219 万公顷，年均新增建设用地 43.8 万公顷。同时我国主要特大城市郊区土地占用十分严重，在未来一段时间内，其人均耕地水平将很可能接近或达到警戒线。”③

城镇化、工业化建设占用了大量耕地，加之现行制度框架内征地

---

① 戴伟娟. 城市化进程中农村土地流转问题研究[M]. 上海：上海社会科学院出版社，2011：8.

② 戴伟娟. 城市化进程中农村土地流转问题研究[M]. 上海：上海社会科学院出版社，2011：9.

③ 叶剑平，张有会. 一样的土地不一样的生活[M]. 北京：中国人民大学出版社，2010：46.

成本过低而且缺少有效的监督激励机制，失地农民的长远利益受到损害，土地的城镇化不等于人口的城镇化，耕地问题既影响了正在进行中的城镇化质量，也在粮食减产等因素综合作用下制约着未来的城镇化进程。

为此，中央已经确定了到 2020 年要保持 1.2 亿公顷（18 亿亩）耕地的红线。据估计到 2020 年我国城镇化率要达到 60%，建设用地总量需要再增加 1.5 亿亩，以当前 18 亿亩的红线来算，从 2010 年到 2020 年内只有 3000 万亩的耕地可转为城市建设用地，城镇化进程中非农建设用地存在着 1.2 亿亩的供给缺口。但也有学者指出，“根据国土资源部公布的数据，2005 年我国城乡建设用地就已达到 2386.66 万公顷，超过按照人口峰值 16 亿、城乡人均建设用地按上限标准估算的城乡建设用地总规模。也就是说 2005 年的城乡建设用地总规模已经足够我国城镇化达到 70%、人口峰值达到 16 亿时使用，不需要再增加城乡建设用地。”[①]也就是说为城镇化的纵深发展创造空间应该强调的是盘活存量，而非进一步蚕食农地，守住耕地红线有着充分的可能性。

（2）第二、第三产业用地比例不协调

从城市内部用地结构看，工业用地比例偏高，住宅、商业服务及交通、市政用地比例偏低。“根据国家《城市用地分类与规划建设用地标准》，一般城市用地结构是生活居住用地占 40%~50%，工业用地占 10%~15%，道路广场占 8%~15%，绿地占 8%~15%。而据中国 55 个城市调查，住宅、商业服务等生活用地低于上述标准 3~10 个百分点。中国城市工业用地占建设用地的比例远高于发达国家水平。”[②]

中国工业用地占地比例过大的原因，一是土地长期实行无偿划拨，工业发展地位突出。二是政策导向。实行国有土地使用权有偿转让以来，虽然土地市场获得了一定发展，但各城市政府为了招商引资，竞相压低工业用地价格，以低地价甚至零地价出让，导致工业用地的过分增长。三是中国正处于工业化过程中，工业产出与占地面积的相关

① 戴伟娟. 城市化进程中农村土地流转问题研究[M]. 上海：上海社会科学院出版社，2011：4.

② 叶剑平，张有会. 一样的土地不一样的生活[M]. 北京：中国人民大学出版社，2010：48.

性较高，导致工业用地过快增长。城市交通用地以及其他基础设施用地占比例过小，导致城市交通不畅和整体运营效率降低。但对于此问题也不可“一刀切”地压缩工业用地比例，不同产业的占地比例在一定程度上是由产业结构和经济发展阶段决定的，除此以外还受到地区发展特点的影响，如中西部某些矿业城市。东部与西部、大城市与小城市的用地结构可以、而且应该有所不同。

2. 土地用途不合理

发展应当规划先行，土地利用总体规划、城市规划、经济社会发展规划等应该形成一个协调一致的体系，但长期以来我国对规划的重视度不够，缺少相关法律的硬约束，在规划制定和执行中也缺少有效的管理和监督，广泛存在着没有规划或者随意调整规划的现象，在很多人的眼里“规划”不是“法”，在实践中领导的意向和命令往往发挥着更大作用。除此之外，规划调整的随意性也与市政管理体制有关，不同的规划出自不同部门，各部门之间缺少一个有效的沟通协调机制，规划职能没有得到有效整合；主要决策者到任期的限制也缺少长远发展的眼光，也就更倾向于从本届绩效出发或依据个人偏好随意修改规划，这就使得规划的权威性、严肃性、连续性受到破坏。

由于没有科学合理的规划作为指导，加之政府对土地价值的保护手段也还很不成熟，对土地的利用方式、时间限制等都缺乏约束，我国很多地区普遍存在着城乡土地浪费的现象，国土资源部专项调查显示，到 2004 年底，全国城镇规划范围内共闲置土地 107.93 万亩，与此同时农业用地却大量减少。城市无序地向外扩张，出于各种利益考虑，建成区内的土地又大量闲置，利用效率低下。其中，“旧城区已经成为当前内陆城市土地低效利用的主要方面。据不完全统计，旧城区面积一般占内陆城市建成区面积的 20%～40%，在旧城区内存在大量一户一宅和低层建筑，建筑容积率极低”。[①]在很多地方，旧城区以及新旧城区的结合处已经成了城市的死角，旧的功能已经丧失，新的功能受到各种阻碍难以实现，比如基础设施改造的巨大成本。基于经济

① 叶剑平，张有会. 一样的土地不一样的生活[M]. 北京：中国人民大学出版社，2010：50.

成本和社会成本的考虑，受到地方有限财力的制约，地方政府更多地选择回避旧城改造，以相对较低的成本向农村拓展。但在实践中某些地方也出现了土地置换、合作开发等盘活城市存量土地的方式。

3. 土地利用粗放

一是城市土地利用粗放。我国对于建筑容积率没有明确的法律规定，不同的城市有各自的规定，大体上看，我国目前的大城市中城市建设容积率约为 0.75，中心城市的平均容积率约为 1，全国平均水平约为 0.51。东南亚国家城市建设平均容积率约为 1~2，有的国家和我国台湾地区对建筑容积率有明确法律规定，如住宅建筑容积率为 1.6~3.0。可见我国城市建筑容积率尚有很大提高空间。

二是农村土地利用粗放。受户籍制度和社会保障制度等的限制，进城的农民享受不到市民的待遇，生活没有保障，多数的农民仍然会选择保留自己在农村的承包地和宅基地，出现了“双重占地”的现象，虽然有利于社会稳定，但从长远来看，农地闲置既不利于农民利益的实现，又阻碍了城镇化。对进城农民的宅基地和承包地进行利益置换和重新整理是今后推进城镇化的方向之一。

## 二、农民安置问题

### （一）国内失地农民典型安置方式及其主要矛盾

目前，国内的失地农民主要集中在大中城市的近郊区。与偏远地区的农民主要依赖外出务工收入不同，近郊农民既可以利用区位优势向临近城市提供经济作物，又可以发展观光休闲娱乐性农副产业，对土地的依赖性更重，同样也使其保障问题更加严峻。快速城镇化带来的土地征用浪潮不仅造成了大批失地农民，甚至使一些相对比较富裕的农民返贫致贫。因此，失地农民的保障问题一直是与我国城镇化进程相伴而随的一个重要课题。近年来，各地有不少探索，也提出了一些值得关注的提法。其中比较典型的形式包括货币安置、就业安置、农业生产安置、入股安置、社会保障安置等。上述安置方式各有其特点和自身的适应性，对保障失地农民的生产和生活具有重要意义。然而，随着时间的推移和情况的变化，这些安置方式的自身不足以及在执行中存在的问题逐渐显露出来，并引发了一系列的矛盾。

1. 货币安置

货币安置指在土地征用时，由政府和用地单位依据土地上从事的农业生产收益（土地补偿费、安置补助费、青苗补偿费）一次性支付被征地农民一笔补偿费，不与土地的非农业化价值以及土地非农化后产生的级差收益相关联。失地农民在一次性全额领取安置补助费后，自主择业，自行解决养老、医疗、失业等社会保险待遇。

目前，货币安置是各地对失地农民普遍采取的安置方式。货币安置的优点在于操作简单，农民心理上容易接受。地方政府乐于采用这种方法解决失地农民问题，经济发达、土地增值较快的地区的部分农民从眼前利益出发也愿意接受这一方式。短期看，失地又失业的农民普遍可以靠一次性安置费维持生活，实际生活水平不致于明显下降。但是，这种“要地不要人”的安置方式却给被征地农民今后的生活和就业埋下了诸多隐患。

在市场经济条件下，如果仅仅采取一次性货币补偿安置方式，失地农民从农业向二、二产业转移的难度普遍较大，难以实现充分就业，又不能享受下岗、失业职工的社会保障以及城市居民最低生活保障线的待遇，进而衍生出所谓种田无地、上班无岗、低保无份的“三无群体”。在货币安置模式下，相当一部分农转非人员无力或者不愿参加养老保险、医疗保险和失业保险，致使今后的生活无保障，成为社会的潜在不稳定因素。

2. 就业安置

就业安置是指通过非农产业向被征地农民提供就业岗位的方式进行安置。从目前情况来看，这种安置方式的途径主要有两条：一是按照“谁征地、谁吸劳”的原则，由使用所征土地的单位负责失地农民的工作安排和生活保障；二是将农民推向市场，自谋职业，自寻生计，政府负责为其提供相关的劳动技能培训。在实际操作中，就业安置通常作为货币安置等其他安置方式的补充。

在计划经济时期，政府征地后在给予适当补偿的同时，通常会安排被征地农民转非、招工，享受市民、工人的福利待遇，征地后的长远生活基本可以得到保证，因此农民一般能够接受。市场经济条件下，传统的安置办法已不可行，农民失地后很容易陷入失业困境，造成生活无出路。因此，在快速推进的城镇化进程中，征地应重点解决好失地农民的就业问题，就业是预防失地农民贫困问题、保障他们维持基本生活水平的最好办法。

3. 农业生产安置

农业生产安置是将土地上附着物和青苗补偿费付给农民之后，由农村集体经济组织调整其内部土地承包经营权进行安置，将失地农民继续留在农村的一种安置形式。农业生产安置方式具有较大局限性，它只适于人均耕地较多和所征土地只占集体经济组织全部土地较少部分的情况。另外，调整土地承包权时，事实上又难免会与现行的土地承包政策产生矛盾。

4. 安置用地

安置用地是指政府在征用集体土地后，返还一定（通常 10%）的土地作为征地农民的安置用地，用于发展二、三产业，即进行各种非农业建设，出租后获取租金，以满足被征地农民的生活开支。

安置用地的常见做法包括：在安置用地上建设标准厂房，出租给企业；以安置用地作为投资，参与商业设施建设，出租给商业企业；在安置用地上建多层公寓，使得农民以多余的房屋出租，以满足生活开支的需要。

安置用地模式也不具有普遍意义，其只适用于经济开发区和城郊结合部，况且并不是所有的征地政府都能够返回一部分土地，比如城市建成区扩大占用土地必然无地可返。再者，设施、房屋出租收入，会受到多种因素制约，一旦承租者经营破产、房屋大幅度贬值，租金收入也会受到极大影响，失地农民就可能因此陷入困境。

5. 入股安置

入股安置是指以土地使用权作价入股，参与被征用土地所建设的项目红利分配的一种做法。国土资发〔2004〕238 号《关于完善征地补偿安置制度的指导意见》中指出：对有长期稳定收益的项目用地，在农户自愿的前提下，被征地农村集体经济组织经与用地单位协商，可以以征地补偿安置费用入股，或以经批准的建设用地土地使用权作价入股。农村集体经济组织和农户通过合同约定以优先股的方式获取收益。

入股安置方式的要点是能在一定程度上，确保失地农民长期受益，只要相关项目有稳定的收入来源，他们就将不再为“填不饱肚子”而发愁；在一定程度上，将失地农民和入股的工程“捆绑”在一起，能够更好地做到和谐发展；减轻了用地企业的资金负担，土地固定投入少，节约了资金和相应的利息支出。但与这些优点相比，其缺点和局限性更加明显：一是失地农民近期的生产生活无法解决，在项目没能产生效益的最初几年时间里，失去土地、失去基本生产资料的农民仅仅靠自身力量很难解决基本的生产生活问题。二是失地农民长远生计难以保证。例如，一些大中型基础设施建设投资巨大，投资回报率却较为低下，失地农民入股取得的分红十分有限，难以保障被征地农民的基本生活。三是失地农民承担的经营风险过大。一旦项目倒闭、发生亏损无法运营下去，所有入股农民都会受到致命影响。四是仅适用于项目用地，范围狭窄，普遍性较低。

6. 社会保障安置

社会保障安置是指在土地征用时，将土地补偿费、安置补助费的一部分用来交纳社会保险费，为失地农民建立社会保障的一种方法。自2003年起，上海、浙江、江苏等省市已经以地方法规的形式，用一部分征地费用为失地农民建立了相对独立的基本生活保障制度，但具体方式又有所不同。

土地被征用之后，农民变为生活保障的载体，导致其生活风险系数大大增加，如果失地农民不能就业，就很可能使他们陷入“务农无土地、上班无岗位、失业无保障”的困境，极大地影响社会的稳定和谐，所以建立失地农民社会保障制度是必须且亟待解决的问题。但从目前的实际情况看，我国还没有建立起真正的失地农民社会保障制度，充其量是一种“生活保障”制度，与社会性、公平性、福利性的社会保障制度相差甚远：保障形式单一，只包括养老保险，失业保险和医疗保险很少涉及；保障水平较低，不足以解决老有所养的问题；具体执行中存在诸多问题，如无法可依、监管不力、统筹范围过于狭小等。

### （二）存在的主要矛盾

1. 传统观念的束缚

城镇化是人类文明进步的重要标志，而这个过程通常伴随着农民交出手中的土地。就此而言，农村城镇化不仅意味着农民职业和生活方式的改变，更意味着城乡两种完全不同的管理体制的并轨。近些年，随着城镇化进程的快速推进，城区中的“城乡分割”问题（典型如“城中村”）日趋突出，在经济发达的大中城市近郊更是如此。这一问题的核心在于，城乡两种不同的土地产权安排，以及与此紧密相关的农村集体资产处置的复杂性，它构成了城镇化过程中“农民变市民”的基本前提。因此，在农民转变为市民的过程中，如何妥善处置农民的土地，进一步深化农村集体经济产权制度的改革，推进城乡一体化进程，使城市的良性扩张和农村的有序撤退互补共荣，是各级政府尤其是城市政府必须认真面对的重大问题。

千年不变的生活方式，是对农民最大的挑战。加速观念转变，使农民改变原有的因循守旧、安于现状、重农抑商、安土轻迁以及生死由命、富贵在天的旧观念，如何让这些失地农民的思想观念迅速与市场经济的观念对接，也是各级政府尤其是城市政府必须认真面对的重大问题。

遗憾的是，在理论和实践中人们往往把失地农民当作农民来看待，对待失地农民一般采取一次性安置的方式，把安置简化为一次性补偿，然后就将失地农民“一脚踢开”，使其变成所谓的“务农无土地、上班无岗位、失业无保障”三无人员，这种做法显然不合适，既没体现构建和谐社会的要求，也有悖于社会公平。实际上，失地农民与发展的城市是一个统一的一体化的关系，而不是简单地买卖土地的关系。失地农民的职业转换是一次继续社会化的过程，是放弃以往的生产方式、重新学习工业文明的过程，是思想意识、就业能力和生活方式转化的过程。城镇化的主体在获得农民土地使用权的同时，有责任帮助他们继续生存与发展，解决他们的职业转换，通过实现失地农民职业的转换和身份的转化，城镇化主体可变阻力为动力，与失地农民一起来推进城市的发展，实现农民和城市共同发展。

2. 失地农民与城市弱势群体的矛盾

失地农民大多集中在城郊的结合部，他们在失地以后的就业趋同，绝大多数涌入城镇。这样失地农民群体在就业层面上就与城镇弱势群体形成激烈的竞争，导致弱势群体内部对有限就业岗位上的利益碰撞和尖锐矛盾。这样一个日趋庞大的群体聚集在城市近郊地带，如果不能就地解决就业问题，必然会进一步加剧城市本已严峻的就业局面，引发群体矛盾。

# 第七章

# 东丽道路的核心着力点：构建和谐人地关系

土地是人们生活的依托，是经济社会发展的载体，是城镇化空间实现的基础。在现阶段的中国，实践中对土地利用粗放利用无疑已成为制约城镇化健康推进的瓶颈。一方面，随着社会经济的持续快速发展和城镇化的高速推进，规划城镇建设用地不足，发展空间受限。与之形成鲜明对比的却是农村建设用地的粗放低效利用，有很大的潜力可挖。联系前文的分析，在当前的城镇化过程中，如何集约利用土地和妥善安置失地农民已成为考量城镇化战略成败的关键指标。东丽的农村城镇化战略正是从上述现实出发，通过系统的土地综合整治和持续的国土资源管理机制创新，在保红线、保增长的同时，以国家示范小城镇建设为依托，借助于“宅基地换房”等特色鲜明的政策创新，最大程度地保障农民的权益，构建起和谐的人地关系，探索出了一条安居、乐业、有保障、可持续、可复制的新型农村城镇化道路。

## 第一节　新时期国土资源管理工作的三重目标

### 一、新时期国土资源管理工作主要任务的扩展

作为一种不可再生资源，土地是民生之本、发展之基，是人类一切生活和生产活动的基本条件。因此，如何在有效保护好有限土地资源的同时，又能够充分供给建设用地，以保证社会经济迅速、健康的发展，是各国在发展过程中都无法绕开的重要课题。对于中国而言，无论是历史上还是当今，土地问题始终都是一个带有全局性、战略性的重大问题。历史上，由土地问题滋生的社会矛盾从来都是引发周期性政治动荡和王朝更替的基本动因。新中国建立以来，尤其是改革开放以来，我国在以有限的土地养活了全球四分之一人口，为世界的发展做出巨大贡献的同时，也开始面临愈发严重的人地矛盾。也正是由于土地对于社会经济发展的根本性意义，决定了土地保护的基本国策地位。而在 2020 年之前守住全国 18 亿亩耕地红线，更是进一步明确了当前土地资源管理工作的核心任务。然而在“保经济增长、保耕地红线”的双重压力下，全国各地的国土资源管理工作却不同程度地普遍陷入了这样一种两难困境。

一方面，土地利用与管理中有法不依、执法不严的现象仍旧存在，各类土地违法案件屡禁不止，造成耕地资源和国有土地的大量流失。国土资源管理是一个复杂、庞大的系统工程，涉及土地管理部门、地方政府、土地权利当事人等多个治理参与主体。然而现行“垂而不直”的管理体制，使得国土资源管理工作缺乏有效的执法手段和明确的执法权力，土地执法难以到位，严重地削弱了法律应有的权威，“执法难”成为土地管理中一个普遍且突出的问题。如何扭转当前工作面临的种种问题，刹住违法用地之风，有效履行政府的国土管理职能，保证土地管理法律法规的全面实施，促进土地合理利用，已成为一个十分重要且紧迫的课题。

另一方面，在目前引发社会矛盾乃至群体性事件的诸多因素中，土地纠纷所占比例最大，负面影响最大，社会反映最为强烈，导致的各种社会“并发症”也最多，已成为维护社会稳定与和谐的严重威胁。近年来，随着我国城镇化进程的加速，国家对私有财产的保护力度明显加大，土地使用制度改革的推进，以及公众民主法制和参与意识的增强，使得很多原本孤立的土地违纪违法案件，经过各种媒介的报道传播，被严重放大，以致迅速成为社会普遍关注的热点问题。在这种情况下，国土管理部门查处一些典型的土地违法违规事件时，一定程度上已经演变为代表政府应对一场公共危机和突发事件。如果处置得当，则可以帮助政府安稳度过危机，消除负面影响，增强政府的公信力。如果处置不好，则会加重危机程度和造成更大负面影响，乃至引发连锁反应，甚至是严重的群体性事件，损害政府的公信力。因此，在新形势下，国土资源管理工作在一定程度上已经具有处置公共危机和突发事件的属性，具有了更强的政治性、社会性和敏感性，这无形中增加了工作的难度。

综合上述分析过程，新时期的国土资源管理工作的基本任务实际上在一定程度上已经由“双保”演变为“三保”，即在保增长、保红线的同时，也承担着化解社会矛盾、保障和维护社会稳定和谐的重任。天津市东丽区作为全国国土资源节约集约模范区，在国土资源管理机制创新方面进行了大量卓有成效的改革，涌现出了华明镇模式等新型农村城镇化和国土资源管理工作的标杆。因此，结合东丽区城镇化和国土资源管理工作的成功经验，探索新时期中国农村城镇化的有效路径，对于社会经济的快速发展、城镇化的健康推进和社会主义和谐社会的构建，无疑都具有重大的现实意义和实践意义。

## 二、保红线

长期以来，我国经济的快速增长在很大程度上是以消耗大量的土地资源为代价而实现的。但是随着工业化的不断升级和城镇化的快速发展，以传统的开发利用模式对现有城市存量土地的开发利用，难以满足工业化、城镇化对土地日益增大的需求，所以城市发展开始向外不断蔓延和扩张，将大量的耕地征收转变为城市建设用地，来补给城市建设发展需要，推动经济社会发展。在这样的发展模式下，耕地资源被严重破坏。目前，中国的城镇化水平每提高一个百分点，都会大约新增 2000 平方千米的非农建设用地。在新增的非农建设用地中，大部分源于对耕地的占用。另有统计分析表明，城镇化水平每增加一个百分点，城市建成区面积将扩大 158 万亩，耕地减少 615 万亩。例如，2005 年新增建设用地 43.2 万公顷，其中建设占用耕地 13.87 万公顷（约 208.1 万亩）。这也直接导致 2005 年全国耕地数量相比 1996 年减少了 1.2 亿亩，下降的比例达 6.15%。[①]而根据 2007 年的官方统计数据，全国耕地仅有 18.26 亿亩，人均只有 1.38 亩，不到世界平均水平的 40%，一些省（市）人均耕地已低于联合国粮农组织确定的 0.8 亩警戒线。

随着城镇化、工业化快速推进，人口增长和人民生活水平的提高，耕地资源的占用压力和保有需求都将持续增大。我国正处于工业化、城镇化快速发展时期，建设用地供需矛盾将更加突出。从土地需求分析，我国即将迎接需要以大量土地为支撑的三大“高峰”，即人口高峰、城镇化高峰和工业化高峰。随着人口总量的增加，城镇化水平的高速发展，到 2020 年将有 8 亿人口居住在城镇，这将带动城镇住宅用地与公共设施用地需求的增加。同时期，我国世界工厂的地位逐渐形成，企业规模的不断扩大也会进一步增加对土地资源的消耗。这三类用地高峰叠加，将使我国的土地资源面临前所未有的挑战。如果沿袭过去以要素大量投入换取经济发展的粗放型经济增长模式，可以预见，未来我国农地被占用、被破坏的现象将会更加严重，人地矛盾也将更加尖锐，经济社会可持续发展的道路将举步维艰。

1995 年，美国世界观察研究所所长莱斯特·布朗（Brown L. R.）第一次提出“谁来养活中国”这一耐人寻味的问题，从而为我国耕地资源的现状敲响了警钟，也为我国工业和城市发展用地需求和用地模

① 王家庭，张焕兆，季凯文. 中国城市土地集约利用——理论分析与实证研究[M]. 天津：南开大学出版社，2008：64.

式敲响了警钟。面对这样的紧迫形势，党中央、国务院全面分析了我国人口、资源、环境等基本国情和长远发展目标，做出重大科学决策。2007年，温家宝总理在政府工作报告中庄严提出了一个目标："一定要守住全国耕地不少于18亿亩这条红线！"探索我国土地经营利用方式由粗放向集约转变，缓解我国经济发展中的土地资源瓶颈问题，将是促进我国经济社会长远、可持续发展的必然选择。

在上述宏观背景下，很多学者都以我国城市土地集约利用作为研究课题，提出要通过城市用地的合理布局，调整城市用地结构，来挖掘存量城市用地的经济潜能，提高城市土地利用效率，保证经济繁荣和城镇化发展，这方面的研究成果是比较丰富的。同样，本书关注的东丽农村城镇化道路主要的聚焦点也不是在现有城市规模下存量土地的集约利用，而是考虑在城市规模不断发展，城市体系不断完善的情况下，城市以外农村土地的集约利用问题。这是广义范畴的城市土地集约利用研究中的一项重要组成。

一方面，城市土地集约利用绝对不仅仅限于现有城市规模下土地的集约利用。因为土地集约利用存在一个最优边界，超出此边界的利用就是对土地的过度利用，所以在城镇化发展中，现有城市土地上聚集的经济要素超出现有城市规模的最优承载力时，就必然会涉及城市规模的扩张。

另一方面，城镇化过程不仅限于现有城市规模内部现象，而是整个国家经济结构和社会结构的联动发展，涉及农村剩余劳动力向城市第二三产业工人的转变，农村人口向城市人口的转变，农村地域向城市地域转化的过程，在这个过程中必然会发生农村转变为城市，原供给于农村居住生产的土地资源转变为城市土地资源的情况。在耕地严格保护，耕地资源不可减少的情况下，农村的建设用地将是补给城市规模扩张的主要土地资源来源。而集体所有建设用地中很大一部分就是被农民居住使用，即宅基地是集体建设用地的核心内容。

## 三、保增长

从世界城镇化发展的经验来看，社会经济和城镇化的快速发展必然伴随着非农用地数量的增长。然而如前文所述，目前我国的增地保护工作已经面临着十分严峻的形势。在这种情况下，建设用地需求扩张与耕地紧张的矛盾愈发紧张，土地已成为经济社会发展的制约因素。

然而，与城市建设用地日趋紧张相伴的，却是农村集体建设用地的闲置。随着工业化、城镇化的快速发展，农村人口不断转变为城市人口，从理论上讲，农村居民点的用地需求（宅基地）也应相应减少，并进一步转变为对城镇住房用地及基础设施用地需求的增加。但现实中，在我国部分农村地区，农村人口规模减少的同时，农村居民点用地面积并没有相应减少，反而有增加的趋势，人均农村居民点用地远远高于国家标准规定的上限150平方米。同时，由于农村居民居住建设长期以来一直处于自发状态，缺乏有效的约束、监督和管理机制，农民居住用地存在布局差、用地乱和环境差等显著特点。随着农村经济的发展，农民摒弃村中旧房，在村边或路旁甚至占用耕地建新房，村庄外围新房林立，村内大量旧宅基地闲置破烂不堪，还形成了所谓的“空心村”和“烂心村”问题，造成土地资源严重浪费。针对宅基地粗放利用问题，国土资源部2004年印发《关于加强农村宅基地管理的意见》的通知，要求各地积极推进农村建设用地整理，加大盘活存量建设用地力度，因地制宜地开展“空心村”、闲置宅基地、空置住宅、“一户多宅”的调查清理工作，促进土地集约利用。

农村集体土地利用粗放的原因当然是多方面的，但农村集体土地市场发展缓慢，却是造成集体土地资源未能得到充分有效的配置，一些地方出现大量集体建设用地闲置的主要政策原因。就此来看，允许集体建设用地适当流转，盘活存量土地，将大大减轻工业化、城镇化进程对耕地保护的压力。《物权法》及《土地管理法》对集体土地进入建设用地市场流转有明确的规定，要求以公共利益为目的，且必须经过国家的征收程序，但兴办乡镇企业和村民建设住宅经依法批准使用本集体经济组织农民集体所有的土地的，或者乡（镇）村公共设施和公益事业建设经依法批准使用农民集体所有的土地的除外。

在城镇化进程不断加快的宏观背景下，为谋求地方经济的发展，政府或集体经济组织积极利用集体土地创办乡镇企业。由于激烈的竞争和管理体制的弊端，乡镇企业的发展面临困境，企业的改制也不可避免，集体建设用地的流转也就随即出现了。流转过程中，土地资本的价值日渐凸显。在经济利益的驱动下，一些发达地区的农村尤其在城乡结合部，集体建设用地的隐性流转已成为普遍现象。

据国土资源部估算，2005 年珠三角农村集体建设用地占全部建设用地总量的 50%以上，而深圳宝安区则高达 80%。近年来，国土资源部国土勘测规划院的调查发现，北京城乡结合部约有三分之一的宅基地都存在地下交易。集体经济组织和农民将农用地充作建设用地进行交易，无视城镇建设规划和土地利用总体规划，增大了耕地占补平衡目标的实现难度，而且难以有效控制建设用地供应总量，严重干扰了正常的土地市场秩序，造成集体土地资产和国家土地收益的流失。而且，由于私下交易的非法性，农民和集体利益难以得到保障。从农村集体建设用地流转的发展状况来看，制度约束和现实需求之间的矛盾较为突出，实践的发展已经将集体建设用地流转制度的改革推到了历史关头。

在理论界，要求对《土地管理法》进行修改，允许集体建设用地直接进入市场流通的呼声越来越高，集体建设用地进入市场已成大势所趋。国家部委相继出台相关的行政法规对集体建设用地的流转逐步放开，一些地方政府也出台相关政策，对集体建设用地的健康、有序和规范流转进行积极探索。然而，集体建设用地的流转是一个复杂的系统问题，其流转范围、流转方式、收益分配等各方面还存在诸多争论，国家对此采取谨慎的态度，一直没有出台明确的流转规定。但是国土资源部一直没有中断对集体建设用地流转的试点实践，在苏州、芜湖、湖州、安阳、广东省等多地进行了流转试点。试点地区出现了许多成功的模式，在提高土地利用率，盘活存量集体建设用地，满足用地需求方面起到了积极的作用。在目前国家尚无集体建设用地流转的具体管理办法的情况下，如何结合各地的试点经验，探索建立规范的集体建设用地流转新制度成为当前亟待解决的现实问题。

联系前文的分析，适度放开集体建设用地流转的理论和现实意义已得到普遍的认同。集体建设用地流转的重要意义在于缓解城镇和工业发展的土地需求矛盾，给农村发展提供资金来源。在城乡结合部，通过盘活农村集体土地流转，特别是改变目前农村宅基地的无序布局，将分散的农村居民点集中起来，有助于提高集体建设用地的集约程度，为工业化和城镇化提供稀缺的土地资源；另一方面，宅基地集中规划布局所节约的建设用地用于出让或者出租，收益用于城镇化以及农村基础设施建设和社会事业发展的资金来源，解决了农村发展的资金困境。

然而，宅基地集中规划布局并不是简单的农民住房置换问题，其带给农民的最直接效益是居住条件改善，而居住条件改善的同时，农民面临更多的居民身份的改变、生活方式的改变、观念的改变以及更为重要的就业压力，而这些直接跟农民的生活质量息息相关。因此，集体建设用地流转方式，在改变集体建设用地产权结构的同时，实际上同时也在户籍制度改革、农民社保体系建设、农业产业化方面做了积极探索。

当然，集体建设用地的流转是一个复杂的、系统的问题，涉及多个方面，流转问题的解决不可能一蹴而就。集体建设用地的规范、有序流转还需要一段很长的探索之路要走，还需要多方面的研究和试点地区的经验总结。尤其对于农民而言，土地是农民社会保障和社会福利的物质基础，是最重要的收入来源，也是最基本的生活保障，集体建设用地的流转关系到农民切身权益。对于集体建设用地的各种流转方式，究竟能带来怎样的积极效果，起到多大的示范效应，对集体建设用地的流转有什么样的借鉴意义，还需要进行系统的研究，做深入的剖析。

## 四、促和谐

当前，频发的各类群体性事件已成为威胁社会稳定和谐的重大隐患。群体性事件，古已有之，并不是一种新生的社会现象。新中国成立后，学界对群体性事件的认知经历了一个不断发展，不断深化，不断完善的研究过程。20 世纪 50 年代后期，群众集体上访、请愿、示威、游行等行为曾被称之为“少数人闹事”“群众闹事”“群众性闹事”。20 世纪 80 年代初至 80 年代后期，称为“治安事件”或者“群体性治安事件”。从 20 世纪 80 年代末 90 年代初开始，这类行为被称为“突发事件”“治安突发事件”“突发性治安事件”。20 世纪 90 年代中期以来，公安机关称其为“紧急治安事件”。2003 年，中国行政管理学会课题组将其定义为“群体性突发事件”[①]。近年来，公安机关在有关文件和刊物中，也习惯将其称为“群体性事件”，我国官方和许多报刊杂志发表的文章把它叫做“群体性事件”。至此，“群体性事件”这一称谓获得了官方、学界和大众媒体的普遍采用。

根据我国目前群体性事件在地域上的分布情况，大致可以分为：城市群体性事件和农村群体性事件。农村群体性事件主要指因农村土地争议、农民负担、农村干群矛盾、村级换届选举暗箱操作、农村财务管理不透明、村民间的利益纠纷等原因，引发的激烈矛盾冲突，导致农民上访、报复甚至对抗活动的群体性事件。其中，因土地争议问题引发的矛盾是农村各类矛盾中的主导矛盾。

土地，是农民的命根子。拥有自己的土地，曾是亿万农民一生的梦想和跟着共产党闹革命的最初动力源。新民主主义革命时期，中国共产党就是因为成功解决了农民盼望已久的土地问题才调动了农民的积极性，取得了中国新民主主义革命的胜利。这场革命其实质是变革生产关系，实现了农民与土地的直接结合，解放了生产力。新中国成立之初，我们迅速在新解放区开展了土地改革，农民“分田分地真忙”，极大地焕发了生产积极性。1956 年之后，随着“左”倾思想的逐渐抬头，我们在土地问题上也逐渐偏离了正确的轨道，破坏了生产力。改革开放后，终于又重新放开了土地束缚，实行了“土地承包制”，后来又实施农民承包权 30 年不变，农村的经济活力又重新迸发出来。

---

① 中国行政管理学会课题组. 中国转型期群体性事件对策研究[M]. 北京：学苑出版社，2003.

然而近些年来，在高速推进的城镇化进程中，由于土地产权不明晰，政策实施不得当，在土地征用方面，也出现了一系列问题，侵犯农民土地权利的“圈地运动”在全国此起彼伏，开发区建设滥占乱用土地现象屡禁不止。土地征占后却不能解决农村人口转移和劳动力的安置，由此引发激烈的社会冲突。因征地而失去生活来源和生活保障的农民越来越多，因征地问题而造成各省农民群体上访的事件愈演愈烈。

20 世纪 90 年代以来，随着我国城镇化的迅速推进，每年至少有 300 万农民成为失地农民。到 2005 年，失地农民累计已达四五千万人，其中既失地又失业的农民至少在 1000 万人，占失地农民的 20%。[①] 目前因征地引发的农村群体性事件已占全国农村群体性事件的 65%以上。[②]从官方的数据来看，从 1993 年到 2003 年，15 人以上的群体事件已增长到 8.7 万起，并且其中 99%以上的群体事件是由民众利益受侵害引起。而最新的数据显示，2006 年 1 至 9 月，全国处置群体性事件 1.79 万起同比降 22.1%，但农民参与的群体性事件居高不下。

近年来，失地农民的境况已经成为了严重的社会问题。在征地工作中，不尊重农民的知情权、补偿标准过低且不完全到位、不妥善安置失地农民等问题相当严重。许多农民一旦失去土地，便成为种田无地，就业无岗，社保无份的“三无”农民，一旦失地农民的土地补偿不能得到有效的解决，等待我们的只会是日益频繁的群体性事件，这样的情景在中国的农村已越来越显性化。现实中，当农民的土地权益受损后，在通过制度内渠道无法通常地表达利益诉求时，群体性事件的发生的概率就会大大增加。通过对一些案例的分析，可以发现，农村“征地型”群体性事件具有以下几个特点：

1. 根本利益性

根本利益性是农村“征地型”群体性事件的一个根本特征。利益是从人的需要逐步从客观物质世界中产生出来的，它是指能够满足人

---

① 耿攀. 新农村建设中的征地问题探析[J]. 中国农经信息网，2013-03-04.

② 新京报. 中央将逐步改革征地制度减少农村群体性事件[N]. 2006-02-23.

的物质需要的保障条件和精神需要的保障条件。在众多的利益种类中，物质利益是第一性的，是最基本也是最重要的。群体性事件的发生，是经济、政治、心理等多方面的原因相互交织、综合作用的结果。许多群体性事件看似是与政治、文化、心理因素有关，但是究其根源，无疑是经济原因使然，经济利益是群体性事件背后真正的动机。在农村，土地理所当然是农民经济利益中的重中之重。因此，农村因征地引发群体性事件，本质上是与动摇了农民的根本利益息息相关。近年来，江苏省邳州征地引发血案、安徽省“砀山事件”因政府违法征地最终酿成暴力冲突的群体性事件，以及 2010 年 7 月发生在江苏的“通安事件”都是因为征地而触及了农民的根本利益，最后导致农村“征地型”群体性事件的发生。

2. 对抗性

我国目前社会的主要矛盾是人民群众日益增长的物质文化的需要同落后的社会生产力之间的矛盾。当前，社会劳动所创造的社会财富和经济利益正在日益丰富，但是相比之下，在广大的农村地区，落后的生产力所创造的社会财富是相对有限的，尚不能满足广大农民多层次的生存需求和发展需求。因此，广大农民之间的矛盾摩擦在所难免，并且时有发生，特别是近几年因政府违规征地，或者在征地过程中由于操作不当而引发激烈抗争的农村群体性事件频繁发生。

土地作为农民的生存之本，是广大农民和政府之间因征地而争夺的焦点利益所在。土地作为农民基本需求的保障，从一定程度上说，保住土地就是保住生存乃至保住生命！因此，为保住安身立命的“一亩三分地”而全力抗争，实属被逼无奈之举。但是，农村“征地型”群体性事件，并不是社会主义经济制度和政治制度之下不可调和的矛盾，这些矛盾冲突基本上属于经济利益诉求的范畴，而没有明显的政治意图。而造成这些矛盾冲突主要是由于地方政府的执政意识、工作方法、政策落实和思想作风等方面没有做好。然而，近几年出现的农村“征地型”群体性事件中，对抗性因素在逐步增多增强。群体性事件中的抗争性行为不断增多，部分群众行为表现激烈，危害程度日趋严重。

综合上述分析过程，在目前引发社会矛盾乃至群体性事件的诸多因素中，土地纠纷已成为最为严重的一个诱发因素，严重威胁社会稳定与和谐。特别是随着公众权利意识的增强，使得很多原本简单孤立的土地纠纷事件被严重放大，经过各种媒介的报道传播，以至迅速成为社会普遍关注的热点问题。鉴于这种基本现实，使得新时期的土地资源管理工作在一定程度上具有了处置公共危机和突发事件的属性，具有了更强的政治性、社会性和敏感性。如何在保红线、保增长的同时，切实维护失地农民的利益，维护社会稳定与和谐，已成为新时期土地资源管理工作的另一项重要使命。

## 第二节　构建和谐人地关系的政策创新：以宅基地换房

简单而言，所谓宅基地换房，是指农民自愿以其宅基地，按照一定的置换标准，换取小城镇内的一套住宅，迁入小城镇居住。原村庄建设用地进行复耕，而节约下来的土地整合后再“招”“拍”“挂”出售，用土地收益弥补小城镇建设资金缺口。目前有一种观点认为宅基地换房的实质仅仅是一种变相的征地行为。我们认为，宅基地换房模式是一种政策创新还是变相征地，关键在于政府的征收行为是否出于公益性的目的，以及补偿的标准是否符合市场定价的原则。本节的主要工作，就是将以上述标准作为基本准绳，全面考察东丽区实施的宅基地换房政策。

### 一、农村建设用地流转的整体现状

#### （一）土地流转的含义

“土地流转是我国的专用词汇，国外一般称为土地交易。在市场经济条件下，只要产权关系清晰，土地就可以自由买卖、租赁和抵押。”①

① 戴伟娟. 城市化进程中农村土地流转问题研究[M]. 上海：上海社会科学院出版社，2011：9.

但我国长期以来土地是公有制的，农民没有使用权，只有承包经营权，农民的土地权利不完整，无权买卖土地。土地流转的含义有三种不同理解：一是指农地承包经营权的流转；二是指附设于土地之上的各种权利在不同权利主体之间的转移；第三种含义除了包括土地权利的流转外，还包括土地用途的转变。本文论及的土地流转同时涉及了土地权利人的变化和土地用途的转变。

**（二）土地流转的类型**

1．承包地流转

我国的基本国情是人多地少，在现有的土地制度下有限的土地被平均分配给众多的主体，导致农地零散分割，加之农业的相对收益低，特别是近年来大量农村劳动力外出务工，使得耕地抛荒现象日趋严重。在这种情况下，通过土地流转把分散零星的土地集中起来，实现规模经营是提高农业生产效益的有效途径。农村劳动力的非农就业促使劳动力离开土地，形成了承包地流转中的土地供给，地方政府的支持和工商资本的介入则形成了对于土地流转的需求。在条件具备的地方可以进行适当的承包地流转促进规模化生产。

2．农村集体建设用地流转

“根据我国目前的制度，一般集体建设用地只能是集体经济组织自用或者与其他经济主体合用，其他经济主体需要建设用地只能使用国有土地，国有土地的增量部分通过征用集体土地实现。”[①]农村建设用地的直接流转受到了严格的限制，同时在现有的征地制度下，农村土地的真实价值被严重扭曲，地方政府往往能够以极低的成本征得土地，由于农村土地的所有权人——农村集体经济组织的“虚化”，农民的土地权益得不到有效保护。

然而，在法律禁止建设用地流转的情况下，特定地区存在着对农村建设用地的强烈需求，经济当事人便试图在现有制度边际上寻找突破，由此形成了“隐形土地市场”。隐形市场是制度未能随实践而变迁的产物，在制度建立之初，对集体建设用地的区分原本是一种保护，

① 戴伟娟. 城市化进程中农村土地流转问题研究[M]. 上海：上海社会科学院出版社，2011：9.

宅基地是集体经济组织成员的福利，与其成员资格联系在一起，但经济发展到今天，农业用地的比较效益越来越低，根据 1990 年的统计数据，城乡工矿用地每公顷的年产值是耕地的 37.3 倍，交通用地每公顷的年产值是耕地的 17.27 倍，并且这种差距还在拉大。对农村集体建设用地流转的限制反而损害了农民的土地发展权益，造成了地权在事实上的不平等，成为农民增收、城镇化发展的阻碍。

“禁止农村经营性建设用地流转，其实质是对农村集体土地非农发展权的控制，目前的制度安排已经造成了实质上的土地产权的不平等，即一方面是国有土地与集体土地的不平等，另一方面是集体经济组织之间实现土地权益的不平等。第一种不平等已经被认识到，城乡统一建设市场建设已经被提上日程，但第二种不平等目前还未达成共识。其不平等产生的原因在于，目前的制度安排下，土地利用规划确立了土地发展权，造成集体经济组织土地权益不平等，并且在制度安排中，对造成的这种不平等没有设计补偿机制，使规划成为一种垄断资源，提供了寻租机会。”①长期以来隐形市场有利于法律监管之外，流转不规范、交易秩序混乱，把农村集体建设用地市场合法化，进行规范化管理既有必要也有益处。

### （三）土地流转的主要模式

1．承包地

土地所有者主导的流转模式。农村土地的所有者是村集体经济组织，但改革开放以来，随着生产队的消失，普遍存在着集体经济组织实体虚化、村委会作为法定代表管理集体经济资产的现象。“在实践中，一般由村委会以集体经济组织代表的名义发起，如山东平度模式；或者通过重建集体经济组织实体后发起，如南海模式。”其实质都是土地所有者重新配置土地资源，由原来的承包到户转变为拿出部分土地招投标实现规模经营，或者由原来的承包到户改为集体统一出租，集体成员分享土地收益。

① 戴伟娟. 城市化进程中农村土地流转问题研究[M]. 上海：上海社会科学院出版社，2011：92.

农户主导的土地流转模式。土地流转的方式主要有出租和入股两种形式，在实践中形成了大户流转、土地股份合作制、土地股份公司三种制度设计。大户流转是由大户租入很多农户的承包地，在租期内按租约付给农户租金，租约到期后，农户可以选择收回土地或者续租；土地股份合作制下，农户以使用权入股成立股份合作社，农户作为股东平等参与合作社的各种决策，与合作社共享收益、共担风险，可以退出土地；土地股份公司制下农户以土地使用权入股成立股份公司，按股分红，与股份公司共享收益共担风险，一般有股份退出机制。但这种入股型的土地流转方式一般都有行政力量的介入从而降低"匹配成本"，对于人数众多的农户而言，缺乏参与决策的动力机制，股份合作社容易演化为股份公司，股份公司则容易导致内部人控制，进而损害一般农户的长远利益。有效的入股型的土地流转有待农户数量的大量减少。

行政主导的土地流转模式。一种方式是行政力量，即村委会或地方政府，不直接参与土地收益分配，而是通过建立土地流转市场，提供中介性服务，消除或减轻流入流出方之间的信息不对称，降低匹配成本，一次性地收取中介费，行政方不是直接参与者，而仅仅充当协助和监督的角色。另一种方式是由村委会或地方政府发起，这一类的制度创新一般都是重新配置经济机会的制度交易，农户作为完全被动的接受者，其利益难以保障，优点是可以最大限度地降低匹配成本，克服"活期"需求问题。

需要注意的是行政主导不等于行政介入，行政主导是一种行政力量"直接"介入、分享土地收益的模式，不利于保护农户利益，实践中应该尽力避免；而适当的行政介入是很有必要的，如地方政府可以在农户与大户的谈判中提供协调和监督，确保土地退出机制，保障流转到期后交付土地的质量；也可以提供中介服务、建立公平透明的交易市场、消除交易双方的信息不对称等。地方政府和村委会如何定位直接关系到土地流转的效果，作为地方政策直接执行者的居委会自身定位模糊，不是经济组织却拥有代管集体经济资产的合法权，同时又是地方自治组织，既是规则提供者又是相关经济主体，法律监管的缺失使得村委会在执行中拥有过大的自由裁量权，土地流转的成败受制于有关村委会干部的“价值取向”。相较于承包的流转，在农村建设用地流转中巨大的土地非农化收益的刺激下，对村委会的软约束将产生更多消极后果。

2．宅基地

从物化形态含义及土地用途来理解，宅基地是指为了建造房屋而使用的土地，包括城镇宅基地和农村宅基地。城镇宅基地这一称谓属于历史名词，主要针对于那些在城镇土地国有化以前就存在的原有私房所占用的土地。现在城镇住房所占用的土地都统称为建设用地。

从当前法律规定、制度规则和认识习惯上看，所谓的宅基地就专指农村宅基地，既包括在农村土地未收归集体所有时，农民所有房屋保留至今而占用的土地，又包括在农村土地收归集体以后向集体申请，经审批取得的宅基地。从宅基地的用途考察，宅基地属于我国土地用途管制中的建设用地类，但具有居住用途的限定性。从宅基地的基本属性考察，宅基地具有福利保障性，专用于保障农民集体成员居住需要。

从宅基地所处区位与城市距离角度区分，可以分为城中村（在城镇化过程中已经被城区所包围的宅基地）、近郊宅基地（处于城乡结合部，属于城市规划区内或重点建设项目区内，正在进行由农村向城市转变中的村庄宅基地）、远郊宅基地（远离城市市区，所属村庄基本依靠农业生产生活，交通不便，发展相对滞后）。

从宅基地产权关系考察，宅基地属于农民集体所有，并按照一户一宅的原则分配于集体成员使用。宅基地使用权是被《物权法》所肯定的一种用益物权。《物权法》第十三章专章规定了“宅基地使用权”运行规则。根据《物权法》规定，宅基地使用权，是指宅基地使用权人依法对集体所有的土地享有占有和使用的权利，有权依法利用该土地建造住宅及其附属设施。宅基地使用权的取得、行使和转让，适用土地管理法等法律和国家规定。依据《土地管理法》规定，农村村民住宅用地，经乡（镇）人民政府审核，由县级人民政府批准。其中，涉及占用农用地的，还应依法办理农用地转非农用地审批手续。有关宅基地是否可以移转的问题是《物权法》起草过程中一个争议很大的问题，最终《物权法》对这个问题没有做出明确的规定。从《土地管理法》等有关法律法规来看，宅基地严格限制于本集体内流转，禁止城镇居民在农村购买宅基地。

我国现有法律规定，宅基地的使用权不可以流转。但随着工业化和城镇化的发展，对建设用地的需求增加，同时，我国的建设用地实行指标管理，每年由上级政府向下一级下达一定的农用地转用计划指标，农用地转用审批受到总体规划和用地规划的限制，为了保护耕地国家严格控制农用地转为建设用地的总量和速度，地方政府通过征地获得的新增建设用地已经不能满足需求。一家一户的农民房容积率极低，许多非农就业比较充分的地方更是存在着农民房闲置的现象，宅基地使用粗放限制了农村集体建设土地真实价值的实现，通过宅基地整理，节约出的土地复垦后获得非农用地指标，既有利于农村土地的集约利用、加快小城镇建设，又能在耕地不减少的前提下获得新的发展空间，潜在收益巨大。

宅基地流转模式主要有两种，一是村委会主导的旧村改造，二是地方政府主导的宅基地整理。村委会主导的旧村改造是在本村范围内建设农民集中居住房，原来的宅基地经过整理后用于发展非农产业或流转给工商企业，获得收益中的一部分用来弥补农民房屋拆迁和安置成本。在这种模式中，村委会可以是发起方，也可以作为农民集体的代表与发起方协商谈判，掌握着很大的主动权，其收益是稳定的、有保障的。农民作为制度安排的被动接受者，其权利和收益是不确定的。由于农村集体经济组织实体虚化，拥有土地非农发展权的农民没有实现权力的合法渠道，所以只要村委会能给出可以接受的条件，农民就会接受宅基地流转，集体行动的困境之下维护权益的农民个体往往要付出更大的成本。

地方政府主导的宅基地整理有更明显的政策强制性，涉及的整理范围也更大，相对而言，农民也处于更加被动的地位。不同的地方基于不同的区位条件、经济社会发展状况，具体采用的整理方式也有所不同。总体来看主要是把握两个“平衡”：一是“土地平衡”，即城乡建设用地总量平衡；二是“资金平衡”，即节约出的建设用地出让收益要能够弥补农民房拆迁建设成本。2004 年，国务院下发《关于深化改革严格土地管理的决定》，其第 10 条提出：“加强村镇建设用地的管理。要按照控制总量、合理布局、节约用地、保护耕地的原则，编制城乡（镇）土地利用总体规划、村庄和集镇规划，明确小城镇和农村居民点的数量、布局和规模。鼓励农村建设用地整理，城镇建设用地增加要与农村建设用地减少相挂钩。农村集体建设用地……”

3．农村经营性建设用地

经营性建设用地的流转中土地非农化的问题最为严重，随着工业化和城镇化进程加快，对非农建设用地的需求不断增加，尤其是城市近郊和工业区附近的农村地区，存在着很大的土地非农化潜在收益。同时，每年的农地转用指标又十分有限，在现存的制度框架内，合法提供的非农用地供给不足，这就促使农村集体或地方政府积极探索制度外的土地流转途径。实践中主要存在着三种模式：农村集体主导的就地流转、地方政府主导的就地流转、地方政府主导的异地流转。

农村集体主导的土地流转是一种自发的土地流转，各种不同的组织形式实际上都是非法的集体土地直接入市，这样形成的土地流转市场缺少管理和监督，农民的土地权益尤其是农民退出社区利益得不到保障。相对而言，地方政府主导的土地流转是以提供新的制度安排为前提的，有特定的规则可循，但受限于制度变迁的发起者和执行者都是地方政府，最终形成的利益分配更有可能向政府倾斜，农民依然是被动的。较之于就地流转，异地流转更突出了城乡建设用地的总量平衡的要求。根据国土资源部《城乡建设用地增减挂钩试点管理办法》，“城乡建设用地增减挂钩是指依据土地利用总体规划，将若干拟整理复垦为耕地的农村建设用地地块（即拆旧地块）和拟用于城镇建设的地块（即新建地块）等面积共同组成新建拆旧项目区，通过新建拆旧和土地整理复垦等措施，在保证项目区内各类土地面积平衡的基础上，最终实现增加耕地有效面积，节约集约利用建设用地，城乡用地布局更合理的目标”[①]。

## 二、宅基地换房的主要政策依据

### （一）城乡建设用地增减挂钩政策

目前，我国农村建设用地普遍存在土地利用形态破碎、零乱、粗放等问题，土地利用率低，农村空心化日益严重，造成了土地资源的浪费。因此，对农村建设用地的整理成为保护耕地的重要途径，而城镇建设用地增加与农村建设用地减少相挂钩是农村建设用地整理的重要组成部分。城乡建设用地增减挂钩政策在 20 世纪 90 年代后期自发开展，进而形成政策引导，提出基本政策框架，并进一步形成完整的挂钩政策，实现试点推进。

2004 年国土资源部发布了《国务院关于深化改革严格土地管理的决定》（国发〔2004〕28 号），该决定明确提出鼓励农村建设用地整理，并要求城镇建设用地增加要与农村建设用地减少相挂钩。2005 年国土资源部出台的《关于印发<关于规范城镇建设用地增加与农村建设用地减少相挂钩试点工作的意见>的通知》（国土资发〔2005〕207 号），该文件进一步落实了 28 号文的要求，并在较大程度上推进了农村建设用地的整理。此后，一系列增减挂钩政策陆续出台，如《关于进一步规范城乡建设用地增减挂钩试点工作的通知》（国土资发〔2007〕169 号）、《城乡建设用地增减挂钩试点管理办法》（国土资发〔2008〕138 号）等。

国土资发 138 号文第二条指出，城乡建设用地增减挂钩政策要求城镇建设用地增加与农村建设用地的减少相挂钩，拆旧区和建新区等面积组成建新拆旧项目区，拆旧区复垦出的耕地指标用于归还建新区所占用的耕地指标。拆旧区指拟整理复垦为耕地的农村建设用地，一般为村庄用地，建新区指拟用于城镇建设的地块。增减挂钩必须保证

① 戴伟娟. 城市化进程中农村土地流转问题研究[M]. 上海：上海社会科学院出版社，2011：138.

各类土地面积的平衡，并在一定程度上实现耕地有效面积的增加。该文件强调城乡建设用地增减挂钩需符合土地利用总体规划。

**（二）城乡建设用地增减挂钩政策试点工作**

自2000年以来，国土资源部先后出台了一系列引导增减挂钩的政策，提出了基本的政策框架，并进一步形成完整的挂钩政策，陆续推出了一批增减挂钩试点地区。2006年4月，国土资源部《关于天津等五省（市）城镇建设用地增加与农村建设用地减少相挂钩第一批试点的批复》（国土资函〔2006〕269号）正式批准天津、山东、湖北、江苏、四川成为增减挂钩第一批试点。目前，全国已有20多个省市开展增减挂钩相关工作。针对国土资源部提出的城乡建设用地增减挂钩政策，各地推出了“示范小城镇”“新农村建设”“宅基地换房”“土地换社保”等一系列对应政策，其中天津“宅基地换房”的示范小城镇建设模式和成都“拆院并院”模式，得到了国土资源部的高度评价。

在成都，城乡建设用地增减挂钩试点被俗称为“拆院并院”，其中的典型模式为“两放弃、三保障”。具体实施的过程中，农民以放弃宅基地使用权和土地承包经营权为代价换取享受与城镇职工同等的社保待遇，并在城区集中居住。农转非的保障条件为：第一，农民能够在非农领域就业；第二，农民在城市居住；第三，农民能够享受和城市居民同等待遇的社会公共服务。

成都市挂钩试点工作在一定程度上取得了良好的效果。增减挂钩在一定程度上实施了耕地保护制度、促进了土地节约集约利用，深化了农村土地管理制度、加快了城乡统筹发展、加快了新农村建设。成都市在开展增减挂钩工作的同时，开展农村土地整理以及基本农田建设，耕地面积有所增加，质量有所提高。拆旧区进行土地复垦，通过实施土地平整、农田水利、田间道路、防护林工程以及培肥等生物、化学措施，复垦后的耕地质量能够得到保障。同时，周边农村土地通过整理，耕地粮食单产基本能实现5%～15%的提高。通过农民集中居住，将散乱、废弃、闲置的农村居民点确定为增减挂钩项目的拆旧区，进行拆旧复垦，有效遏制了农村居民点“满天星”的发展态势，降低了人均建设用地，提高了土地利用率。

城乡建设用地增减挂钩工作在取得成效的同时，也产生了一系列的问题。由于城乡建设用地增减挂钩试点工作关乎国家、地方政府、企业以及农民的切身利益，涉及多个部门、多个环节，程序复杂、工程浩大，实施起来，难免遇到和产生诸多问题，如只重视建新，不重视拆旧，拆旧区复耕质量得不到保障，不尊重农民意愿，土地权属调整方案不科学、盲目扩大项目区规模等，这些现象隐藏的问题和可能带来的危机不容忽视。因此，增减挂钩的开展，要科学地选择拆旧区和建新区，科学安排项目区规模，维护群众利益、保证拆旧区复垦质量、重视土地权属调整、拓展融资渠道、遵循因地制宜的原则，把握区域发展战略，合理分配土地增值收益，采取相对统一的政策。

## 三、宅基地换房的主要内容

统筹城乡发展必须突破“就农业论农业，就农村论农村”的思维定式，跳出“三农”看“三农”，站在经济和社会发展的全局高度来研究解决“三农”问题。要实现以城带乡、以工促农、城乡互动、协调发展的目标，其根本的落脚点还是要大力推进城镇化进程。小城镇是大战略，是具有中国特色的城镇化发展的必由之路。加快小城镇建设，有利于创造经济增长的最大空间，避免“农村病”“城市病”，实现土地集约节约利用，实现经济社会可持续发展。实施宅基地换房模式是当前破解小城镇建设中的难点，促进小城镇健康发展的重要突破口。各地在小城镇建设方面探索了很多经验，但也面临着不可回避的问题，特别是土地和资金的双重约束成为制约小城镇加快发展的必须破解的难题。正是在这种背景下，东丽区探索了以宅基地换房为基本模式，建设新型小城镇，推进城市近郊城镇化进程的有效路径。

从东丽区的实践来看，以宅基地换房基本构想是：在现行政策的框架内，以不减少耕地为前提，通过对农民宅基地（包括村庄集体土地）的整理，高标准地规划、设计和建设一批现代化、有特色、适于产业聚集和生态宜居的新型示范小城镇。农民以其宅基地，按照规定的置换标准无偿换取小城镇中的一套住宅，迁入小城镇居住。农民原有的宅基地统一组织整理复耕。

从法律关系的变动角度来讲，宅基地换房的大致过程为：由村民自愿申请将宅基地的使用权交回村集体组织以换取房屋，村集体组织将其整理复耕后交给国家，国家根据征收的集体土地面积补偿一定面积的房屋给村集体组织，村集体组织再将这些房屋在集体组织成员之间分配。即国家以小城镇新建住房为主要补偿条件征收集体的部分土地所有权,但原村集体组织成员对集体的农用地仍然享有承包经营权。在征收法律关系的主体上，政府和集体组织是征收法律关系的征收方和被征收方，而单个集体组织成员并不是该法律关系的主体，因为其对宅基地的权利仅为使用权而非所有权。

具体来看，宅基地换房模式强调把握四项原则，突出四个特色，实施四个步骤，达到六个效果。

**（一）把握四项原则**

一是农用地承包责任制不变。建设示范小城镇，农民集中居住后，作为农村基本制度的家庭联产承包责任制并没有改变，征收的对象只包括宅基地在内的村庄用地，不含农业用地，宅基地换房工程保留了原有的耕地使用权,集体组织成员与原集体组织的承包经营关系不变,农民对土地承包经营的合法权益仍受到法律的保护。

二是以宅基地换房。以小城镇住房补偿为主，而非主要以货币为补偿。一般土地征收有两种补偿模式，即货币补偿和住房补偿，通常情况下以货币补偿为主,而宅基地换房模式为了充分保障农民的利益、保证农民的安身立命之本、提高农民的居住条件，选择了以住房补偿为主。

三是充分尊重农民意愿。天津市建设示范小城镇，所遵循的原则就是坚持以人为本、充分尊重农民的意愿、广泛征求群众意见，以“一切为了农民，一切依靠农民”为工作思路。尊重农民意愿，对于不愿意搬迁的农民相关政府部门禁止用强制的方法强迫其搬迁，对于不愿搬迁的农民应该做充分的思想工作，并给予优惠措施，充分尊重其意愿。而一般的征收并不需要村民的同意，村民必须服从。

四是可耕种土地不减。宅基地换房工程并非征收集体组织全部的土地，仅仅是征收村庄的非农用地，即村庄用地（含宅基地和其他相关非农用地）。这样，就不会导致农民农用地减少和失地，也不会因为仅征收分散在村内各处的宅基地而带来的建设开发难题。这些村庄用地包括了宅基地、基础设施、公益设施用地、村庄内空闲地等，如原村庄范围内学校、医院、集体组织办公用地、村庄内道路用地、村庄范围内乡镇企业占用的土地等。

在以上四项原则中，以宅基地换房为核心。以宅基地换房重在一个"换"字，宅基地换来的将是城镇土地的集中利用，城镇发展的新空间，农民自身生产生活的转变，农民收入的提高，城乡差别的缩小。

**（二）突出四个特色**

一是布局特色。新型小城镇规划布局，要充分考虑经济社会和人的全面发展的需要。努力保留农村的优点，克服农村的缺点，引入城市优点，扬弃城市的弊病。要科学划分居住、服务、产业设施的功能布局，形成自己的规划特色。

二是生态特色。新型小城镇的规划建设，要注重生态环境和历史文化的保护。要特别注重搞好环境绿化，树木、花草的品种要统一选择，精心养护，精心栽培。小城镇的绿化率要明显高于城市水平，形成自己的绿化特色。

三是建筑特色。新型小城镇的住宅、公建等建筑物，要体现先进的设计理念，建筑造型、外沿风格要新颖、美观、协调、统一，成为风情小镇、旅游一景，形成自己的建筑特色。

四是产业特色。新型小城镇的产业选择，要立足原有基础，发挥各自优势，因地制宜，做大做强，增强竞争能力。要注重发展那些少污染、低能耗、劳动密集型的产业，形成自己的产业特色。

**（三）实施四个步骤**

以宅基地换房是一项复杂的系统工程，要由区县政府统一组织、精心规划、分步实施、讲求实效。具体操作步骤包括：区县政府组织编制小城镇建设规划和土地利用总体规划及年度实施计划，报上级政府审批→区县政府组建小城镇开发建设投资机构，申请小城镇建设用地周转指标，委托小城镇开发建设投资机构进行融资建设→拟迁入小城镇的村民向村民委员会提出以其宅基地换取新建小城镇住房的申请→村民委员会制定村民宅基地置换住房办法提交村民代表大会或村民大会通过→村民委员会与村民签订以宅基地换房的协议→村民委员会与小城镇开发建设投资机构签订本村村民以宅基地换房的总体协议→小城镇农民住宅建成后，由小城镇开发建设投资机构交付村民委员会，由村民委员会进行分配，农民搬迁后，由小城镇投资开发建设机构负责对宅基地进行土地整理复耕。

**（四）达到五个效果**

一是节约和集约利用土地。通过以宅基地换房，对腾出的宅基地进行整理复耕，可以节约大量土地。通过提高小城镇建设的容积率，可以增加土地使用的集约度，从而实现土地资源利用的最大化。

二是有效节约能源、资源。通过以宅基地换房，实行撤村并镇，可以改变过去那种“村村通”模式，从而节约能源、资源。新建小城镇，合理安排集中供热，广泛使用太阳能，扩大中水利用，开辟清洁能源利用渠道，大力推广使用节能环保型建筑材料，也可节约能源、资源。

三是增加就业岗位。依托小城镇建设可以加速工业和服务业的产业集聚，带动农村工业化，促进农业产业化，使转移到城镇的农业人口改变传统生产经营方式，增加更多的就业机会。由于人口的集中，必然增加消费需求，扩大市场容量，增加就业岗位。

四是增加农民收入。通过以宅基地换房建设小城镇，可以使农民从土地中获得收益。以华明镇为例，农民平均现有宅基地 0.5 亩，估价 3～5 万元，到新建小城镇置换一套 80 平方米住宅，目前的价值已超过 60 万元，农民家庭财产大幅增加。同时，农民迁入小城镇后，就业更多地向二、三产业转移，收入明显提高。

五是使农民共享城市生活方式。农民进城变为市民，不仅居住条件得到改善，而且生活环境、生活质量、文化品位、社会服务等方面都会发生根本性改观，逐步缩小城乡差别。以宅基地换房推进小城镇建设，进而推进农村城镇化进程，将会从根本上促进城乡差别缩小，城乡二元结构矛盾的解决，最终实现城乡一体化的终极发展目标。

## 四、针对农民的相关保障机制

土地是农民的命根子，是维持家庭生计可靠和稳定的收入来源，是广大农民的“保险田”和“保命田”。在工业化和城镇化过程中，农民虽然可以得到合理的征地补偿，但如何实现向产业工人的转变，保证家庭有稳定持续的收入，进而过上小康生活。东丽区在实施宅基地换房政策的过程中，积极打造拥有薪金、股金、租金、保障金的“四金”农民，逐步建立失地农民就业增收和家庭财产持续增长机制。

### （一）打造“薪金”农民，促进农民充分就业

将增加工资性“薪金”收入，作为提高群众生活水平的主要途径之一，积极创造条件安置农民就业，提高农民工资性收入水平。

一是与驻区大企业建立就业联盟。建立“一联盟、二对接、三同时”就业机制，即由劳动保障部门发起并动员各类企业参加，把提供岗位与兑现政策和服务紧密结合起来，把新建工程项目库与人力资源库相对接，使开发新项目的就业岗位与安置东丽区被征地农民和下岗失业人员相匹配，凡是政府投资项目、新建扩建项目、公益性项目，在立项审批的同时，签订用工协议。在开工奠基的同时，签订员工培训协议。在投入运营的同时，企业和职工签订劳动合同、参加社会保险、兑现扶持政策。切实加强与大企业的合作，健全组织，完善合作机制，扩大就业渠道。

二是实施产业对接和配套服务。大力发展就业载体，积极引导集体和民间资金，通过合作、组建服务公司等形式，参与大企业配套服务，促进农村闲置劳动力就业。

三是引进项目安置就业。将就业安置列入招商协议，把安置劳动力多少作为出租厂房、土地的主要依据之一，对各经济板块中项目储备报批、开工建设和投产达标各环节主动跟进，千方百计开发就业岗位，在发展经济的同时，维护群众的利益。

四是健全和完善“两级政府、二级管理、四级网络”就业服务体系。充分发挥就业平台作用，完善村级就业服务网络，建立各级劳动

就业服务中心，健全就业服务信息员制度，落实48小时就业承诺，积极开展职业介绍、业务培训等活动，鼓励农民积极创办工商企业，形成政府管、企业帮、自己创的就业机制，使有就业愿望的农民得到就业。

五是形成“以培训促就业”的良好机制。整合资源，通过定单培训、技能培训、创业培训等多种形式，开展多层次农村劳动力培训，提高农民就业技能。切实加强农民择业观教育，引导农民更新就业观念，形成培训与就业的良性互动。

**（二）打造“股金”农民，拓宽增加收入的渠道**

以增加农民收入为主线，积极推进农村经济体制改革，增加农民股金分红性收入，提高农民非劳动所得。

一是稳步推进农村集体经济产权制度改革。实施农村集体资产收益分配制度改革试点，将村集体经营性资产、政策性优惠形成的资产，以股份方式量化给享有资格的村民，实现村民变股民，资产变股本。

二是积极组建股份公司，吸引农民成为股民。鼓励发展村这一层面的股份制企业，在村民自愿的基础上，建立现代企业制度，通过资本这条纽带的联结，提高农民的组织化程度，把村级集体经济组织真正打造成法人实体和市场竞争主体。

三是积极探索参股经营、股份化投资等有效形式，增加群众股金收入。坚持“谁投资、谁受益”的原则，积极引导农民自发组建各种民间合作组织，将农民手中的闲散资金积累起来，利用收购企业、参与企业经营等方式并将股份量化到个人，使农民每年都可以获得一定的收益分红。支持鼓励有资金、有土地的村以入股、联营、租赁等形式参与开发区、乡镇产业园区开发建设，联手打造一批特色产业园区。

**（三）打造“租金”农民，增加农民财产收入**

适应区域经济发展和城镇化进程的快速发展，资产回报成为农民增收的又一重要来源。

一是兴建标准厂房和出租型住宅，增加房屋租金收入。随着工业化和近郊城镇化的发展，大量的外来务工人员及企业仓库用房给房屋租赁带来了市场空间，租房需求潜力巨大。通过兴建标准厂房、蓝领公寓等形式，租给企业及外来务工人员，大幅增加了村民的租金收入。

二是加快土地流转，增加土地租金收入。规范和完善农村土地承包经营权流转机制，按照“依法、自愿、有偿”的原则，积极引导集体经济组织或农业龙头企业根据经营需要，租用农民的承包土地，连片开发，进行产业化经营。

三是积极开发商业设施，增加商铺租金收入。积极搭建平台，建立“政府主导、市场运作”的体制，在尊重被征地农民意愿的前提下，积极为被征地农民建设一定面积的经营性设施和出租用房，增加农民家庭财产或租金收入，逐步建立起较为完善的农民持续增收和财富积累机制。尝试通过市场运作集中集体资金、土地等，建设商业设施、标准厂房、公寓等进行出租经营，通过滚动发展实现产业升级，逐步向酒店经济等高档服务业过渡，拓宽群众增收渠道。

**（四）打造“保障金”农民，健全社会保障体系**

为保护被征地农民当前利益和长远利益，全面提高农民社会保障水平，建立健全保障制度，逐步构建起多层次、广覆盖、标准适度的农村社会保障体系，使农民真正实现了老有所养、困有所助、贫有所济、病有所医。

一是制定被征地农民社会保障金筹集办法。将财政预算、合作开发项目地方收入留成、土地收益和征地税收部分作为资金来源的主要渠道，实行城保、农保、区保、村保相结合的有效措施，积极稳妥地解决以被征地农民为重点的社会养老保障问题。

二是妥善解决好养老保障问题。实施个人负担与财政补贴相结合的办法，每年安排专项资金纳入财政专户，对参加被征地农民养老保障人员进行补贴，使被征地农民按月领取养老金，实现被征地农民全部享有养老保障；全面推进农民退养保障补助工作，财政每年拿出专项资金，为符合条件的农民发放退养补贴，实现与征地养老保障的有效衔接，基本实现了全区农村养老保障的全覆盖。

三是完善社会保障稳步提高机制。根据经济发展水平逐步完善农村社会保障体系，大幅度提高农村低保、新型合作医疗和养老保险的标准，加大社会救助工作力度，让广大农民共享改革发展带来的成果。

## 第三节　宅基地换房的主要优势及现实效应

### 一、宅基地换房的主要优势

总体来看，宅基地换房模式创造了城市郊区、农村实现城镇化的新模式，开辟了农村土地重新整合、流转和集约利用的新途径，创造了利用现有集体土地存量为经济发展提供空间的新思路。这一模式不仅能够促进现有村庄土地向城镇集中，加速实施城镇建设总体规划，而且能够改善农村居住环境，提高农民生活质量，同时也使农民宅基地的价值显现，农民住宅商品化、产权化，大幅提高农民家庭财产性收入和非农业劳动所得。对于贯彻落实科学发展观，加快实现农村小康社会建设目标具有重要意义。

一方面，从农民的角度来看，宅基地换房这一模式能够提高他们的生活水平，较好地解决“三农”问题。“三农”问题的核心是农民问题，充分尊重农民的意见，对于社会稳定有着极其重要的意义，也符合宅基地换房建设小城镇的初衷，即实现广大农民安居、乐业、有保障。农民进入城镇居住之后，社会保险、劳动就业也有了较好的保障。从目前农村建房的费用和城镇住宅的价格来看，通过宅基地换房，农民的收入大幅增加，因为农民换置的小城镇住宅比现有的宅基地和房屋价值高得多。例如，在农民一套建筑面积是70～90平米的房屋，现估价平均仅为4万～5万元，而按其面积相应换置的小城镇一套住宅，目前的价值已普遍超过50万元，通过宅基地换房农民家庭财产可增加40余万元。与此同时，农民搬进小城镇后，就医条件、教育水平、就业选择等生活需求都便利了许多。

另一方面，从政府角度来看，宅基地换房工程的推进也带来了很多好处：可以为天津城市建设提供急需的土地，以缓解城市土地供应力有限而需求力增加的矛盾；在金融危机来临、房地产市场低迷的背景下，宅基地换房可以推动地区固定资产投入，拉动内需，通过政府主导、市场运作，可以解决城镇建设面临的融资难题；通过设定严格的农用地转非农用地的制度要求，极力控制耕地流失，能够保持耕地数量不减少；促进农村土地重整、流转和集约利用，有效地节约了资源。宅基地换房，并不同于一般土地征收程序那样由国家直接征收集体原有土地，而是在征收前由集体组织对宅基地进行整理复耕，这样可以节约大量土地，还可以提高土地的价值，也就是说将征收的土地集中整合利用，将提高农用土地使用的集约度，实现土地资源利用的最大化；将农民集中安置到小城镇，使小城镇的容积率加大，这样就更方便集中供水、供电、供热，节约了大量能源、资源。目前农村的生态环境比较差，生活条件、基础设施、经济发展水平远落后于城市，宅基地换房工程可以解决农村脏乱差的难题，解决城郊地区规划和治安混乱的问题，通过宅基地换房建设小城镇，统一规划建设基础设施，注重绿化，改善生态环境，使农村的环境和面貌焕然一新。

## 二、宅基地换房对社会经济发展的意义

### （一）破解城市近郊建设土地瓶颈难题的切入点

当前，土地是城市近郊建设的核心问题。在“保红线”这一国土资源管理核心任务下，不可能通过大量占用耕地来建设城市近郊。因此，以确保耕地总量动态平衡为前提，就成为实现良性发展的现实选择。通过以宅基地换房，将农民迁移到新建小城镇居住，可以把布局分散、数量很大、使用效率很低的农民宅基地集中起来，统一整理复耕还田。经过计算，整理复垦后的土地，大大超过了小城镇建设用地，确保了土地没有减少，实现了土地使用的集约化。如天津环城四个郊区现有宅基地 40 多万亩，按照 1.2 的容积率建设新的小城镇，安置迁移人口，仅需占地 9 万亩左右，其余 20 余万亩都可以整理复耕为农田或转为重点建设用地。再如，已经基本建成的东丽区示范小城镇——华明镇，现有的 12 个村共有宅基地 12071 亩，总人口 4 万余人，但新建小城镇仅需占地 3476 亩，可节约土地 8595 亩。

土地资源集约化利用程度，既是实现区域经济可持续发展的关键，也是区域经济发展水平的重要标志。随着东丽区经济社会的迅猛发展，必然带来建设用地的扩张。学校、劳务市场、电网、电站、少年宫、医院、道路等公共设施建设，各项投资建设项目急需大量建设用地，建设用地供需矛盾将越来越尖锐。天津市每年拨给东丽区的1000多亩建设土地指标，已经明显不能满足全区经济社会发展的需要。东丽区经济社会的健康可持续发展需要更多的土地资源投入，在国家宏观调控大背景下，在最严格的土地管理制度下，建设用土地资源投入不可能通过大量占用耕地来解决。因此，只有在非耕地上做文章，在土地集约利用上做文章，才是破解东丽区经济社会发展土地资源瓶颈的有效途径。

**（二）平衡和解决城市近郊建设资金问题的重要手段**

加快小城镇建设需要大量资金，完全依靠政府财力、农民自身积累和企业投资来解决，显然不具备条件。而通过宅基地换房，让土地流动起来，使资源资本化。在规划的新建小城镇内适当留出用于商业开发的土地，随着人口的集中和城镇规模的扩大，会产生级差地租，使小城镇可供商业开发的土地大幅增值，通过“招拍挂”的方式，取得的土地收益用于平衡解决小城镇农民住宅和公共设施建设的资金需求。如华明镇用于农民还迁住房和公共设施的建设资金约34亿元，可出让的商业开发用地3000亩，土地出让收益约33亿元，资金大体平衡。

**（三）促进了农民生产生活方式的深刻变革**

农民一旦从土地中摆脱出来，从自给自足的自然经济中摆脱出来，从自然村落集中到小城镇居住，思维方式、生产生活方式都将发生一系列深刻变化。由于人口的积聚，必将催生第二产业发展，就业岗位增加，收入增加，由此引发一系列深刻变革。农民的居住环境和条件发生了根本性变化，落后的生活习惯和方式逐步改变。农民在向新型农民和新型居民的转变过程中，自身素质将大大提升，农村的文明程度也将明显提高。

### （四）天津作为特大城市具有推动宅基地换房的基础和条件

天津是沿海开放特大城市，区位优势明显。近十几年，经济快速发展，整体实力显著增强。随着滨海新区的开发建设，天津特别是城郊农村土地的级差效应将更加明显。近郊农村的农民人均占有耕地少，就业渠道多，特别是这几年从事工业、服务业的人员越来越多了，对土地的依附性日趋减弱，传统的村庄功能在逐步消失。在这种情况下，天津广大郊区农民对改善生存环境、提高生活质量、享受土地收益带来的好处，具有强烈愿望。以上都为宅基地换房政策的顺利实施提供了良好基础和条件。

### （五）有利于破解土地利用过程中的非合作博弈问题

健康推进城镇化建设是实现区域经济持续增长，破解“三农”问题的关键之举。在这一过程中，围绕实施经济、社会各项建设，特别是随着城镇在空间层面的扩张，必然会涉及对农村集体土地的征占和使用。这样，围绕土地供求所产生的矛盾，作为集体土地承包人的农民与作为土地征收人的政府之间实际上就会产生一种博弈关系。

总体来看，农民的基本诉求主要集中于物质补偿和日后生活的保障方面。从东丽区的现实情况来看，农民作为博弈的一方，一方面，要求加快“村民变市民”进程，以享受城市居民的公共产品和相应的社会福利；另一方面，尽管其收入来源主要来自于非农产业，但仍将土地，尤其是土地使用者身份视为其生活基本保障。

在因土地征收引发的博弈中，农村和政府双方对土地征占、补偿的博弈，实际起源于对资源再分配中利益取向的不同。政府依靠土地进行建设，实现发展；农民依靠土地耕作生产，生活生存。双方这种利益取向的差异如果未能妥善的协调，就有可能转变为非合作博弈，乃至零和博弈。在实践中，国内外由于未解决博弈双方关系，矛盾被激化，影响建设、影响发展，甚至引发群体性事件的例子也是屡见不鲜。

利益协调是社会和谐与整合的关键。现阶段城市建设征地和拆迁中冲突产生的根源不是征地行为本身，而是不利影响没能有效的控制，缺乏利益主体之间的有效协调机制，从而出现局部利益冲突激化。要破解城市建设用地资源瓶颈问题，必须利用城镇化进程中农民和政府之间利益博弈的有利结果。只有从“以农民为本”出发，将土地动用过程中农民、政府利益统一起来，变非合作博弈为合作博弈，才能稳妥顺利地进行土地建设开发，最终达到各方“共赢”局面。

“利为民所谋”，广大农民的需求，就是区政府工作的重点。要满足人民群众的利益需求，加快社会主义新农村的建设，加快经济社会全面发展，必须解放限制生产力发展的各种束缚，基于“以人为本”的发展理念，进行制度创新和政策创新。“为民办实事，让民得实惠。”积极探索以宅基地换房为具体实施模式，推进农村城镇化进程的新路子。

以宅基地换房的基本构想是：按照统一规划，高标准建设一批现代化、有特色、适于产业聚集和生态宜居的新型城市近郊。以不减少耕地为前提，农民以其宅基地（包括村庄用地），按照规定的置换标准无偿换取小城镇中的一套住宅，迁入小城镇居住。最后由政府统一组织在原有村庄范围内，对相当于建设农民还迁住房占地面积大小的土地进行复耕，其余的村庄土地面积即为实施“宅基地换房”节约出的建设用地，一部分整理后进入土地市场拍卖后换回为农民建设小城镇所需各项费用，另一部分作为区域内经济社会建设的储备用地。

以宅基地换房（以村庄换社区），不仅破解建设土地瓶颈难题，而且有利于平衡和解决建设资金问题。以宅基地换房，因为不是征占农地，所以能把农民因土地变更引起震动降至最低，使得农民利益和区域经济发展整体利益最大限度地保持一致，使农民生存和政府建设之间的博弈成为合作博弈，实质上达到了一种“纳什均衡”。以宅基地换房，提升了农民宅基地利用效果，盘活了低效率使用的建设用地，兼顾了农民的短期利益和长期利益，兼顾了农民的近期生活稳定和长期生活水平的提升，解决了农民的后顾之忧和集体经济的长远发展问题，从而大大缓和了城镇化过程中的土地矛盾，确保社会稳定，推动城市建设的和谐推进。

## 三、宅基地换房的现实效应分析

在资本追逐利益最大化的驱动下，要素禀赋差异和生产要素成本差异扩大必然诱发产业转移。由于作为生产要素的土地出现成本差异，根据市场机制对资源的配置，农民将由一产向二产、三产业转移，这样就会明显改善其居住环境，提高其文明程度，享受城镇化成果。以宅基地换房正是顺应这一形势而产生的推进农村城镇化进程的一种崭新方式。以宅基地换房作为破解制约东丽区城镇化和都市型农业整体发展瓶颈的切入点，不仅可以满足农民的各种需求，给农民带来最大的实惠，从而可以促进全区经济、社会的发展。这种基于东丽区实际推进城镇化进程的决策，体现了管理决策的睿智，实现了经济社会发展中各经济主体的激励兼容，对于构建和谐社会，完善公共管理理论与实践均具有非常明显的借鉴意义。具体来说，以宅基地换房可以实现八大效应。

### （一）素质提高效应

经济社会发展的根本目的是实现人的全面发展。全面提高农民素质，是促进农村生产力发展、确保社会和谐稳定的基础工程。以宅基地换房，从自然村落集中到小城市居住，农民进城变为市民，极大地改变了农民原有的思维方式、生活环境、生活方式，使农民共享现代城市生活方式。进而引发了一系列深刻的变化：不仅农民的居住条件得到改善，生活环境、生活质量、文化品位、社会服务等方面都将发生根本性改观。不仅如此，由于教育、卫生等公共服务质量随着城镇化明显改善，给农民子女提供了接受更好的素质教育机会，也会带动地区农民整体素质的显著提高。农民的思想道德素养、民主法制意识、科学文化素质、生产技术技能和健康素质等自身素质将大大提升。而农民素质的提高，有利于就业空间的拓展，有利于从真正意义上实现村民变市民的转变，进而为东丽区实现经济社会可持续发展奠定坚实的人力资源基础。

### （二）“微都市”经济效应

以宅基地换房，进行小城镇建设，本身就是一种城市的创设。尤其是东丽区处于中国经济第二极的极心与天津市中心区之间的黄金区位，这些规划良好的小城镇将成为大都市的卫星城，实质是一个融产业园区、居住区、中央商务区、现代服务区为一体的微型都市。形成都市型农业区域的信息中心、服务中心、经济中心、文化中心，进而产生良好的经济效应。“微都市”的经济效应由集聚、集约、辐射三种效应关联作用产生。具体来看，这种“微都市”辐射效应反映在三个层面：

其一，集聚效应。人们向微型都市集中、企业向工业园区集中、耕地向种田能手集中，对于经济发展具有明显的集聚效应，而集聚状况对经济发展无疑会产生良好的促进作用。作为区域经济中心的城市，其特征在于以城市的优势环境和条件吸引着周围众多企业和机构及社会经济各部门在相对狭小的空间内集聚，从而更突出城市作为经济中心的集聚效应。同时，由于大量消费人口、企业、机构的集聚，进而对各种资源要素产生着强大的吸引力，进一步增强集聚能力。小城镇的形成促进产业集聚，二、三产业的相对聚集，将立足于原有基础，发挥各自优势，因地制宜，通过集聚效应实现滚动发展，从而做大做强，增强竞争能力。农产品集聚产业，通过规模化、产业化生产农产品，提高农业集聚效应，为微都市经济提供资源，同时二、三产业又为第一产业注入资金和技术支持反哺农业，促进农产品集聚产业整体发展、推进农业产业化经营，如此，农业经济增长方式将实现根本性转变。最终，那些少污染、低能耗、劳动密集型的产业具备相对优势，必将突出发展，从而使新区域内形成自己的产业特色，实现区域内的产业结构优化升级。同时，产业集聚也能够加快市场信息的交流，增强企业集群、产业集群的活力，进而全面提升区域竞争力。

其二，集约效应。集聚了大量生产要素的微型都市，可以实现多种资源集约化利用。首先，可以集约利用土地资源。通过以宅基地换房，提高建设的容积率，让农民集中居住，增加土地使用的集约度，节约大量土地。以华明镇为例，通过对 12 个村进行宅基地换房，村庄总面积为 12071 亩，集中建设安置农民占地为 2955 亩，节约建设用地 9116 亩，达 75%。其次，可以实现项目管理区自身资金平衡。集约整理使用安置后剩余的土地和建设指标，启动城郊化地产运作，平衡农民安置小区的建设资金问题。再次，可以有效节约能源、建设资源。通过以宅基地换房，实行撤村并镇，可以改变过去那种“村村通”模式，从而节约能源、资源。新建小城市，合理安排集中供热，广泛使用太阳能，扩大中水利用，开辟清洁能源利用渠道，大力推广使用节能环保型建筑材料，也可节约能源、资源。最后，可以节约现有乡村的治理成本，即管理资源。通过以宅基地换房建设小城镇，使得原来分散的政务管理资源、治安资源得到整合，降低成本支出。由于原来村级“自治”的成本则全部来自于农民，以宅基地换房也起到降低了农民负担的作用。

其三，辐射效应。新型小城镇作为区域经济中心对周围区域具有相当的辐射效应。辐射就是利用城市经济在各方面的优势，把这种优势有系统地渗入周边地区及更大区域，从而带动这些地区的发展，并在这过程中进一步增强以城市为中心的区域经济的整体实力。周围区域经济发展起来带动的消费需求又会促进本区经济的发展。以华明镇为例。华明示范小城市建成后，除容纳华明镇 12 个村的现有人口外，还将容纳相当数量的城市人口，成为兼具居住与商业、服务功能的新型微城市，为天津空港物流加工区、天津航空城、东丽湖温泉度假旅游区等重点区域提供配套服务。同时，随着滨海新区的快速发展，该区域的范围和功能都将进一步拓展。在当前有利的大环境下，新城市通过集聚、集约和辐射产生的“微都市”经济效应，使得经济发展“滚雪球”式不断壮大，不仅自身能够迅速繁荣，也将带动周围区域经济的发展。

### （三）服务升级效应

农民进小城镇居住，集中程度大幅度提高，有利于城市政府实现公共管理服务的集中化、集约化，可以使有限资金发挥更大作用。将有力地推进服务升级，逐步实现小政府、大社会，小机构、大服务的管理体制。新型城市政府可以向城市高密度聚居人群提供以往农民分散化居住时难以享受到的公共物品。完备的公共物品及良好的公共服务为入住城市的新市民带来充分共享的现代城镇化生活。按照服务型政府的理念，转变政府职能，强化社会管理职能，健全完善市场监控体系，将大大提高服务质量效率。

反过来，城市经济繁荣发展必将增加政府财政收入，也就相应增强了政府服务经济、社会发展的能力，形成良性循环。政府服务升级，将完善经济和社会管理职能，强化公共服务职能，规范公共管理行为，建立精干高效、运转协调的基层行政管理体制和运行机制，借以实现高效治理，从而不断完善城市功能，进行城市资源的优化配置，进而服务十周围经济区域，达到社会、经济、生态协调发展。

**（四）农业发展效应**

以宅基地换房，将促进农业发展，保障整体经济的安全运行。这表现在四个方面：一是“市场贡献”。城镇化为农产品提供市场，拉动农业的商品化和市场化。二是“结构贡献”。城镇化为农产品提供导向，拉动农业生产结构的调整和高级化。三是“规模贡献”。以宅基地换房可以促进土地向种田能手集中，同时，城镇化对农业剩余劳动力的吸收，使农业劳动力不断减少，为农业经营规模化创造了条件，拉动农业产业化。四是“资金贡献”。农业产业化使得生产、收购、加工等各环节紧密相连，使城市和企业的资金、技术、人才等不断流向农业村，城镇化会形成的大量反哺农业资金，对农业发展形成有力的资金支持。与农村土地、劳动力、资源等生产要素相结合，实现农业长足发展，促进都市型农业的可持续发展，逐步实现农业规模化、产业化。

**（五）岗位造就效应**

以宅基地换房，促进农民向城市集中，加快城镇化建设，直接增加了农村的非农就业机会。人口的集中，必然增加消费需求，扩大市场容量，增加就业岗位。根据美国商务部经济开发署进行的一项研究，农村工业扩张引致服务性产业迅速发展，美国农村工业就业系数大于1，在 1.02～1.70 之间，即每增加一个工业就业机会，实际可提供 1个半左右的第二产业就业机会。这一系数还随着工业增长而趋于增大。大于 1 的农村工业就业系数充分说明，农村工业的发展不仅有直接的就业效应，而具有就业增值效应。新城市的建设和发展、管理与服务，增加了就业渠道，拓宽了就业空间。给农民以多元化的就业机会，使大部分农民跳出土地束缚，融入城市成为真正的市民。

### （六）社会保障效应

以宅基地换房实现土地整合利用，集体土地转为国有。政府提出部分资金作为村民养老金补充，将农村“城镇化人员”纳入养老保险体系，建立多层次的小城市社会保障体系。农民与市民最大的不同在于前者不享受社会保障。农民转为城市居民，村民变成了市民，逐步享受与城市居民相同的社会保障，这是以宅基地换房推进城镇化建设带给农民最大的实惠。

社会保障体系的建立完善，消除农户养老、医疗等方面的后顾之忧，为失业者提供基本生活保障，进一步促进农业人口向非农产业转移，释放农业中的剩余劳动力，为农业的规模经营创造条件。同时还可给二、三产业提供充足的劳动力资源，提高农民收入，促进农村工业化、城镇化进程。集“就业、养老、低保、医疗”于一身的立体式社会保障将使农村社区呈现出“老有所依，壮有所用，幼有所养，鳏寡孤独废疾者皆有所养”的和谐景象。

### （七）收入增加效应

通过以宅基地换房建设城市近郊，能够实现农民宅基地市场价值显化和农民住宅的商品化、产权化，大幅提高农民资产性收入和非劳动所得。以华明镇为例，农民以现有宅基地 0.76 亩，估价 5 万元左右，到新建小城市置换一套 80 平方米住宅，价值超过 30 万元，农民家庭财产大幅增加。建设和开发地理位置优越的城市近郊，必将引来大量的投资，加之人口集中居住带来的刚性消费，二、三产业更加兴旺，经济产值在乘数效应的作用下成倍递增。农民迁入城镇后，打开了“离土不离乡”便利就业的大门，东丽农民就业将便利地向二、三产业转移，实现了多元化就业，收入将明显提高。

### （八）政策效应

政策实施的目的就是要解决公众迫切需要解决的矛盾与问题。成功的公共政策在解决社会公共问题时要符合生产力、社会公正、公众回应三个效应标准。

首先是生产力效应标准。任何公共政策，其最终结果的衡量标准是看它是否有利于生产力的解放与发展。以宅基地换房，通过整合农村宅基地取得建设用地资源，解放了生产力的发展，促进了东丽区经济社会的长足进步。华明小城镇区规划新增建设用地 6734 亩，其中耕地 4713 亩，而通过对撤出村整理复耕，能整理耕地面积 5442 亩（大于 4713 亩），满足了占补平衡的要求。这个具有创新意义的政策，反映了东丽社会经济发展的客观规律要求，符合生产力标准。其次是社会公正效应标准。政府等公共部门是通过公共政策对社会进行公共管理的，这种管理的根本宗旨是求得社会的公平、公正。以宅基地换房，有利于政府在教育、就业、保障等公共政策上实行有效调节，更多地向农民这一庞大的弱势群体倾斜，以维护社会的总体和谐。正是从这个意义上说，以宅基地换房通过相关制度的精心设计，来实现东丽农民对公正、平等的梦寐以求，符合社会公正标准，具有政策创新意义。最后是公众回应标准。公共政策是对公众利益的协调，公共政策实施的效应如何，只有以公众的满意程度来衡量。以宅基地换房，正是按照“生产发展、生活富裕、乡风文明、村容整洁、管理民主”的要求，加快社会主义新农村建设的创新举措；正是基于“以民为本”的工作思路，满足当前农民十大需求提出来的新政策，必将很好地协调好公众利益，切合公众回应标准。显然，宅基地换房符合成功政府政策的效应标准。符合东丽经济社会发展规律，顺应时代潮流，必将为东丽区经济社会迅猛发展提供了良好的政策制度平台。同时，东丽区以宅基地换房新政策的成功实施，无疑将给其他区域推进经济社会发展提供一定的示范作用。

以宅基地换房，是在执行国家严格保护耕地的政策下，打破了经济社会发展过程中的建设用地资源瓶颈，利用现有集体建设用地存量为经济发展提供空间载体，从而既保护了农田，又使经济社会得以发展；是实现农村集体土地重新整合，建设用地流转和集约利用的新途径；是以最小的社会成本推进城镇化建设的实践创新。

以宅基地换房，建设城市近郊，推进农村城镇化进程，可以依托城市近郊建设加速工业和服务业的产业集聚，优化产业结构，带动农村工业化，增加农民收入，确立农民社会保障，改善农村基础设施，改变了农村的文化面貌，将会从根本上促进城乡差别缩小，解决城乡二元结构矛盾，最终实现城乡统筹发展。

以宅基地换房，为扶农转非量身打造的包含邻里、社区、城市三级布局的城镇居住区，合理设置各种等级的公建，为农民身份的转变提供了过渡空间。这种推进城镇化建设的崭新方式将最大程度地满足现代东丽农民各种需求，体现出现代政府“以人为本”的施政理念，也从侧面反映出这种新政策以解放生产力、发展生产力为目的，以先进的文化为前进导向，忠实地代表着最广大人民的根本利益。

以宅基地换房推进城市近郊建设，是一项具有深远意义的战略举措。它将创造特大城市近郊农村实现城镇化的新模式；创造农村建设用地重新整合、流转和集约化利用的新途径；创造利用现有宅基地存量为社会经济提供发展空间的新思路。通过实施以宅基地换房推进城市近郊建设，保证了耕地资源的稳定、城乡实现统筹发展、企业得到了发展空间、农民获得了真正实惠，完全符合统筹城乡经济和社会发展的要求，是贯彻落实科学发展观，促进东丽区社会经济可持续发展，加快都市型农业建设进程，建设“生产发展、生活宽裕、乡风文明、村容整洁、管理民主”的社会主义新农村的重要实践。

# 第八章

# 东丽模式的标杆意义和推广价值

对城镇化问题的探讨不应仅仅局限于技术层面，而应更多关注“人的城镇化”。对于农民而言，真正的城镇化不是简单的户籍变更、也不仅仅是空间格局的变化，而是“人”的变化，即从“农民”与“农民福利”转变为“市民”和“市民福利”，最终“农民”将成为单纯的职业称谓，存在的只有“国民”和“国民福利”，具体表现在享受相同的社会保障、相同的基础设施以及生活方式和价值理念的趋同。在现实的实践中，当下中国农民重要权益的实现实际上都是基于他们的土地权益。在推进城镇化和促进农业规模化生产的过程中，相当部分的农民逐渐与土地分离并进入城市是一个不可逆转的趋势，要保护其合法权益，就需要合理的利益置换机制。东丽区以土地流转为核心的土地综合整治模式，本身就是为了解决农民利益的置换和实现而提出的，这也正是东丽城镇化道路在价值层面最大的特色。

## 第一节　中国城镇化的“现代化”与“后现代化”

城镇化是伴随着工业化而产生，并随着工业化的发展而不断深入的一个动态社会变化过程。自 19 世纪中叶起到 20 世纪 70 年代，西方主要发达国家先后实现了由农村社会向城镇化社会的转变。目前，中国正经历着有史以来规模最大的城镇化进程。作为中国经济社会发展的重大战略，中央对城镇化问题始终高度重视。早在2006年出台的《国家中长期科学和技术发展规划纲要》（2006－2020年）中，就把“城镇化与城市发展问题”作为重点领域及优先主题专门给予强调，这也是其中列出的唯一一个社会科学课题，其特殊性、重要性，由此可见一斑。一定程度上可以说，城镇化研究是一个能够“管今后一百年”的历史性课题，且兼具宏观性和微观性，是观察和分析中华民族伟大复兴道路的几条主线之一。

“城乡关系一改变，整个社会都随之改变。”（马克思语）城镇化可能是解决人类社会发展某些最紧迫问题的关键，但也可能是问题之源。目前，中国正经历着有史以来规模最大的城镇化进程。其成就令人瞩目，但面临的问题也极具挑战性。其中，2000－2030年更是这一历史进程的加速期和相关矛盾的凸显期。理解中国的城镇化进程，首先就需要了解中国语境下的城镇化问题意识。

## 一、中国城镇化进程面临的双重历史使命

从典型国家的发展轨迹来看，城镇化大体经历了三个基本阶段，即初期阶段（城镇人口占总人口比重在30%以下）、中期阶段（城镇人口占总人口比重在30%～70%之间）和后期阶段（城镇人口占总人口比重在70%～90%之间）。初期阶段与人类社会发展的“前现代”社会相对应，工农业生产水平较低，二三产业提供的就业机会和农业释放的剩余劳动力都很有限，城镇化较为缓慢；中期阶段与“现代化”阶段相对应，工业基础已经比较雄厚，农业劳动生产率大幅提高，工业快速发展能够为大批农业剩余劳动力提供就业机会，城镇化进入加速发展阶段；后期阶段与“后现代化”阶段相对应，农业人口比重已经不大，农业生产须维持社会需要的规模，城镇化又趋于平缓，经济发展的主要特征是从工业经济向服务经济的转变，城镇化发展的主要特征是提升质量。

目前，中国整体上还处于“现代化”阶段，然而全球化进程的快

速蔓延又将我们同时拉入了“后现代化”阶段：作为一个后发国家，中国一方面需要追赶发达国家，努力发展经济，争取早日实现现代化；另一方面，又不可避免地会受到发达国家后现代化浪潮的影响和冲击，在没有完全实现现代化的同时，而不得不接受或尝试某些后现代的事物，这不能不说是一种极大的挑战。

同样，面对双重压力，使得我们在制定城镇化发展战略时，也要从双重使命的层面进行整体布局：作为一个超大国家，中国各区域的发展一直很不平衡。反映在城镇化层面，虽然我国目前整体上处于城镇化的中期阶段，但包括天津在内的部分东部省市目前已经步入了中期阶段的后期，在正迈向城镇化“现代化”与“后现代化”阶段的交接点上。因此，从所处的发展阶段出发，我国的农村城镇化战略布局既需要继续将重点放在城镇化发展的“现代化”目标，也应未雨绸缪，着手应对城镇化的“后现代化”挑战，向城乡一体化的最终目标迈进。

城镇化中期阶段城乡关系的基本特点是经过“城区扩张”“城镇互补”“城乡互动”，城市的现代性力量与发展中的乡村联系起来，基本政策目标是统筹城乡发展。而在城镇化的后期阶段，城乡则开始逐步融合，直至实现一体化。因此，从所处的发展阶段出发，天津的农村城镇化战略布局既需要继续努力完成农村城镇化的最后冲刺，也需要未雨绸缪，在完成“现代化”使命的同时，着手应对城镇化的“后现代化”挑战，向城乡一体化的最终目标迈进坚实的步伐。

自滨海新区成为国内第三个国家级综合配套改革试验区以来，天津的发展速度明显加快，农村城镇化进程明显提速，并出现了以东丽模式等极具特色和示范意义的农村城镇化模式。作为北方经济中心，天津肩负着率先实现现代化，进而为其他地区树立示范标杆的历史使命。因此在未来的城镇化发展战略中，积极借鉴典型国家及国内其他省市的成功经验，探索安居、乐业、有保障、可持续、可复制的农村城镇化模式，进而为全国树立更多、更具有推广意义的典范，既是天津自身发展的需要，也是中国健康、快速推进城镇化的现实需要。

## 二、推进城乡公共服务均等化：农村城镇化的基本着力点

我们认为，无论是统筹城乡发展，还是更高一级的战略目标——城乡一体化，其要旨皆在于城乡公共服务的均等化。随着世界人口越来越趋于向城市集中，政府管理和服务的对象逐渐以城市人口为主。在某种意义上而言，现代社会中的政府就是“城市政府”，这就不可避免地对政府发展提出全新的诉求：政府必须摒弃农业社会和工业化早期的治理方式，以一种新的发展模式适应并推动城镇化的发展。从典型国家政府发展所走过的历程来看，城镇化是推动政府模式变革的重要发动机。无论是工业革命以来英国公务员制度的确立、美国“进步时代”的市政改革，还是20世纪末OECD国家大规模的“政府再造”运动，都在不同程度上与城镇化的兴起有关。

城镇化对政府发展模式的推动，主要体现在为政府功能的转型和政府职责的调整注入了新的内涵，同时给政府提供了新的发展与活动空间。这在外部表现为政府管理与公共服务职能的强化，其显著标志则是以城市为重心的现代公共服务体系的逐步建立、完善和更为严格、规范的政府管理。城市是各种社会、经济和政治问题最集中的地方，对政府有着更多复杂的管理与服务需求。对以市政设施、综合服务设施、数字化信息服务网络等为主的城市公共服务体系的建设与保障，对移民问题、交通问题、环境问题、应急管理问题、食品药品问题等的处理，都对政府管理和公共服务供给的能力与水平提出了更高的要求。

目前中国城乡发展的严重失衡状态，很大程度上源于长期以来的二元分割结构所导致的城乡公共服务供给失衡。作为中国政府发展的全新阶段，强调以“以服务平衡差距”，推动城乡公共服务均等化为基本要旨的服务型政府建设，正是串联城乡发展、推动城乡一体化的基本力量和途径。中国长期处于农业社会，城市长期主要是作为政治处所而存在，这也是造成中国政府在政治统治方面经验丰富，而在社会管理方面遗产匮乏的一个重要原因。随着在过去30余年的快速工业化

与市场化，城镇化进程已得到极大推动，农业人口已大大减少，这为服务型政府建设提供了一系列重要的支撑性要素：城市是实现现代化和发展市场经济的基础环境；城镇化意味着税收增加，政府财力增强；城市是第三产业产生、发展的物质载体和理想地带；城镇化带来了中小企业、第三部门的迅速发展以及社会阶层结构的“智能化”，为培育现代公民提供了基本土壤。另一方面，服务型政府建设则是城镇化良性发展的重要推力：服务型政府建设是统筹城乡发展的重要推动力量，是加快特色小城镇建设的重要保障；完善的公共服务体系建设有助于解决包括农民工融入、失地农民安置、弱势群体保障等城镇化进程所引发的若干突出问题。总之，城镇化本身及其所带来的一系列衍生效应为中国政府职能转变驶向新的阶段以及政府发展模式的创新开创了重要机遇期，而建设服务型政府、推动公共服务均等化则是城镇化背景下中国政府治理模式在不断进化过程中的最新动向与路径选择。

## 第二节　东丽道路的主要创新

### 一、以土地流转为核心的土地综合整治

如其他地区一样，东丽在推动农村城镇化的过程中，也面临着各种复杂交织的土地问题。这些问题不是一种或两种单一的方法可以解决的，尤其是土地问题与工业化、大城市扩张、小城镇建设以及“三农”问题参差交错，因此必须从系统论的角度出发，有重点有主线地统筹治理特定的土地问题。新时期的土地治理是以土地流转为核心的土地综合整治，其中土地流转侧重于解决“量”的问题，综合整治侧重“质”的提升，但这种划分不是绝对的，前者包含于后者，为后者创造前提、提供支撑。

原国土资源部部长徐绍史在2009年4月28日的全国农村土地整治工作座谈会上指出：“土地整治，实际是新农村建设和城乡统筹发展

的重要抓手和新的平台，同时也是一项民生工程，是贯彻落实科学发展观的一项重要举措。从当前来看，这项工作对驱动内需会发挥积极作用，从长远来看就是新农村建设和城乡统筹发展的新平台。"实际上，土地综合整治不是简单的土地整理，也不仅仅是土地流转，而是一个容纳多种要素的复杂的系统工程。概括地说，"土地综合整治是通过土地要素的合理配置提高土地利用效率，通过土地、资本、技术结合，对人（农民）、产业以及社会经济进行综合的统筹安排，是农民从被动城镇化到主动城镇化，在一样的土地上过不一样的生活"①。简单来说就是"一个中心，三项内容"。

### （一）一个中心：城乡统筹视阈下的土地流转

城乡统筹发展的理念催生了城乡建设用地增减挂钩的思路，为长期进行的土地流转开辟了一条新的路径，这条路径在进行土地整理开展小城镇建设的同时一并解决了农村发展和城镇化的问题，是一种城乡统筹发展的小城镇建设模式，需要强调的是城乡统筹、以工促农、以城带乡不是城市财富向农村的单项转移，而是一个相互促进共同发展的过程。土地综合整治必须综合考虑城乡土地的供求状况，在保护耕地的前提下，通过土地流转和发展权的置换，既可以扩展城镇化发展空间，又为农民土地权益的实现创造了空间。

### （二）三项内容

其一，农田整治，发展现代农业。"开展农田整治是对耕地、宅基地和集体建设用地进行整理复垦，在新增加耕地的同时，做到田成方、树成行、路相通、渠相连、旱能浇、涝能排，建成集高效农业、节水农业、循环农业和集约化农业为一体的高标准农田，为规模经营和发展现代农业创造条件。"②

其二，村落整治，提高村民生活水平。长期以来农村和城市的基本公共服务设施配置存在很大的差距，除了投入不平衡等因素外，一个重要的原因就是农村居住用地分散、公共服务提供成本高。通过土

---

① 叶剑平，张有会. 一样的土地不一样的生活[M]. 北京：中国人民大学出版社，2010：120-121.

② 叶剑平，张有会. 一样的土地不一样的生活[M]. 北京：中国人民大学出版社，2010：122.

地综合整治，集约高效利用农村建设用地，促进农民集中居住，不但可以节约出大量的土地产生更多的增值收益，还可以形成公共服务供给的规模经济，通过基本服务建设，可以改善农村生活环境和投资环境，有利于缩小城乡差距，逐步实现农村地区的城镇化。

其三，发展非农产业，促进农村地区工业化。土地综合整治节约出了一部分建设用地，这部分土地应优先满足当地的非农产业发展需求，条件成熟的可以由当地原本的乡镇企业继续经营，条件不足的地区可以由政府充当协调者将原先分散经营的小企业加以整合并在融资等方面给予进一步的政策支持。如果本地没有相应的非农产业基础，在外地企业进入时，要对其适应性加以评估，并优先考虑为本地居民创造就业。

## 二、具体的政策创新

多年的实践已经证明，以宅基地换房为典型代表的东丽农村城镇化道路是加快推进农村改革发展、推动城乡一体化的成功探索。而从本质上看，东丽模式是对“社会治理”理念的一种实践，本质上是对人本、平等的一种追求，多元参与和互动协商的过程使每一方的利益都得以表达、每一项权益都得到尊重，这样的理念使得各项制度创新有了一个宽容的环境，政府、市场、社会都能够尽展所长地发挥其作用。具体来看，东丽模式的创新思路可以归纳为九个主要方面。

### （一）农村土地流转制度的创新

宅基地换房不是农村人口简单地向城镇迁移，而是由农业型社会向城市型社会的转型，必须主动适应形势的变化，大力推进制度和政策创新。要实现这一目标，关键是实现两个“平衡”：一是土地平衡，即通过宅基地整理复耕还田归还原先的小城镇建设指标，以实现城乡建设用地总量平衡，耕地数量不减、质量不降；二是资金平衡，以规划建设的商务区的土地出让收益来平衡小城镇建设费用，实现“以地生财，以城养城”。这就要求在规划阶段综合分析项目区各地块的区位条件和发展潜力，合理划定农用地和建设区，选择级差收益高的区域为出让区，与其土地收益能否实现和在多大程度上实现直接关系到小城镇建设的资金供给。

宅基地换房模式正是在这一理念的指引下，在国家现行政策框架体系内，在不增加建设用地指标的前提下，先由市土地行政主管部门供给分配小城镇建设用地周转指标，在一定时间内以农民原有宅基地统一组织整理复耕还田，实现占补平衡，耕地不减。新的示范镇除了农民住宅区外，还规划出供市场开发出让的土地，用土地收入来平衡示范镇建设资金。通过创新农村土地流转制度，真正实现了土地的占补平衡和示范小城镇建设资金的平衡。

具体来看，东丽区为了达到上述目标，在实践中始终牢固坚持三个重要支点：一是在小城镇建设的初期，做好群众工作争取最大程度的理解和支持，在与居民的充分互动中生成宅基地置换方案以保障在社会基本稳定的前提下完成拆迁和宅基地整理；二是严格土地周转指标审批和管理，坚持总量控制、封闭运行、定期考核、到期归还的原则；三是在小城镇建设的后期严格按照经依法批准的土地整理复垦规划组织宅基地整理复垦，加强监督管理，未能按时完成复垦计划的以及复垦质量未经审核达标的均须按照有关规定予以处罚。

### （二）小城镇管理体制创新

农村人口向城镇迁居，带来的是农业型社会向城市型社会的转变，这对政府管理也提出了新的课题，要求政府管理模式的相应转变。在管理体制构建上，东丽区秉持渐进过渡的理念，以华明镇为代表的东丽区各个示范小城镇突破原有管理模式的束缚，在保留原村委会的基础上，通过成立示范镇管委会的途径来管理日常行政管理和公共服务工作，逐渐地建构起了精干高效、运转协调的管理体制和运行机制，改变了原来以村为主的管理方式。具体来看，示范镇以 3000 户为一个社区，300 户为一个邻里，组件社区党支部为核心，居民代表会议为权力中枢，居委会和邻里、居民小组为基础的新型社区管理体制，形成了管理有序、服务完善、环境优美、文明祥和的新型社区。

### （三）小城镇规划体制的创新

这主要体现在总规划师制度的引入。例如，在华明示范镇建设之前，经过较为充分的论证引入了总规划师制度，即由区政府聘任的总规划师统筹安排全权负责示范镇规划编制、实施以及建筑、环境、市镇设施等方面的设计工作，并且以文件的形式规定了总规划师制度的具体要求，规划师作为比较独立的第三方，在一定程度上有利于消除以往规划完全由政府编制的不科学不公正。

### （四）小城镇管理方式的创新

在管理方式，东丽区的各个示范小城镇始终坚持对市容管理、环境卫生、园林绿化等工作实行统一指挥、属地管理、公众参与运作、社会监督的原则。对各项养护管理、清扫保洁等作业不设专业队伍，而是采用市场运作方式，通过社会招投标选定建设、养护、管理的责任单位。同时，引进物业公司，对各社区实施规范的物业管理，全面提升管理水平。

### （五）农村集体经济组织形式的创新

实施宅基地换房以后，村民的生产生活方式也会随之发生改变，现有村集体经济的经营管理方式也应随着改革。改革的总体思路是：保留农民集体经济组织成员身份不变，以建立现代企业制度为目标，进行农村集体经济组织产权制度改革，把土地承包权和剩余资产变成股权，通过股份合作制将农民组织起来，成立新兴经济组织，把土地承包权和剩余资产变成股权，让资产流动、组合，向规模经营集中，形成若干个新兴经济实体，使之成为居民就业、增加收入的一个重要载体，实现农民的劳动联合与资本联合，走共同富裕的道路。

### （六）建设投融资方式的创新

示范小城镇建设需要大量的资金投入，仅仅依靠政府财力和农民自身的积累，显然将面临极大的困难。鉴于此，东丽区在示范镇建设中大胆改革“以政府直接投资为主导”的传统投融资模式，积极推行以宅基地换房为手段的“以地生财，以地养城”策略，在投融资模式方面开创了国家开发性金融与小城镇建设相结合的成功先例，有效解决了建设资金问题。具体来看，通过组建政府性投融资平台，以土地融资形成助理资本，贷款建设农民安置区，将示范镇项目建设本身拥有的资产作为项目资本金，以其收益作为还款保证，将项目资产收益作为质押条件进行融资。同时，利用市场手段，通过招拍挂方式出让规划的经营性土地，出让土地所得收益用来偿还贷款，形成多元化投资格局，达到项目的资金平衡。

从华明示范镇的实践来看，投融资公司可以是政府出资组建的国有独资公司，也可以是以政府为主导、吸收社会投资主体参与、共同组建的有限责任公司。滨丽公司根据东丽区人民政府的授权对华明镇建设项目实行统一管理，负责项目投融资、以建设项目土地出让金收益及其他资产收益为还贷担保、贷款偿还，依法将土地出让金收益用于平衡小城镇建设资金。投融资公司每个季度向区县和乡镇人民政府报告项目进度、贷款使用、工程招标等情况，区县政府通过专门机构对报告进行审核监督。以此形成了“政府主导、企业运作、市场机制、政策推动”的模式。

**（七）综合执法体制创新**

东丽区在示范镇建设过程中以建设“平安东丽”为目标，梳理创新、效能、精干理念，通过借鉴香港“一个警察管到底”的执法形式，按照精干高效的原则，建立城市管理行政执法队，由一个综合执法机构统一负责城区行政综合执法，形成“一支队伍管全部”的管理模式。示范镇内的治安实施三级联网，小区警务室与派出所、公安分局实时联动，警方随时能够对整个示范镇的治安状况进行现场监控。此外，示范镇还组建了由居民组成的义务巡逻队，协助民警进行治安防范。

**（八）社会保障制度创新**

宅基地换房一定程度上也是“以房养老”新型社会保障理念的典型体现。农民是宅基地换房的最大受益者，通过宅基地换房，不仅圆了多年的楼房梦，享受到了城市生活，也实现了家庭财产的增加。在宅基地换房实施前，农民原有的宅基地和房屋普遍估价为 4 万～5 万元，但通过在示范镇置换一套 90 平米左右的住宅后，目前的价值普遍已经超过 50 万元，财产增值了 10～20 倍，农民的家庭财产大幅增加，成为未来生活的重要保障。

此外，为了拓宽农民的就业渠道，并成立了专门的组织机构，安置农民就业。比如在华明镇，仅社区物业服务、保安保洁、环卫清洁、治安协管等就安置了1100多名村民就业。同时，东丽依托空港物流加工区和华明经济功能区的用工需求，对适龄农民定期开展免费技能培训，提高农民的就业技能。此外，因为耕地并没有减少，土地承包关系并没有改变，农民还可以继续从事农业生产。为确保农民搬迁后不因路途远而搁荒亿亩土地，政府还出资在林果园等复耕还田的农地建设设施房，方便农民继续从事农业生产。在社会保险方面，目前农民保险参加率已达90%、新型农村合作医疗参加率达100%，实现了薪金、租金、股金、保障金的多重保障。

**（九）小城镇扶持政策的创新**

除指定宅基地换房相关政策外，政府还制定了建设用地流转、环境保护、产业发展等系列政策，引领区域经济发展方向，确保宅基地换房沿着健康的方向持续发展。如对土地出让金政府纯收益以及土地交易契税全部或部分返还；对置换出的建设用地指标用于经营性用地的，一律按规定进行招拍挂出让，土地收益主要用于农民还迁房建设和基础设施投入；耕地占用税在一定时间内返还；五年内对座在示范镇规划建设区域内的新建企业，其缴纳的各项税费，市、区分享部分全部返还，上述资金交由示范镇实行专户储存，专项用于示范镇社会公益性建设管理支出。

总之，“宅基地换房”并不是简单的农村人口向城镇迁居，而是农业型社会向城市型社会的转变。示范小城镇建设所追求的不是农民户籍的转变或是农村住房形式的变化，而是通过土地流转有效地将凝结于土地中的农民的各种利益转化为与城市居民相当的国民福利，使农民能够分享工业化城镇化发展成果，具体表现为高水平的教育医疗、可靠的养老保障、稳定的工作和收入等，这些才是更为本质的追求。正是关照到了每一个城镇化中农民的切实利益，才使得华明示范镇建设为代表的东丽农村城镇化道路体现了真正意义上的城镇化。通过宅基地换房不仅实现了土地资源的集约和节约利用，而且还实现了农民居住条件和居住环境的改善。目前以华明镇为代表的东丽区各个示范小城镇处处洋溢着蓬勃生机，展现出了一幅推进城乡一体化发展战略的生动画卷。

# 第三节　东丽模式的标杆意义与不足

## 一、东丽模式的独特性与普遍性

需要认识到，东丽城镇化道路的成功是与其自身的一些特性是不可分的，这主要表现在：

第一，东丽的农村城镇化进程是在全国和天津市整体平稳快速发展的背景下完成的，在这一大背景下政策支持、资金供给都比较充分。

第二，作为动力城镇化模式的典型代表，华明镇位于中心城区和滨海新区之间，从镇中心到市中心仅 12 千米，津汉公路、北环铁路贯穿东西，杨北公路、外环线南北并行，天津地铁 2 号线的建设也已经完成通车，便利的交通为吸引投资开发创造了有利条件。

第三，东丽区土地污染严重、耕作条件差，长期以来，农业占比不高。同时，华明镇等街镇本身紧邻空港加工区，非农就业机会充分。例如，在“宅基地换房”实施前，华明镇原 12 个村的农民已经基本实现了非农就业。

总之，政策、区位、人口结构等方面的特点对于华明小城镇建设的开展都十分有利，而这些特点是很多其他地区所不具备的，在应用时应该综合分析建设地区的特点和发展条件，有选择地进行推广，这种推广不是简单刻板的复制，而是以华明模式为基本模版的再创新、再创造。

鉴于上述情况，我们不妨将东丽模式定义为“大城市近郊城镇化”的一个经典案例，所谓大城市近郊地区虽然是农村但靠近城市边缘，具有一些远郊农村地区所不具备的有利条件。

首先，随着中心城区经济的发展外扩和产业升级转移，这些地区逐渐承接了一些经济功能，地区内的产业结构已经发生了一些变化或者是具备了一些转化的条件。

其次，由于靠近经济发达区，近郊地区相对于远郊乡镇离市场更近具备更好的发展条件，长期以来已经具有了一些积累，具备了较好的发展基础。

再次，近郊乡镇临近交通发展轴带，未来逐渐完善的交通网络所预示的发展潜力使之对于产业集聚更具有吸引力。

最后，近郊地区的农民对于城市的面貌和城市的生活方式有着更为直观的感受，因而也具有更强烈的城镇化需求，相对容易适应迁村并点后的城市生活。

东丽模式对于这些地区无疑具有更大的借鉴意义。但通过详细分析东丽模式我们还是可以得出一些更具有普遍性的经验和启示的。具体来看，东丽模式对全国城镇化的普遍借鉴意义主要体现在以下几个层面：

其一，政府主导、市场化运作，多元参与互动。政府、市场、公民社会三种力量各有其优势和不足，在小城镇建设中应该从实际出发合理定位三者的角色，使政府的统筹控制力、市场高效的资源配置能力、公民社会的动员能力和监督能力都得到充分发挥的同时，防止大拆大建和有损农民的强力行为发生，防止市场主体通过土地运作牟取暴利。

其二，重视群众工作，促进小城镇建设的顺利开展；关注农民土地权益的转化，追求高水平高质量的城镇化，推动城乡一体化发展。

其三，把土地利用总体规划作为挂钩试点工作的基本依据，科学合理地编制挂钩实施规划和专项规划（试点区建设规划和农村居民点整理复垦规划），以法的形式保障规划的权威性严肃性。

其四，适时适地地进行技术创新、制度创新、理念创新，积极利用各种有利条件、政策，最大程度地发掘自身优势。

其五，小城镇的成功建设和持续运营依赖于其自身较好的经济基础和可以进一步深入开发的产业特色，经济基础是小城镇建设的资金保障，鲜明的产业特色是小城镇的生命力，也是区域繁荣发展的活力所在。

其六，探索多元化的投融资模式，土地收益属于一次性收益方式，可以在短期内提供大量的建设资金，除此之外还可以尝试获取建设基金等更具持续性的长期流量收益。

其七，理顺复垦区土地产权关系，通过政府回购承包权或帮助农户组建民营企业等方式鼓励农业产业化经营，因地制宜地发展生态农业、高附加值设施农业和观光农业。

## 二、东丽模式的不足之处

理念、制度、技术这三个层面的创新促使新市镇建设产生了巨大的经济效益、社会效益和生态效益。然而事实求是地说，东丽模式是否完全实现了预期目标、各项措施在实践中是否落实到位并不能简单地观其现状而定论，短期的成绩也并不代表新市镇就具备了可持续发展的生命力，以华明示范镇建设为代表的东丽模式也有其不足和局限性。

从本质上看，地方政府主导的“宅基地换房”模式依然是重新配置经济机会的制度变迁，只要存在利益分配，就难免出现分配公平问题。而且，中央层面的政策介入又造成了试点地区与非试点地区的差别，非试点地区面临更大的风险，往往更重视获得农民的拥护，有利于较充分地实现农民的土地权益；试点地区获得了政策的支持，其试错的政治风险被分散了，在实践中往往更注重资金平衡而非农户的权益。

具体来看，各方的质疑主要来自于：宅基地置换标准不合理导致的补偿不足；决策、执行、监督中的缺少民众参与的保障机制；中老年劳动力的就业问题未能彻底解决。而且，宅基地承担着多种社会功能，为农民提供栖身之所、满足基本生活需求、养老等。这就注定了宅基地整理是一项系统工程，农民需要的不仅仅是楼房，还有社会保障、就业，更重要的是适应城市生活方式和具备在城市生活的基本能力，这都需要相关的配套制度予以支持，相关制度能否真正落实到位直接决定了小城镇建设的质量和可持续发展。

# 第九章

# 研究展望：跳跃式城镇化与都市村庄社会空间治理

改革开放以来，伴随着疾风暴雨式的城镇化进程中，城市建设用地迅速扩张，城市空间也迅速地向城市边缘区和城乡结合部伸展。在这一过程中，城中村这一中国城镇化过程中特有的现象开始普遍性地出现在国内的大小城市，并引发了一系列治理难题。

## 第一节　城中村治理：中国城镇化进程绕不开的难题

从20世纪80年代开始，大量涌现的城中村受到了国内外学术界的广泛关注。然而，相关研究的关注对象主要集中于传统城中村[①]

① 传统城中村是指那些处于城市的连续建成区内，却仍然保留着“一户一栋”等农村居民社区基本景观特点，从而与周边城市环境形成鲜明反差的特殊社区。参见 Andre Sorensen. Land Readjustment and Metropolitan Growth: An Examination of Suburban Land Development andUrban Sprawl in the TokyoMetropolitan Area. Progress in Planning, Vol. 53, 2000(1): 217-330.

（villagesinthecity）和都市乡村飞地①（migrant enclaves），对于新近涌现的、以被征地农地集中安置社区为代表的新式“城边村”社区，则缺乏必要的关注。此外，对于不合理的居住空间与社会结构相结合后，有可能诱发和加剧的各种深层次的社会问题，也缺乏系统的考察。本章的主要目的就是在对城中村进行分类比较的基础上，从社会空间的视角，探讨以被征地农地集中安置社区为典型的新式“城边村”治理问题。

## 一、传统城中村与都市村庄的比较

国内学术界对城中村的研究，始于对国外都市村庄（urban village）和城市边缘区（urban fringe）研究的借鉴等。②受此影响，早期研究者普遍将城中村称之为“都市里的乡村”“城市里的乡村”等。③进入21世纪以后，城中村这一概念才开始被普遍接受。关于改革开放以来城中村大量出现的原因，比较普遍的看法是：城中村的出现源于中国特有的城乡二元结构转型、计划经济体制向市场经济体制转型，以及现代化进程共同影响下的深层次社会转型问题。④

对国外都市乡村和城市边缘区研究的借鉴，以及对中国城乡二元结构的整体性认识，构成了相关研究的重要共识，并直接反映在对城中村内涵的界定上。目前比较有代表性的界定包括：城中村是指那些

① 都市乡村飞地是指以拆迁改造前的北京浙江村、安徽村等为代表的，由外来经商、务工人员在城市边缘地带的自发聚集而形成的一种特殊社区。参见李志刚，顾朝林. 中国城市社会空间结构转型[M]. 南京：东南大学出版社，2011：206.

② 都市村庄是指被城市建成区包围的，仍保留着原有部分特征的一种村庄，其居民普遍具有强烈的社区和地方认同感。而城市边缘区则是指位于城市连续建成区外围，几乎没有城市居民居住、非农土地利用和农业腹地之间，但由于已经或者正在接受城市社会的改造和影响，因此兼具城乡两面特征的地带。参见李志刚、顾朝林. 中国城市社会空间结构转型[M]. 南京：东南大学出版社，2011：238-239.

③ 田莉. “都市里的乡村”现象评析——兼论乡村一城市转型期的矛后协调发展[J]. 城市规划汇刊，1998（5）.

④ 田莉. “都市里的乡村”现象评析——兼论乡村一城市转型期的矛后协调发展[J]. 城市规划汇刊，1998（5）.

位于城市连续建成区或边缘区，被城市建成区用地包围或者半包围的、没有或者仅有少量农用地的村落[①]；城中村脱胎于农村，因城乡二元割裂的现实而产生，其空间因城市建设而被建成区所包围，实际上是一种处于快速城镇化进程中的转型社区[②]；城中村即城市里的乡村，是在空间形态、功能结构等方面与所处城市反差极大，亦城亦乡、亦农非农的社会群落。[③]

不难发现，上述界定主要是以传统城中村为模本，从景观视角对城中村做的比较直观的描绘。如果沿着这一思路展开，作为被征地农民集中安置区的“城边村”社区由于在建筑景观、社区环境等方面已经与周边城市住宅小区差别很小，似乎已经是完成“村庄转型”的社区，不应再被纳入城中村的序列。然而，作为城市和农村之间的“混合社区”，城中村既表现为一种地理实体的存在，也表现为一种组织化实体的存在。[④]其特殊性，更多反映为与传统小农村社共同体相对应和区别的一种村社型组织，具体包括工业化的新型村社共同体与后工业化的新型村社共同体。[⑤]如果说传统城中村属于处在工业化中前期的新型村社共同体，那么以“城边村”社区则可以被归入后工业时代的新型村社共同体。为了与传统城中村加以区分，本书将那些作为被征地农民集中安置区的“城边村”为典型代表的社区，称之为都市村庄。

当然不能否认的是，都市村庄在空间布局、建筑景观、社会结构、经济特征和主要推力等方面，均与传统城中村存在着明显的差异，这也是导致其在相关研究中容易被忽视的重要原因（详见表 9-1）。从演变过程来看，都市村庄又可以划分为两种类型：一是由传统城中村经过改造改制后建立起来的原村民回迁安置社区。二是因为城市建设用

---

① 李俊夫. 城中村的改造[M]. 北京：科学出版社，2004：8.

② 李志刚，顾朝林. 中国城市社会空间结构转型[M]. 南京：东南大学出版社，2011：230.

③ 田莉.“都市里的乡村”现象评析——兼论乡村一城市转型期的矛后协调发展[J]. 城市规划汇刊，1998（5）.

④ 李培林. 村落的终结——羊城村的故事[M]. 北京：商务印书馆，2004：3.

⑤ 蓝宇蕴. 都市村社共同体——有关农民城市化组织方式与生活方式的个案研究[J]. 中国社会科学，2005（2）.

地的扩张，导致部分城郊农业和农村建设用地（主要是农村宅基地）被征用，由此而产生的专门作为被征地农民集中安置区的“城边村”社区。关于传统城中村的改造及社区演变问题，已有研究已经比较充分，因此本章将重点关注第二种类型的都市村庄。

表 9-1　传统城中村与都市村庄比较

| | 传统城中村 | 新式城中村 |
| --- | --- | --- |
| 空间布局 | 多数位于连续建成区内，部分位于城乡结合部 | 多数是城市近郊的“城边村”，少数由改造后的传统城中村演变而来 |
| 建筑景观 | 拥挤的高密度社区，路窄屋密，公用设施匮乏<br>缺乏规划，以“一户一栋”的农村家庭住宅为主，与周边城市景观存在严重不协调<br>社区公共活动空间严重不足 | 布局紧凑，社区街道整洁、宽敞，公共设施齐备<br>整体规划，建筑规整，与周边城市住宅社区不存在明显的景观差异<br>社区公共空间比较充足 |
| 社会结构 | 居民以外来务工、经商人员为主，但本地村民居于主导地位<br>村民普遍的自我定位是“农民” | 本村还迁村民占据绝对主导地位，少量外来租户<br>居民的自我定位仍然是“农民” |
| 经济特征 | 村民的主要收入来源是房屋租赁、集体经济分红以及小规模的商业、餐饮业<br>外来人口以居住为主，少数在居住地从事商业经营活动 | 居民的主要收入来源是征地补偿、集体分红，及少量工资性收入和房屋租赁收入<br>外来人口较少且基本以居住为主 |
| 主要推力 | 本地居民为了房租等收益而采取的自发行为 | 城市规划、土地集约利用（城乡建设用地挂钩政策） |

## 二、跳跃式城镇化：都市村庄涌现的宏观政策背景分析

在应然状态下，农村城镇化过程应包含三个渐次推进的层次，即“业”的城镇化、“居”的城镇化和“人”的城镇化①：“业”的城镇化主要指就业方式的改变，既由第一产业向二、三产业的转移；“居”的城镇化主要指居住空间和模式的变化，即由过去主要生活在农村转变为主要生活在城镇；“人”的城镇化是指生活方式的彻底转变，即居民社会属性由农民转向市民，全面融入城市生活。

根据国家统计局公布的数据，2013 年中国城镇化率达到了 53.7%，但这实际上是指“业”的城镇化，这也是城镇化进程中最容易实现的一个环节。正常情况下，农村居民的城镇化过程应该遵循先难后易的路径，即以“业”的城镇化为起点，在此基础上逐步实现“居”和“人”的城镇化。然而，都市村庄居民却走上了一条不同的道路，即首先实现了“居”的城镇化，但“业”的城镇化这一常规起点却仍没有完全实现，距离“产城居融合”的城镇化目标尚有很大差距。具体来看，都市村庄虽然从居住环境、景观特点等层面已经与周边其他城市商品房社区没有明显的差别，即实现了“居”的城镇化，但由于就业不充分且就业层次普遍较低，被征地农民并没有彻底实现城镇化的第一步，即“业”的城镇化。就此来看，这一城镇化模式并非按照理论上的应然路径推进的。鉴于此，本书将这一城镇化进程界定为“跳跃式城镇化”。

从政策层面来看，“跳跃式城镇化”很大程度上是在城镇化加速推进的背景下，土地资源日趋紧张与地方政府对土地财政极度依赖共同作用的产物。②作为一种不可再生资源，土地是民生之本、发展之基，是人类一切生活和生产活动的基本条件。因此，如何在有效保护好有限土地资源的同时，又能够保障建设用地需求，以保证社会经济迅速、

---

① 张鹏. 城镇化的三个层次[N]. 北京日报，2013 年 10 月 14 日，第 18 版。

② Lynette H. Ong. State-Led Urbanization in China: Skyscrapers, Land Revenueand “Concentrated Villages”. The China Quarterly, Vol. 217, March, 2014: 162-179.

健康地发展，是各国在发展过程中都无法绕开的难题。对于中国这样一个超大国家而言，一方面出于粮食安全的考虑，必须保护有限的耕地资源。因此，中央政府早已明确了到2020年保持18亿亩耕地的红线。然而，城镇化过程又必然伴随着城市空间的扩张。据估算，如果2020年中国的城镇化率达到60%，建设用地总量需要再增加1.5亿亩，以当前18亿亩的红线来算，从2010年到2020年内只有3000万亩的耕地可转为城市建设用地，非农建设用地存在着1.2亿亩的供给缺口。[①]

在中央对18亿亩耕地红线愈发收紧的境况下，地方政府开始更加关注如何盘活已有城乡建设用地的存量。城乡建设用地增减挂钩政策更是在这种背景下产生的。城乡建设用地增减挂钩政策全称“城镇建设用地增加与农村建设用地减少相挂钩”，其基本内容是指依据土地利用总体规划，将若干拟整理复垦为耕地的农村建设用地和拟用于城镇建设的地块共同组成建新拆旧项目区，通过建新拆旧和土地整理复垦，最终实现项目区内建设用地总量不增加，耕地面积不减质量不降，从而为城镇经济发展节约出空间。[②]作为一项自下而上的地方创新行为，城乡建设用地增减挂钩政策最早始于20世纪90年代后期，在获得中央的肯定后迅速在全国推广开来。[③]目前，全国已有20多个省市开展增减挂钩相关工作。

对于地方政府而言，城乡建设用地存量大致分为两种类型：一是位于连续建成区内的城市建设用地以及已经被城市包围或者紧邻城市的传统城中村；二是辖区内的农村建设用地（主要是农民的宅基地）。前者区位优势明显，但征地拆迁成本高昂，这也是导致传统城中村改造进展缓慢的最主要原因之一。后者虽然区位优势不明显，但由于拆迁安置成本较低，而且农村建设用地客观上也确实普遍存在着土地利用形态破碎、零乱、粗放、利用率低，农村空心化严重等问题。因此，在推行城乡建设用地增减挂钩政策的过程中，各地不约而同地将主要

---

① 戴伟娟. 城市化进程中农村土地流转问题研究[M]. 上海：上海社会科学院出版社，2011：4.

②《关于规范城镇建设用地增加与农村建设用地减少相挂钩试点工作的意见》（国土资发〔2005〕207号）。

③《国务院关于深化改革严格土地管理的决定》（国发〔2004〕28号）。

目标指向了农村建设用地。当然了，由于增减挂钩政策的实施区域主要集中于那些地处城市近郊区，土地升值空间较大、但又未演化为传统城中村的区域。于是，这些区域的农民纷纷“上楼”：虽然住进了集中安置的新式楼房社区，但由于生活方式、地缘文化等方面仍然更多维持着原来的生活习惯，实质上只是披着城市外衣的农村社区，进而形成了都市村庄。

## 第二节　社会空间失衡与都市村庄持续发展的陷阱

目前，虽然都市乡村从居住环境、景观特点等层面已经实现了城镇化，但实际上也只是实现了“居”的城镇化。而且，由于被大规模集中安置，长期以往，有可能造成村民空间和社会地位的双重边缘化，阻碍其个人素质和技能的提升，最终成为他们真正融入城市生活的严重阻碍。

### 一、集中安置与“村落”重建

都市村庄居民在居住空间方面的一个基本特点，就是主要按照原来的村落分布，被集中安置在特定的住宅小区。这些社区虽然在建筑样式、居住环境等外部特征方面，与一般的城市社区差别不大，但由于地处城郊，导致其在房屋出租市场普遍并不是很景气。更为重要的是，相比原来的居住环境，回迁村民虽然普遍分配到了比较理想的房产，但多数也仅限于自住，不像传统城中村村民那样，通过私搭乱建，拥有大量的闲置房屋用以出租。上述现状一方面导致村民的房屋租赁租金收入较少，另一方面也致使都市村庄的社会结构具有很强的同质性，即还迁村民占据着绝对主导地位。

鉴于其高度同质化的社会结构，一定程度上可以说都市村庄本质上只是在新式楼房建筑中重建了原来的村落，从而无形中造成村民与其他社会群体之间的社会隔膜，成为他们融入城市生活的障碍。不同于一般城市社区高度异质化的社会结构，都市村庄的居民基本都是来自同一村落的村民，社区人际关系与失地前并没有明显的变化，仍然主要停留在乡土熟人社会的层面，交往类型比较单一。由于社会记忆长久地停留在以往农村社会的生活情境当中，社区居民继续相互交换并依赖他们所熟悉的乡土生活经验，奉行乡土社会的生活秩序和原则。于是，曾经的村落就这样被重新构建起来：不管周围的市民是以怎样的方式生活，他们只是遵循农村传统的行为方式。而“乡土社会的生活是富于地方性的。地方性是指他们活动范围有地域上的限制，在区域间接触少，生活隔离，各自保持着孤立的社会圈子。……孤立和隔膜并不是绝对的，但是人口的流动率小，社区间的往来也必然疏少”[①]。也就是说，居住空间的阻隔在很大程度上减少了都市村庄村民与市民建立亲密的、私人性社交关系的机会，也减小了其获得上升机会的概率。

村民在入住都市村庄社区后，缺乏城市生活经验，但与市民的隔离使得他们在社区适应与市民化过程中缺乏示范者与引导者：反映在交往方式上，他们虽在不断习得城市社会交往的观念，但交往结构仍带有较强的封闭性与内倾性，社会关系网络狭窄；反映在观念意识上，一方面他们开始接受城市的现代意识和观点，另一方面留恋农民身份，对于城市市民的身份认同长生矛盾心理，从而缺乏对城市的归属感。这些旧习与城市的生活方式格格不入，从而都市村庄村民的市民化道路步履维艰。就此来看，集中居住安置模式从表面上看来，减少了社区居民内部的矛盾，却无形中造成他们与市民之间的隔离，难以重构新的社交关系网络，不仅不利于他们很好地适应社区，也给其市民化进程带来了障碍。

都市村庄高度同质化的社会结构所造成的另一个影响，是对社区居民人力资本提升的阻碍。实现职业的非农转变是城郊被征地农民适应社区生活的基础，也是城镇化“业”“居”“人”三个层次的第一个步骤。而提升被征地农民的人力资本，无疑是推进劳动力转移的根本

① 费孝通. 乡土中国[M]. 北京：生活·读书·新知三联书店，1985：4.

渠道。不同于主动城镇化的农民工，都市村庄村民属于被动城镇化。由于所受教育有限，加上长期的田间劳作，他们虽然拥有农业劳动的技能，但人力资本存量较少，难以满足非农职业的技能要求。再加上外来务工者的涌入，占据了大量技能要求较低的行业工作，无疑会进一步加重被征地农民的就业压力。“劳动者成为资本拥有者是由于劳动者掌握了具有经济价值的知识和技能，这种知识和技能在很大程度上是投资的结果”。[①]尽管人力资本的增加对劳动力的作用非同小可，但其投资收益比难以精确计算和迅速显现，“具有一定狭隘性”的农民通常难以接受参加职业培训的物质和时间成本。这导致他们对教育和培训的预期越来越差。而且基层政府和社区针对居民举办的各种职业技能培训，往往由于比较随意，对再就业的实际帮助作用通常比较有限。

## 二、邻里效应的持续发酵

简单地说，邻里效应（neighborhood effects）是指个人的发展机会和晋升途径很大程度上收到其所处环境的制约，也即“地方作用”[②]。“邻里、社区可改变、创造和保持定居者的价值观、态度和行为，价值观、态度和行为这些派生之物也不可避免地影响着邻里和社区”[③]。通常认为，社会化进程（socialization process）、社会网络（social network）、污名化（stigmatization）是邻里效应传递和实现的主要途径。

社会化进程指个人对所处地方文化（行为、习惯、信仰、价值观等）的学习并逐渐适应其中的过程。现阶段，都市村庄村民的再就业状况普遍不够理想，待业和无业则成为常态。虽然有些村民实现了再就业，也多是从事社区保安、保洁等薪酬和保障性较低的行业。导致这一局面的原因主要有两个方面：一是再就业能力不足。如前文所述，当前城郊被征地农民的人力资本十分薄弱，难以为其市民化提供有力

---

① 西奥多·舒尔茨. 人力资本投资——教育和研究的作用[M]. 蒋斌，张茜译. 北京：商务印书馆，1990：2.

② 李志刚，顾朝林. 中国城市社会空间结构转型[M]. 南京：东南大学出版社，2011：33.

③ 吴启焰. 大城市居住空间分异研究的理论与实践[M]. 北京：科学出版社，2001：6.

的支撑，加深了他们的边缘处境。二是再就业动力不足。根据参照群体理论的解释，如果一个人把某一群体作为自己心目中的参照群体，那么就会不由自主地运用该群体的标准和规范来对照和约束个人的行为。①村民普遍的就业状态无疑会形成一种参照效应，再加上被征地过程中普遍得到了比较可观的征地补偿款，导致很多村民的再就业动力严重不足。上述就业现状一方面导致社区内的不满和负面情绪不断传播，另一方面，由于社区缺乏中产阶级等积极的行为榜样，导致青少年缺乏求学与职业培养的兴趣与动力，显然会对其社会化进程产生不利影响。

社会网络则指有些区域（主要是低收入群体聚集区）的居民由于缺乏广泛和稳定的社会网络，其脆弱的家庭经济状况容易遭受失业、疾病等突发事件的打击而陷入困境。“弱关系的桥梁为人们提供了超越其所属社会圈子借以涉取信息和资源的通道。”②但现实的情况是，都市村庄村民的社会互动模式依然主要依赖原来的乡村社会资本存量，其职业上升过程往往依靠自己或者借助亲戚、邻居和乡村熟人等强关系，很少是通过弱关系获得机会。“一个人的社会网络的异质性越大，网络成员的地位越高，个体与成员的关系越弱，则其拥有的社会资源就越丰富，从而工具性的行动效果就越理想。”③都市村庄村民在构建现代社会资本过程中的种种不适应、乃至抗拒，显然不利于其职业获得和提升。而且，随着城市文化的不断浸染，村民之间的感情也在不断淡化，他们在村庄中积累的传统型社会资本也在不断流失。

污名化本质上是一种非制度化的社会排斥，是指某些群体因文化、种族等方面的差异而受到其他社会群体的歧视，并将受排斥群体的形象刻板印象化、标签化。在美国，个人的经济机会与社区名声有着紧密的联系，例如，在个人求职中的歧视，申请打款抵押时不被银行受

① 乐国安，汪建新. 社会心理学理论与体系[M]. 北京：北京师范大学出版社，2011：92.

② 边燕杰. 找回强关系：中国的间接关系、网络桥梁和求职[J]，载中国社会科学院社会学研究所编. 中国社会学（第一卷）[M]. 上海：上海人民出版社，2002：220.

③ 卜长莉. 社会资本与社会和谐[M]. 北京：社会科学文献出版社，2005：32.

理等。[①]当前，由于村民糟糕的就业状态以及与周边市民社会交往缺失所造成的隔膜，使得他们很难得到周边社区市民的正面评价，污名化倾向已经有所显现。相关研究已经显示，一旦某个特定的社会群体及其集中居住的社区陷入污名化后，通常会严重损害投资者的意愿及期望，最终导致物质环境的进一步恶化，并阻碍新的业主进入。这一点目前已经在都市村庄有所体现，比较典型的表现是，排除“小产权房”等制度性影响因素，在区位、房型、房龄等相差无几的情况下，都市村庄的房产价格仍普遍明显低于周边普通商品房社区。[②]

## 三、居住隔离的萌发

长远来看，伴随着邻里效应的持续发酵，如果不加以疏导，新式城中村有可能与其他城市社区引发更为严重的社会隔离，并进一步促使居住隔离（residential segregation）的萌发。居住隔离是指社会群体在空间上的非随机分布，并且形成以某些社会特征为基础的系统性居住模式。[③]居住隔离本质上是城市社会极化的空间响应，是社会结构变迁在空间上的反馈。作为一种常见的“城市病”，由于居住隔离现象严重阻碍了阶层良性互动与融合，固化和放大了种族、贫富对立情绪，因此向来被视为西方国家社会稳定的严重威胁：在美国，居住隔离作为种族对立的空间投影，黑人和其他少数民族裔聚集的贫民区向来是高犯罪率和严重社会问题的代名词；在法国 2005 年爆发的大规模骚乱事件中，巴黎市郊的中东、北非移民聚居区等“敏感街区”“理所当然”地成为骚乱的主要策源地和重灾区；无独有偶，在 2011 年爆发的伦敦大骚乱中，作为此次事件策源地和最严重区域的托特纳姆大区，“恰巧”

---

① Bruce Wydick、Haemony Karp Hayes and Sarah Hillier Kempf. Social Networks, Neighborhood Effects, and Credit Access: Evidence from Rural Guatemala[J]. World Development, Vol. 39, 2011(6): 974-982.

② Yan Song and Yves Zenou. Urban villages and Housing Values in China[J]. Regional Science and Urban Economics, Vol. 42, May 2012: 495-505.

③ Michael J. White. American Neighborhoods and Residential Differentiation[M]. New York: The Russell Sage Foundation, 1987. pp. 82-83.

也是伦敦最大和最为集中的外来移民和公共住房聚集区。①

通常认为，居住隔离现象的出现要受到各种内在和外在因素的影响：内在因素方面，包括特定区域的社会结构、种族族群、宗教信仰、文化认同、教育背景、地缘业缘等②；此外，城市规划、社会福利政策，特别是公共住房政策等外部因素也对居住隔离的出现具有一定的诱发作用③。改革开放以来，随着城镇化进程的持续加速，贫富和阶层分化的加剧，中国城市、特别是大中城市原有的以“单位大院”为代表的各阶层、群体高度混杂的共生居住区逐渐消失，取而代之的则是为各阶层、群体量身打造的专属社区，居住隔离现象开始逐步萌芽生长。相比较西方种族因素占据主导地位的族际居住隔离④，中国目前萌发的居住隔离现象则主要是受到社会分层、个体需求偏好差异（包括地域与民族聚集）、城市规划偏好、保障性住房政策等因素的影响。

上述差异在都市村庄也得到了一定的体现：内部因素方面，高度同质化的社会结构以及趋同的文化认同、教育背景、地缘关系等因素，成为诱发居住隔离的内在推力；外部因素方面，集中安置模式本身就是城市规划偏好以及地方政府市场化原则经营城市空间的必然结果，这就为村民重建村落创造了空间上的可能。特别是考虑到住房通常具有长久的使用寿命，不同社会群体在城市的居住空间格局一旦形成，往往很难在短期内改变，久而久之就容易形成特定的地缘文化。都市村庄的村民由于在社会地位、经济收入、价值观念、生活方式、工作状况等方面具有很强的共性，再加上与其他社会群体存在显著的差异，这就使得他们在居住空间方面变得具有易识别性，易于固化为群体的

---

① 赵聚军. 保障房空间布局失衡与居住隔离现象的萌发[J]. 中国行政管理，2014（7）.

② John Iceland and Rima Wilkes. Does socioeconomic status matter? Race, class, and residential segregation[J]. Social Problems, Vol. 53, 2006(2): 248-273.

③ Pengjun Zhao. The Impactof Urban Sprawlon Social Segergationin Beijing and A Limted Role for Spatial Planning[J]. Tijdschrift voor economische en sociale geogerafie, Vol. 104, 2013(5): 571-587.

④ Sako Musterd. Social and Ethnic Segregation in Europe: Levels, Causes, and Effects[J]. Journal of Urban Affairs, Vol. 27, 2005(3): 331-348; Deborah Phillips. Minority Ethnic Segregation, Integration and Citizenship: a European Perspective[J]. Journal of Ethnic and Migration Studies, Vol. 36, 2010(2): 209-225.

空间身份标签。长期来看，这种标签化的排斥机制，将有可能导致这一群体偏离主流社会价值观，从标签化走向整体的边缘化。

此外，邻里效应与居住隔离之间存在着的相互诱导和强化作用[①]，则进一步增加了都市村庄萌发居住隔离现象的可能性：在邻里效应的作用下，特别是伴随着污名化倾向的显露，都市村庄与周边社区的差异性被不断放大，从而成为诱发居住隔离的重要外在推力；另一方面，居住隔离的萌发则会进一步加剧邻里效应的影响作用，强化村民的群体认同意识，固化其群体“亚文化”和认同意识。

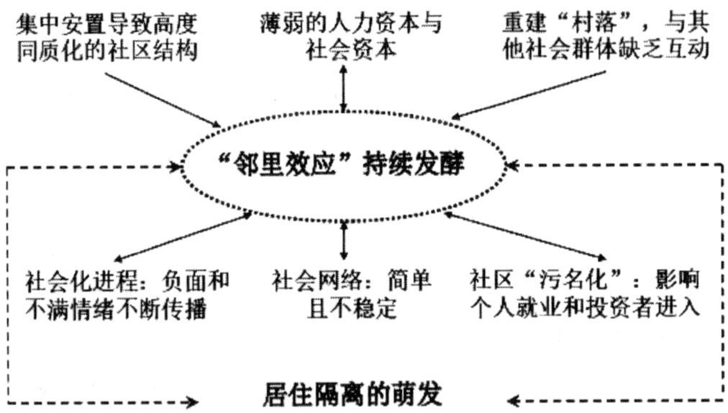


图 9-1　都市村庄邻里效应的发酵与居住隔离的萌发

需要注意的是，由于受到国外都市村庄研究的较大影响，新式城中村一度被部分学者称之为中国的都市乡村。[②]从居住空间来看，两者虽然在一定程度上都反映为“社会孤岛”（social isolation），但也存在着一些实质性的差别，而且在一定程度上代表了两种不同的居住隔离模式，即主动隔离与被动隔离。都市乡村本质上属于逆城镇化的产物，多是由一些特殊社会群体为了某些共同的爱好或嗜好，而自发组建起来的特殊社区，如同性恋社区、种族聚集区、作为艺术家聚集区

① W. A. V. Clark. Residential Preferences and Neighborhood Racial Segregation: A Test of the Schelling Segregation Mode[J]. Demography, Vol. 28, 1991 (1):1-19.

② Him Chung. Building an image of Villages-in-the-City: A Clarification of China's Distinct Urban Spaces[J]. International Journal of Urban and Regional Research,Vol. 34, 2010(2): 421-437.

的创意产业园区，乃至“红灯区”，大致属于自我主动隔离。[①]与西方国家都市乡村的自我隔离不同，新式城中村正在萌发的居住隔离现象，则明显属于被动隔离：一方面，新式城中村本身就是是城市规划偏好及相关土地政策共同作用的产物，而不是村民自主选择的结果；另一方面，相比较都市乡村的逆城镇化，新式城中村还处在城镇化的初级阶段。

## 四、治理导向讨论：推进多元混居的异质化社区建设

需要明确，本章节关于新式城中村居住空间治理问题的讨论带有未雨绸缪的色彩，居住隔离现象也不例外。但也不能因此掉以轻心，如果不及时实施必要的政策干预，都市村庄的居住空间失衡及其可能引发的居住隔离问题将有可能全面升级并趋向固化。这一点，英国等国失败的公共住房政策尤其值得借鉴。[②]对于居住隔离问题的治理，虽然存在一定的争议[③]，多数研究者还是倾向于提倡通过推进多元混居、构建异质化社区的方式加以缓解和疏导。正如雅各布斯所言：混居模式具有“有组织的复杂性”，是健康的城市环境最为重要的条件，并将城市空间的多样性直接与设计联系，如空间功能的混合、较小尺度的街区、不同时代的建筑物以及足够密度的聚居人群等。[④]而且，一些经验研究也证明了多元混居确实有利于消解由于阶层、种族等因

---

① David Bell and Mark Jayne. City of quarters: urban villages in the contemporary city[M]. Aldershot and Burlington: Ashgate Publishing Ltd，2004. pp. 194.

② 英国在二战后大规模兴建的公共住房由于社会结构日渐同质化，政府又缺乏有效的干预疏导政策，使得相当部分的公共住房社区最终沦为新的城市贫民窟。参见 Prime Minister’s Strategy Unit. Improving the Prospects of People Living in Areas of Multiple Deprivation in England[M]. London: Prime Minister’s Strategy Unit, 2005. pp. 8.

③ 例如，有研究者就认为按照混居模式安置被征地村民会产生两方面的负作用：对于政府而言，相比较集中安置居住的模式，混居模式在一定程度上提高了管理的难度；对于村民而言，混居模式将会加速瓦解村落的熟人社会，有可能在新的社会网络还未能构建完成的情况下，就已经冲淡了原来以地缘为纽带的社会关系网络。参见张晓明. 混居对农民市民化的影响研究——以D市高新区 HK 村为例[D]. 长春工业大学硕士学位论文，30-31.

④ 简・雅各布斯. 美国大城市的死与生[M]. 南京：译林出版社，2006：135-136.

素带来的隔阂与矛盾，尤其有利于为青少年的成长创造一个健康向上的空间环境。①

混居理念的核心价值首先是期望通过让不同收入和阶层的居民在邻里层面或者在居住区的空间尺度上共处，形成相互补益的社区，以空间的平等争取社会平等。②对于被征地农民而言，混合居住可以在居住空间层面与其他社会市民群体搭建一个公共对话平台，有利于增加其与其他市民群体之间的接触与沟通机会，有益于消解误解，增加彼此的认同与理解，促进良性的社会互动，促进被征地农民社交网络由内卷式向开放式转变，同时作为参照群体引导着被征地农民市民化的方向。再者，考虑到中低收入群体对公共服务的依赖度通常更高，推动多元混居的基本政策目的之一就是促进区域和社区公共服务的均等化。在混合型社区，不同群体通过平等地共享公共服务设施，有利于相互之间的了解和融合。例如，公共休闲体育设施就为群体交流搭建了一个有效的平台，使收入和住房状况各不相同的邻里之间借此发展更广泛的社会关系，促进生活方式的混合。

具体到政策导向层面，今后对于被征地农民的安置，应本着构建多元混合型社区的目标，尽可能避免目前的集中式安置模式。当然，这并不意味着要在楼户层面进行混合。如果不考虑不同社会群体在收入水平、消费能力、生活方式等方面存在的客观差异，简单地将他们混合居住在一起，反而容易造成心理上的抵触和隔膜。比较合理的方案应该是“大混居小聚居”的插花式布局，即在较大的区域内混合规划包括被征地农民安置住房在内的各类住房，相似社会属性居民的居住空间则以小规模组团的方式配置。最终达到既有利于各群体间的接触交往，又保持一定的空间距离的效果。

---

① Maree Petersen and Jeni Warburton. Residential complexes in Queensland,Australia : a space of segregation and ageism?[J]. Ageing and Society, Vol. 32, 2012(1): 60-84; Micere Keels, Greg J. Duncan, Stefanie Deluca, Ruby Mendenhall, and James Rosenbaum. Fifteen Years Later: Can Reridential Mobility Programs Providea Long-term Escape From Neighborhood Segregation, Crime, and Poverty?[J]. Demography, Vol. 42, No 1, 2005(1): 51-73.

② Doan Nguyen. Evidence of the impacts of urban sprawl on social capital[J]. Environment and Planning B-Planning & Design, Vol. 37, 2010(4): 610-627.

对于那些已经成型的新式城中村社区，显然已经难以短期内改变其社会结构高度同质化的现状。可行的策略，是通过不断地疏导以及政府和集体经济组织必要的资金投入，使得社区能够保持一个良好的人居环境，并据此吸引其他社会群体通过购买房产或租赁的方式进入定居，从而逐步提升社会结构的异质化程度。

# 后　记

本书是南开大学周恩来政府管理学院“中国城市化进程中政府与社会治理研究系列丛书”之一，也是南开大学朱光磊教授领衔的“中国政府与政策研究团队”在当代中国城市治理方面的初步研究成果。本书从策划、撰写和出版历经四年、两个阶段：

第一阶段是 2012 年受天津市东丽区政府和天津市国土房管局东丽区分局的委托，对东丽区华明镇（面积近 150 平方公里，现改为东丽区华明街道办事处）以“一样的土地，不一样的生活”为主题，入选 2010 年上海世博会“城市最佳实践区”唯一农村城市化题材进行跟踪调研，从创新土地管理视角凝炼当地政府对农民宅基地进行统筹整理、复耕和土地集约利用的经验，探究以东丽区为代表的城郊社区人居环境得以明显改善的作用机理。课题组在调研和经费资助等方面得到天津市国土房管局东丽区分局的鼎立协作，时任局长崔家颖同志（现天津市土地整理中心主任）出面协调东丽区相关机构借阅资料，召集华明镇城市化改造过程中所涉及的利益相关者的座谈会，并与课题组成员多次就具体问题深入交换意见。该分局的陈秦峰副局长和刘维建同志（现任职天津市商务委外资处）带领课题组多次到华明镇和东丽区相关街镇实地调研，开展访谈，并协调课题组问卷的发放，为该书最终成稿奠定了扎实的实证基础。

第二阶段写作考虑到城市是以人为中心的地域综合体，而中国的“现代化”与“后现代化”两个历史发展阶段高度叠加的特点，使得中国的城市化研究需要跨学科协作。为此，南开大学周恩来政府管理学院的政治学、社会学、公共管理学三个学科决定协同推进中国城市化进程的综合研究。本书的框架设计立足于新型城镇化，首先，梳理了中外农村城镇化的理论和道路；其次，通过比较分析揭示典型模式的共性和个性；再次，以天津市东丽区为样本考察城郊结合部农村城镇化的路径和制约因素；最后，探讨了提升城郊的社会空间治理、生活品质提升和改进社区公共服务不均等的保障措施。

本书是南开大学研究团队和天津市国土房管局东丽区分局通力合作的成果。我作为课题负责人，对所有成员的辛勤付出表示诚挚的感谢！本书基于提交东丽区的课题研究报告，由我提出写作框架，第一章到第五章由南开大学滨海学院崔慧姝和南开大学周恩来政府管理学院的周望执笔，第六章到第九章由南开大学周恩来政府管理学院赵聚军执笔，我负责审稿和最终的修订。

本书引用了许多年鉴资料、报刊和一些网站所披露的信息和数据，凡是引用的学术文献，我们尽可能注明出处，并在此表示衷心感谢！若有遗漏，还望原谅，并请与我联系，以便补正。

最后，向南开大学出版社王乃合编辑、周敏编辑的细心校对和辛勤付出表示真诚的感谢！

孙　涛

2016 年 3 月 30 日